社会工作案例汇集

SHEHUIGONGZUO ANLI HUIJI

莫关耀 尤伟琼 / 主编

中国社会出版社
国家一级出版社 · 全国百佳图书出版单位

图书在版编目（CIP）数据

社会工作案例汇集 / 莫关耀，尤伟琼主编 . -- 北京：中国社会出版社，2023.8

ISBN 978-7-5087-6915-8

Ⅰ. ①社 …　Ⅱ. ①莫 … ②尤 …　Ⅲ. ①社会工作 - 案例 - 汇编 - 中国　Ⅳ. ① D632

中国国家版本馆 CIP 数据核字（2023）第 104916 号

出 版 人：程　伟　　**终 审 人**：陈　琛
责任编辑：李林凤　　**责任校对**：姜婷婷
封面设计：时　捷

出版发行：中国社会出版社　　**地　　址**：北京市西城区二龙路甲 33 号
邮政编码：100032　　**编 辑 部**：(010)58124853
网　　址：shcbs.mca.gov.cn　　**发 行 部**：(010)58124864；58124848
经　　销：新华书店

印刷装订：北京九州迅驰传媒文化有限公司
开　　本：185 mm×260 mm　1/16
印　　张：16.5　　**字　　数**：350 千字
版　　次：2023 年 8 月第 1 版　　**印　　次**：2023 年 8 月第 1 次印刷
定　　价：55.00 元

社工图书专营店

中国社会出版社
天猫旗舰店

中国社会出版社
微信公众号

云南师范大学法学与社会学学院
云南师范大学MSW教育中心
云南省禁毒教育培训科研基地
云南省禁毒社会工作人才培训基地
联合出版

编委会

主　　编： 莫关耀　尤伟琼

副主编： 曹　丽　房珂竹

编写人员： 刘　婷　蒋凌月
张丽华　朱海平

序

社会工作是现代社会发展的产物。作为一个学科，社会工作专业教育在国际上已有100多年历史，但在中国还是一个年轻的专业。社会工作自20世纪80年代末在中国恢复重建以来，帮助了有需要的人实现“助人自助”，促进了社会的公平与正义，助推了我国和谐社会的发展与进步。社会工作者秉持专业理论和价值，运用科学的助人方法，帮助有需要的人群特别是困难群体解决其困境问题，调适其与社会环境的关系，越来越为社会和大众所接受。

我国西南联大时期的社会学在中国社会学发展史上具有非常重要的学术地位。社会学是西南联大学科体系的重要组成部分，社会学系是西南联大法商学院下设的五个系之一。当时社会学系的教师团队几乎集中了国内社会学界的精英，包括著名社会学家潘光旦、陈序经、费孝通、陈达、吴泽霖、李景汉、李树青和陶云逵等，他们是中国的第一代社会学家。西南联大时期，社会学学科的教学科研取得了重大成就，特别是费孝通教授带领一批年轻人，形成了一个朝气蓬勃的学术团体，创造了中国社会学史上传说般的“魁阁时代”。云南师范大学是西南联大在昆明的传承者，具有深厚的社会学底蕴和优良的社会学传统，为社会工作的学科和专业发展奠定了坚实的基础。

云南师范大学于2006年获社会学二级学科硕士学位授权点，2011年获社会学一级学科硕士学位授权点，2018年获社会工作专业硕士授权点。云南师范大学社会工作硕士（Master of Social Work，MSW）教育中心立足云南，面向全国，辐射南亚东南亚，以习近平新时代中国特色社会主义思想为指导，从国家发展战略和地方经济社会发展的紧迫需求出发，结合学校现有的办学条件和优势，重点培养“禁毒社会工作”、“学校社会工作”、“司法社会工作”和“民族社区社会工作”四个方向的专业人才。近年来，云南师范大学培养出一支在全国享有盛誉的禁毒社会工作教育师资团队，成为全国这一领域的标杆。该团队开设了“禁毒社会工作”“毒品预防教育”“禁毒政策与法规”等特色课程，出版了《禁毒社会工作》《禁毒社会工作实务指南》《青少年毒品预防教育》等20多本专业教材和教学辅助资料，研发了“你不知道的毒品真相”“禁毒社会工作”“禁毒法学”等一流线上课程。

2015年，教育部印发《关于加强专业学位研究生案例教学和联合培养基地建设的意见》后，全国各省市陆续开始着手建设案例库。为促进教育专业案例库的建设及教育专业的案例教学，全国MSW教育专业学位研究生教育指导委员会分别于2021年、2022年开展了首届、第二届全国MSW教育专业学位百佳教学案例评比工作。

虽然我国目前社会工作案例库建设已取得一定成就，但随着社会工作迅速发展，新的社会问题不断出现，符合当下问题情境的案例供给不足，特别是边疆地区具有社会工作基本普适性又具有边疆区域特性的禁毒社会工作、学校社会工作、司法社会工作、民族社区社会工作案例较少。案例质量参差不齐，能与时俱进、与当前社会实际相结合的新案例非常少，与教学内容和本土情境脱节，案例的系统性不强等。这在很大程度上降低了社会工作案例教学的质量，在一定程度上妨碍了我国社会工作教育的全面系统性发展。

云南师范大学MSW教育中心在社会工作人才队伍的培养过程中始终坚持以“立德树人”“助人自助”“创新务实”为宗旨，以“国际视野、中国特色、地方优势”为理念，以提高学生创新能力为核心，构建“教学—科研—实践—服务”四位一体的人才培养模式，着力提升学生的社会工作理论水平和服务能力。学校获全国青少年毒品预防教育示范学校荣誉，导师组担任了绝大多数国家级禁毒知识竞赛、演讲比赛、辩论赛总决赛的评委，为全国20余个省、自治区、直辖市的禁毒民警、禁毒教师、禁毒社工、禁毒专干开展培训100余次，受益人数超过10万人次，并为东南亚国家禁毒官员授课。师资团队中，1人被评为“全国青少年毒品预防教育优秀教师”、1人被评为“全国青少年毒品预防教育优秀校外辅导员”，2人被评为全国大学生“挑战杯”优秀指导教师。学生论文及参与案例，荣获了全国MSW教育专业学位研究生教育指导委员会第一、第二届全国研究生案例大赛百佳案例2项，其中一等奖1项、优秀奖1项，1人被国家禁毒办表彰，获“全国青少年毒品预防教育优秀校外辅导员”称号；获全国大学生“挑战杯”特等奖、一等奖、二等奖、三等奖各1项，云南省大学生“挑战杯”竞赛一等奖5项、二等奖6项，亚洲药物滥用研究学会2021年年会论文一等奖1项、三等奖2项，中国药物滥用防治协会优秀论文三等奖2项，深圳“易创星”社会工作全国大学生案例大赛优质奖2项等。同时，云南师范大学

MSW 教育中心实行双导师制，聘请了省内外社会工作机构的高级社会工作师为校外硕士生导师，社会工作师为实习实践指导教师。校外导师们的实务工作经验丰富，案例真实、科学，指导性强，为案例库的建设提供了优良的案例资源。

在此，我们选取部分导师和学生的优秀案例集结成册，以此推动社会工作硕士的学科、专业和课程建设，总结云南师范大学获得社会工作硕士学位授权点以来的教学、科研和实务经验，促进教学水平的提高。虽然学生的案例还略显稚嫩，但是不难看出他们的努力与追求。本案例集可供社会工作专业硕士、学士和教师、实务界同人参考。由于学位点建设周期不长，主编及编者水平有限，不当之处还请各位读者批评指正。

莫关耀　尤伟琼

2022 年 12 月

目　　录

【第一部分　学校社会工作】

【第二部分　禁毒社会工作】

【第三部分　儿童青少年社会工作】

【第四部分　家庭社会工作】

【第五部分　社区社会工作】

第一部分

学校社会工作

集体叙事：大学生抑郁情绪的缓解与治疗①

何玉婷等②　指导教师：曹　丽

一、项目背景介绍

抑郁是一种以情绪异常低落、悲伤、兴趣减退、认知功能迟缓等为主要特征的不良情绪体验，若任由其发展，持续2周及以上的抑郁情绪就有很大的可能性被诊断为抑郁症。1997年至2015年间关于中国大学生抑郁的分析表明“中国学生群体的抑郁发病率在23.8%”③。大学是人生价值观、世界观形成的重要阶段，大学生抑郁的危害不容小觑，抑郁者可能产生伤害自己的念头并实施自伤、自残的行为，严重者还会有自杀的危险，因此高等学校加强大学生心理健康教育工作具有非常重要的意义。

高校对大学生心理健康教育非常重视，通过对大一新生开展心理健康测试，学校心理健康教育咨询中心人员和教辅人员会对测试筛查出的存在心理异常的大学生进行有针对性的心理疏导及治疗，加强大学生心理健康教育工作。心理健康测评可以提供一个专业的心理学方面的参考，能帮助学生更了解自己，也能够让学校针对测评结果异常的大学生进行针对性的心理疏导及治疗，及时发现并解决问题，起到预防及干预危机事件发生的作用。但是如果处置不当，这样的问题视角介入也容易让学生通过环境对自己的评价而被贴上“问题学生”的负向描述标签。如果将学生在学校的主线生命故事定位在“抑郁症患者”上，那学生将会依循这样的生命故事脚本而活。负向描述标签使得学生很难摆脱个人生命中的负面形象，从而削弱学生的个人价值和自尊，认为自己是个“无能”的人。这种框架限制了学生改变

① 本案例获2022年教育部全国MSW教育专业学位研究生教育指导委员会第二届全国研究生案例大赛百佳案例一等奖。

② 何玉婷、王亚萍、申丹，云南师范大学法学与社会学学院MSW教育中心2020级社会工作硕士研究生；吴大仙、谢阳阳，云南师范大学法学与社会学学院MSW教育中心2021级社会工作硕士研究生。

③ LEI X Y, XIAO L M, LIU Y N, LI YM. Prevalence of Depression among Chinese University Students: A Meta-Analysis [J]. PLoS ONE, 2017, 11 (4).

现状的动力，还会加剧本身的抑郁情绪，影响大学生的健康成长。

本案例服务对象是新生入学心理测评结果为中度或重度抑郁的大一新生，经学院辅导员初步会谈转介而来。在学校和学院的支持下，社会工作者以学校心理健康素质提升项目为依托，与服务对象进行会谈了解情况后，将具有同质性的大一新生组织起来。自 2021 年 9 月开始，项目组开展了历时 3 个月的学校社会工作服务。该项目服务在小组社会工作实验室开展，以缓解大学生抑郁情绪问题为目标，将小组工作服务作为帮助学生缓解抑郁情绪问题的尝试。该项目采用叙事治疗的方法，通过绘画“生命之树”把服务对象的问题外化，帮助服务对象重构生命故事，寻找问题解决方式，摆脱当前困境，激发自我发展的潜能，伸展自我的“生命之树”。通过定量和定性评估发现，开展小组活动对缓解大学生抑郁情绪的效果明显。叙事治疗小组缓解了服务对象的抑郁情绪，激发了服务对象改变的动力，使得小组成员拓展了社会支持网络，以更好的状态面对大学生活。

二、分析预估与理论基础

（一）服务对象情况

项目的服务对象主要为在入学心理健康普查中存在中度和重度适应不良的大一新生，学院辅导员作为项目的支持人员也参与项目。服务对象是经过学校心理测评结果为抑郁的大一新生，社会工作者通过与学院辅导员沟通了解学生的基本情况，再通过个别或小组会谈形式初步预估，筛选了 15 位学生参与小组工作服务。对待测评结果为中度或重度抑郁的学生，辅导员惯常的做法是跟学生讨论自身的抑郁情况并加以开导。这会加重学生自己是“问题学生”的看法，反而让他们更容易陷入抑郁的自我框定中，给自己贴上标签。学生陷入问题框架而不能摆脱自己的困境，往往呈现出对学习生活和人际交往消极疲惫，使得改变动力不足，影响自身的健康成长。表 1 是在座谈中服务对象对自我的描述。

表 1　服务对象对自我的描述

学生姓名	性别	对自我的描述
LQM	男	之前什么都想尝试一些，非常的焦虑迷茫，就一直在这种情绪里面。之后就不想做了，害怕做了浪费时间，有种自暴自弃的感觉。整个人就很消极，感觉很难去改变
ZZH	男	自己因为自卑，担心被别人嘲笑，不太想跟别人说自己的事情。同学们都说我很孤僻，我都是自己消化，一直这样。有时候觉得挺没意思的，感觉很孤独
QFF	女	感觉很疲惫，没事就在宿舍里躺着，什么也不想做，也不知道做什么。之前感觉自己抑郁状态很久了，感觉自己能力差，学习跟不上。宿舍也不习惯不喜欢，经常觉得很累
ZLT	女	专业课感觉听不懂，很烦躁。跟舍友有隔阂，就很郁闷。发现自己抑郁了，也不敢跟别人讲，怕别人用异样的眼光看自己
LDM	女	感觉事情很多，害怕做不好。有些事情堆积起来之后，做起来很消极，陷在里面就越来越没兴趣。就这样抑郁了，也不知道该怎么做
ZN	女	很忙，不知道忙什么，感觉很疲惫。然后一天天就这样过去了，感觉我的生活没什么乐趣，像是个怪圈，把自己圈住了
AYY	女	我现在就听得懂一门专业课。周围的人太优秀了，自己干啥都不行，感觉自己很差，别人什么方面都优秀，一比较越来越没有自信了，越来越封闭自己，也不愿意多去做什么了
LJY	女	考虑转专业这个事，让我很烦心，担心自己没有这个能力在大二将课程补上。同学也不理解，就连自己也有越想越喘不过气的感觉。发现自己抑郁也不好跟家人朋友讲，怕他们以为我有病
CYP	男	我感觉大学很枯燥无聊，发现自己抑郁了，主要就是感觉动力不足，非常困惑。感觉听了别人的话就很烦躁，限制了自己，也不知道怎么去改变。我就挺害怕的，就感觉现在学习动力不足
MZY	男	跟朋友相处得一般，不善于交流，沟通是个问题。我觉得自己的表达是个问题，也不知道怎么去改，反而让我觉得我很糟糕。发现自己抑郁了，担心自己，但也不知道怎么办，就这样活着呗
WFY	女	学习兴趣没有那么浓厚，有时候控制不住自己玩手机。但一直玩手机很焦虑，一拿起手机就不想学习。后来发现抑郁后状态更差
DXY	女	感觉专业课没价值，感觉没用。也不是很喜欢这个专业，看着 PPT 我就发呆。一想到以后可能选择考研，就很不开心。跟室友关系不是很好，感觉大学生活非常不理想。就这样抑郁了，感觉自己没用

续表

学生姓名	性别	对自我的描述
LYL	女	除了上课就是赶作业，很枯燥无味。对其他事情也没太有兴趣，觉得不像其他同学那么有活力，出现了抑郁的问题，自己不知道怎么做
CBC	女	我的专业就业比较困难，未来方向选择让自己感到很纠结，不知道要怎么选。很多人从不同角度说，听多了就感觉很难。专业问题越来越重要，更害怕自己选错了，一直困扰我。最近状态特别差，原来是抑郁了，更担心更无措了，就很慌
YCL	女	感觉学校生活没太多让我开心的事情。自己比较孤独，朋友也相处不来，试图跟他们缓和关系，但往往都是失败，更难受。抑郁伴随着我，能怎么办呢？不知道怎么才能让我改变当前的状态

根据社会工作者预估会谈结果，可以了解到服务对象知道所处的困境，却难以去改变自己的现状。服务对象认识到自己的问题，也被自己的问题困住；服务对象表现出情绪低落、乐趣丧失、悲观消极等抑郁情绪，将个体与问题混为一体，内化“问题学生”的他人评价；抑郁标签的负面影响，使得服务对象难以产生改变的动力，看不到解决问题的新的可能，沉浸在问题框架中反而加重了抑郁情绪。在访谈中，社会工作者也证实了这一发现，服务对象表述自己学业跟不上，整日很忙，感觉也没做什么事情，自己就陷入抑郁情绪当中，服务对象将自己的问题归因于自己的能力差，找不到目标等。在与社会工作者谈话时也加重了自己是“有问题的”认知，导致服务对象消极看待自己，认为无法依靠自己改变现状，而继续陷入抑郁情绪当中。服务对象之所以会受困，不是因为服务对象有问题，而是他活在充满问题的抑郁情绪故事里。所以社会工作者最重要的工作就是陪伴服务对象找出与抑郁情绪问题之外的其他故事，要跳出固有的框架，发展出新的故事版本，靠的是一种不同于“问题版本”的视野。也就是说社会工作者要用一双没有“被麻痹与习惯”的眼睛去发现一个被困住的生命他不同于抑郁问题的故事在哪里。

（二）理论基础

项目采用叙事治疗模式介入，叙事疗法属于后现代疗法中的一个分支，是由澳大利亚临床心理学家迈克尔·怀特夫妇及新西兰的大卫·艾普斯顿等人于 20 世纪 80 年代在家庭治疗的基础上提出的，并在后来得到快速的发展。叙事治疗旨在通过来访者诉说的故事探求来访者的生命体验。运用适当的方式方法，鼓励来访者用自己的语言诉说自己的生命故事，帮助来访者解构以前的问题，使问题外化，使有问题的故事得到重新认识，建构一个新的、摆脱了问题消极影响的人生故事，以此唤起发生改变的内在力量①。

叙事治疗的特点主要体现在：叙事治疗不再把服务对象带来的问题看作是服务对象的人格组成部分，即叙事治疗把“人”和“问题”分开。“问题”被比作人生故事中的一个插曲，因此社会工作者不是帮助或者代替来访者“去掉”问题，而是和来访者一起探讨如何处理人与问题之间的关系。在本案例中，社会工作者不是要修正服务对象的抑郁情绪，而是和服务对象一起探讨如何面对生命树里的“情绪暴风雨”。此处的“情绪暴风雨”是对他们所抱怨的问题的替代化称谓。同时，叙事治疗反对社会工作者以“专家”自居，主张采取一种“开放的”立场，通过无条件的倾听，让服务对象的生命故事自然展开，形成独特的主题，并丰富其生活意义。叙事治疗的目的是使服务对象生活意义丰富并实现其心理成长②。

叙事理论用于团体的优势：首先，给团体创设安全、尊重、温暖、支持的氛围；其次，通过外化、解构技术，把人与问题分开，带着积极有力的自我观念去解决问题；再次，强调好奇，寻找并丰富特殊意义的例外事件，赋予更加正向、积极的能量和资源；最后，通过局外见证人团队使自身正向力量更加巩固。本项目以集体叙事治疗为工作方法，通过服务对象绘画“生命之树”并诉说生命之树所代表的故事来探求服务对象的生命体验，帮助服务对象解构以前的抑郁情绪问题，使已有问题的故事得到重新认识，建构一个摆脱了问题消极影响的人生故事，以此唤起发生改变的内在力量，从而用更好的状态迎接学习、生活中的挑战。

三、服务计划

社会工作者在充分掌握大学新生的基本状况基础上，制定小组活动目标和小组计划，提前预测在小组活动过程中可能遇到的困难和应对策略，并设计小组活动评估方案，为小组活动的顺利开展做好准备。

---

① 赵君，李焰．叙事治疗述评［A］．北京市高等教育学会心理咨询研究会，中共北京市委教育工作委员会．北京高校心理素质教育论文集［C］．北京市高等教育学会心理咨询研究会，中共北京市委教育工作委员会，北京市高等教育学会，2009：6.

② 李明．叙事心理治疗［M］．北京：商务印书馆，2016：4-5.

（一）小组目标

总目标是帮助大学新生缓解抑郁情绪，帮助大学新生迈出抑郁情绪问题框架，重构生命故事，激发新的生命动力。

具体目标：一是通过小组活动提供一个安全空间，通过绘画“生命之树”把服务对象与抑郁情绪问题外化，重新认识自己的问题，并发掘生命中的支线故事，重塑、改写和强化生命故事，强化积极成果，从而重建服务对象对自我的认识，激发改变的动力，开启崭新的生命历程；二是帮助服务对象重新构建社会支持网络，发掘大学生活乐趣，通过与朋友之间的互动交流，拓宽抑郁情绪排解的渠道和方式，有效排解大学新生的抑郁情绪。

（二）小组计划

1. 小组类型

在分析了服务对象的基本资料之后，社会工作者发现大多数服务对象的问题表现都具有共性，适合采用小组工作的形式进行服务。结合服务对象问题及其需求的相似性，同时根据服务对象特质组成一个小组，每个小组配备 3 名社会工作者。该小组性质属于讨论分享性成长小组，是封闭性、支持性的。通过叙事治疗的方法和技巧，以帮助组员在安全的空间中分享自己的抑郁情绪故事，使自己获得处理生活中的问题和挑战的力量。

2. 小组情况介绍

（1）小组主题：大学生抑郁情绪的缓解。

（2）小组目标：通过开展小组，采用叙事治疗来缓解大学生的抑郁情绪。

（3）小组对象：Y 校有抑郁情绪的大一学生。

（4）小组规模：15 人。

（5）小组时间：小组活动共计 7 次，每周 1 次，时间 70~90 分钟。

（6）小组场地：Y 校社会工作实验室。

3. 小组活动大纲

大学生抑郁情绪缓解小组活动共计 7 次，每周 1 次，每次 70~90 分钟，每次小组活动内容由“热身游戏+主题活动+单元小结”构成。具体小组工作介入计划详见表 2。

表 2　小组活动目标与内容一览表

单元	主题	目标	活动内容	叙事治疗技术
第 1 次（2021. 11. 23）	相逢是缘	成员相识与悦纳，加强小组成员之间的熟悉度，团体的信任氛围营造，团体目标与规则澄清	驿站传书热身活动；“我是谁”成员相识；你眼中的“我”；头脑风暴拟订团体契约 单元小结	
第 2 次（2021. 11. 30）	生命树之树根与树干	分享生活中的生命之树，引入情绪问题故事，外化问题及问题与人的关系，厘清问题的影响	“大风吹”热身活动；抑郁情绪问题描述；绘画并展示“生命之树”中的树根、大地与树干，借助生命之树让抑郁问题外化 单元小结	外化技术、解构
第 3 次（2021. 12. 8）	重构生命之树	在生命之树基础上寻找不符合问题的例外事件，深入探究例外事件	松鼠搬家热身活动；在生命之树基础上自由绘画改写生命之树的故事；分享新情绪故事；彼此见证 单元小结	自由绘画、解构重构、见证
第 4 次（2021. 12. 14）	情绪暴风雨	重写问题故事，以例外事件为起点，借助自由绘画方式改写故事，缓解小组成员抑郁情绪问题	“情绪病毒”；利用情绪卡片分享抑郁情绪故事；聚焦生命之树与情绪问题关联，改写故事 单元小结	见证
第 5 次（2021. 12. 21）	生命树之叶与果	以改写的故事及既往学习中的美时美事美人，强化效果，促进积极改变	“乌龟与乌鸦”热身活动；通过绘画生命之树的叶子与果实，回顾生活中的美好时刻及重要他人，并聚焦讨论其对缓解抑郁情绪问题的作用；团队内分享；彼此见证 单元小结	见证
第 6 次（2021. 12. 25）	生命之林	发展并强化朋辈群体支持网络，提升自我效能感	“智勇大冲关”热身活动；引导成员发现生命之树的共同与不同，就共同之处进行对话，发展朋辈群体支持网络 单元小结	开启未来愿景、见证
第 7 次（2021. 12. 26）	生命树的树枝	回顾收获、总结抑郁困惑的解决之道，提高个体自我效能感，处理分离情绪	“萝卜蹲”热身活动；通过生命树枝绘画，畅想未来愿景；团队内分享与见证；写给未来一封信；祝福卡片 总结	开启未来愿景、见证

（三）预计困难及应对策略

表 3　预计困难及应对策略

预计困难	应对策略
因假期或期末考试等客观因素影响小组活动的开展	提前与组员规划好时间安排，根据实际情况提前做好预案，如遇突发情况要及时调整计划
大学新生在此之前，从未接触及听说过社会工作，活动刚开始，组员可能会出现不适应，表现出紧张、焦虑、自卑的情绪	在小组活动的开始阶段，社会工作者要花费更多的时间和耐心，用来帮助组员们了解本次小组活动，认识本次小组活动的目标和内容，通过游戏缓解组员的紧张情绪
组员分享内容过少	社会工作者提示并引导其做更深入的回答，如提供方向或关键词，或鼓励其他组员与其对话

（四）服务流程

学校社会工作服务流程如图 1 所示。

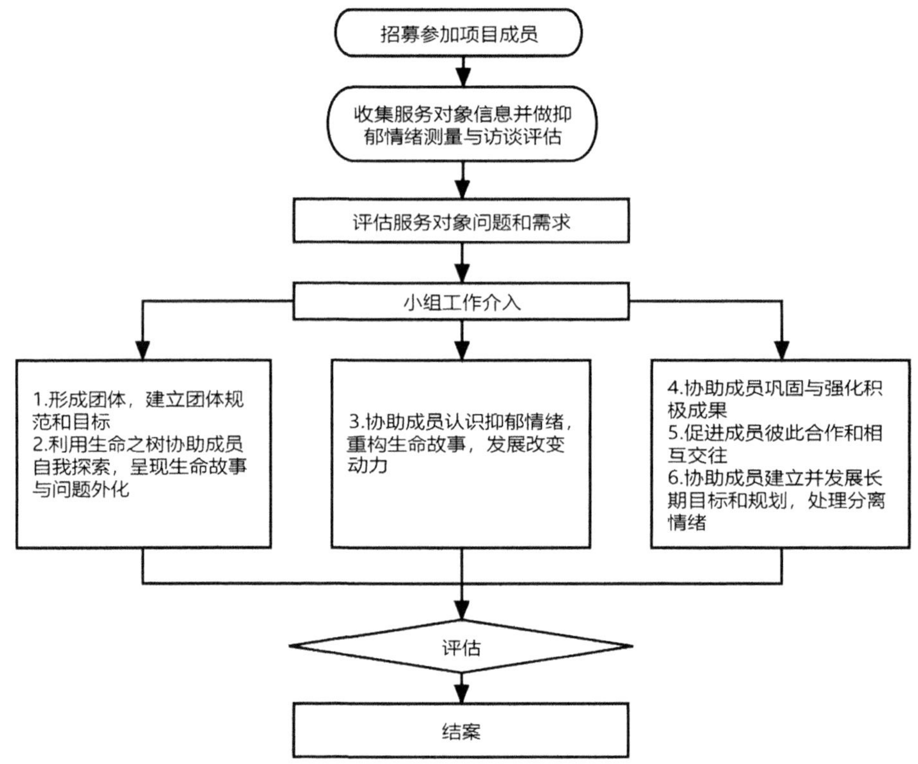

图 1　小组社会工作服务流程

四、服务实施过程

（一）阶段一：呈现生命故事与问题外化

第一节小组活动分析：第一节小组活动主要是让组员相互认识，开启小组之旅。在社会工作者自我介绍和介绍小组工作之后，用游戏“驿站传书”来打破组员间初次见面时的陌生氛围，活跃气氛。随后通过“我是谁”让成员相识，其目的是在游戏过程中促进组员相互了解。同时，社会工作者也在这个过程中熟悉组员。接着，小组成员头脑风暴共同订立小组契约。最后，大家进行反馈和总结。

第二节小组活动分析：第二节活动主要是分享生活中的生命之树，引入情绪问题故事，外化问题及问题与人的关系，厘清问题的影响。第二次活动开始，将热身活动作为固定环节，让组员放松，为接下来的主题活动做缓冲。接着，分享服务对象所面临的困境，绘画生命之树来展现服务对象的生命故事，通过分享“生命之树”中的树根、大地与树干所代表的内涵，让服务对象指出生命之树的哪部分代表自己的困境与特长。

借助生命之树让抑郁问题外化，在分享过程中，服务对象可能表述简单，需要社会工作者与服务对象一起探索。服务对象在表述自己遭遇的困境时，社会工作者可引导服务对象把问题具象化。比如，表现出抑郁情绪时，把这种情绪困境视为是可观看的，如“树叶上的虫子”。问题另一端是服务对象自己，接下来社会工作者和服务对象就可以一起来好好认识这个树叶上的虫子。将问题具象可以让服务对象与社会工作者产生相互合作的同伴关系。紧接着就可以更好地认识它的样貌，包括历史与行动等。通过服务对象的眼睛去认识所谓的问题，问题的答案只有服务对象自己知道，正所谓“人是自己问题的专家”。这对服务对象整理与建构自己对问题的认识是非常重要的过程。

此外，要注重观看问题与人的互动故事，包括是如何相遇、如何相处、相互影响的。比如说：“虫子是如何找上你的？当你发生什么事情的时候虫子比较容易出现？虫子靠近你时，你会有什么不同？它对你的影响是什么？过去你是如何处理这个虫子的才没让这个虫子影响树的发展？即使它还在你面前，一时无法远离，但这些年树与虫子做伴的时光里，你最喜欢你自己做了什么？如果虫子出现的话，你猜它最想跟你说什么？你猜它会说在这段时光里最佩服你的是什么？”

接下来回到服务对象自己，让服务对象有机会看到自己不被问题干扰时的样子。在分享过程中小组成员互动和补充，外化问题故事，比如生活中不被这个虫子干扰的经验，自己生命之树的哪个部分能够支持自己不被干扰，丰富自己的生命之树。最后，大家进行反馈和总结。

表4 第一、二节小组活动

单元	主题	目标	活动内容	叙事治疗技术
第1次 2021. 11. 23	相逢是缘	成员相识与悦纳，加强小组成员之间的熟悉度，团体的信任氛围营造，团体目标与规则澄清	驿站传书热身活动；“我是谁”成员相识；你眼中的“我”；头脑风暴拟订团体契约 单元小结	
第2次 2021. 11. 30	生命树之树根与树干	分享生活中的生命之树，引入情绪问题故事，外化问题及问题与人的关系，厘清问题的影响	“大风吹”热身活动；抑郁情绪问题描述；绘画并展示“生命之树”中的树根、大地与树干，借助生命之树让抑郁问题外化 单元小结	外化技术、解构

（二）阶段二：重构生命故事

第三、四节小组活动分析。第三、四节活动主要是在生命之树基础上寻找不符合问题的例外事件，深入探究例外事件来重写问题故事。以例外事件为起点，借助自由绘画方式改写故事，缓解小组成员抑郁情绪问题。开始依旧是热身活动，接着在生命之树基础上自由绘画改写生命之树的故事。在上一阶段外化问题的基础上，服务对象再次评估自己要什么、不要什么，并根据自己的评估重新作出选择，重新界定自己与虫的新关系。社会工作者可以与服务对象对话，例如：“对于虫子和你的关系，如果虫子咬到树叶干扰你，你会觉得最需要学会什么？如果你与虫子的关系有所不同，你期待虫子现在会变成什么样子？你期待自己在面对虫子的时候，自己也能学会什么吗？”在服务对象与问题重新建立关系之后，也可以看到服务对象的偏好与渴望，让服务对象有机会再次认识问题、看清自己，重新建构自己想要的生活方式。

在此阶段，分享抑郁情绪故事，聚焦生命之树支线故事，注重重组对话结构。在此阶段会发展出许多抑郁情绪的对话，比如说通过连接重要关系形式的对话，通过这段关系创造出的对话，往往能让服务对象重新感受这段重要关系，能够让服务对象重新感受并借此关系所带来的力量，注入服务对象当下的生命之中，让原本被困住的自己发生新的变化。在小组开展过程中，服务对象在讲高考艰难备考情绪低落时，学长送给她暖心的相机。从服务对象的重要他人——学长——彼此互动的经验，可以看到服务对象彼此相互影响。这种影响是双向性的，学长对服务对象的影响是直观的，给予服务对象支持力量。服务对象对学长的行为的反馈，“将温暖化成前进的动力”也让学长收获了价值。以这样的故事展开，服务对象会对关系中的自己建构自我认同，会对自身的价值感带来很大的影响。

在重构过程中，社会工作者要注意引导成员描述行动，结合生命树中的分支询问行动所表达的意义、目的、动机、愿望、价值观和梦想等，改变服务对象对抑郁情绪问题的理解。比如服务对象因为上课注意力不集中且打架被贴上“多动症引发的不良少年”的标签，引发了自暴自弃的想法和情绪。社会工作者通过拆解行动，并探索行动背后的目的和动机，发现其打架是为了保护一个比较弱小的女生。让服务对象有机会展现出自己的动机，被倾听那些没有被说出的声音，有机会在小组的空间里面涌现出自己的生活故事，经过小组成员见证，从而增强服务对象的力量感。在这个过程中服务对象发现自己喜好的新故事，社会工作者要引导其发展，让这些经验故事扩大化，过程中要注重邀请小组成员做证，加强经验故事的可信度，进而取代问题故事。最后，大家进行反馈和总结（详见表5）。

表5　第三、四节小组活动

单元	主题	目标	活动内容	叙事治疗技术
第3次 2021. 12. 8	重构生命之树	在生命之树基础上寻找不符合问题的例外事件，深入探究例外事件	松鼠搬家热身活动；在生命之树基础上自由绘画改写生命之树的故事；分享新情绪故事；彼此见证 单元小结	自由绘画、解构重构、见证
第4次 2021. 12. 14	情绪暴风雨	重写问题故事，以例外事件为起点，借助自由绘画方式改写故事，缓解小组成员抑郁情绪问题	“情绪病毒”；利用情绪卡片分享抑郁情绪故事；聚焦生命之树支线故事 单元小结	见证

（三）阶段三：巩固与强化积极成果

第五、六、七节小组活动分析。第五、六、七次活动的目的是回顾已改写的故事及既往学习中的美时美事美人，强化效果，促进积极改变，发展并强化朋辈群体支持网络，回顾收获，总结抑郁困惑的解决之道，提高个体自我效能感，处理分离情绪。叙事治疗强调见证的力量，认为他人的见证和正向反馈有利于巩固服务对象的积极转变、增强服务对象进一步改变的信心。服务对象改写问题故事是在问题面前拿回主权的过程，与问题重新建立关系，朝向更美好的生活。对学生的改变要进行及时的肯定与反馈，并鼓励其分享新的感受，激发新的力量，作出新的生活规划，开始新的生活。

热身游戏结束后，活动组员通过绘画生命之树的叶子与果实，回顾生活中的美好时刻及重要他人。其中，“生命之树”的叶子代表着对组员们很重要的人。对组员们而言，把宠物、想象中的朋友或者故事中的角色作为他们树的一片“叶子”也是可以的。树上的果实代表组员们收到过的礼物，在分享过程中丰富每个部分的生命故事，涌现新的生命经验故事。接下来要聚焦讨论生命故事对缓解抑郁情绪问题的作用，通过分享大家彼此见证，强化作用效果，让服务对象不断增强自身力量，获得自信心和改变动力。第六节主题是发展朋辈群体支持网络，重视引导成员发现生命之树的共同与不同，就共同之处组员之间进行对话，引导小组成员就人际关系中的困惑进行探讨，寻求朋辈群体的支持与见证，不断强化自己的力量，丰富自己的生命故事。

第七节通过生命树枝绘画，畅想未来愿景。树枝代表着希望、梦想和组员们对未来生活的愿望，当组员们画树枝时，社会工作者可以询问了解这些希望、梦想和愿望的历史，这些内容是如何与组员的家人朋友相关的，如何作用于自己的抑郁情绪。同时，大家进行反馈和总结。在处理离别情绪时，根据每个人的烦恼，组员写下送给自己的话语，并送上祝福卡片给其他组员。在处理离别情绪时，通过卡片方式再次回顾服务对象与问题的关系、与社会工作者的关系，深化服务对象对重构问题的联结，鼓励服务对象继续前行（详见表6）。

表6　第五、六、七节小组活动

单元	主题	目标	活动内容	叙事治疗技术
第5次 （2021.12.21）	生命树之叶与果	已改写的故事及既往学习中的美时美事美人，强化效果，促进积极改变	“乌龟与乌鸦”热身活动；通过绘画生命之树的叶子与果实，回顾生活中的美好时刻及重要他人，并聚焦讨论其对缓解抑郁情绪问题的作用；团队内分享；彼此见证 单元小结	见证

续表

单元	主题	目标	活动内容	叙事治疗技术
第6次（2021. 12. 25）	生命之林	发展并强化朋辈群体支持网络，提升自我效能感	“智勇大冲关”热身活动；引导成员发现生命之树的共同与不同，就共同之处进行对话，发展朋辈群体支持网络 单元小结	开启未来愿景、见证
第7次（2021. 12. 26）	生命树的树枝	回顾收获、总结抑郁困惑的解决之道，提高个体自我效能感，处理分离情绪	“萝卜蹲”热身活动；通过生命树枝绘画，畅想未来愿景；团队内分享与见证；写给未来一封信；祝福卡片 总结	开启未来愿景、见证

五、服务评估

（一）干预结果定量评估

采用SPSS19. 0统计软件进行统计分析，以均数±标准差（x±s）表示计量资料，计数资料用百分率（%）表示。小组工作干预前后抑郁自评量表（SDS）评分比较（见表7），干预前13位（86. 67%）服务对象出现不同程度的焦虑，其中干预前7位服务对象为轻度抑郁，6位服务对象为中度抑郁；干预后11位服务对象还存在不同程度抑郁，其中干预后6位服务对象为轻度抑郁，5位服务对象为中度抑郁；干预后轻度和中度抑郁服务对象人数减少，且评分降低。可见，叙事治疗小组服务对大学生抑郁情绪干预具有效果。

表7　小组工作干预前后抑郁自评量表（SDS）评分

项目	前测		后测	
SDS	例数（%）	得分	例数（%）	得分
无	2（13. 3）	48. 44±1. 86	4（26. 7）	43. 44±1. 69
轻度	7（46. 7）	57. 73±2. 91	6（40. 0）	51. 73±2. 74
中度	6（40. 0）	64. 56±2. 08	5（33. 3）	59. 56±1. 88
重度				

（二）干预结果定性评估

1. 小组活动达预期目标

总体来看，7 次小组活动都按策划方案如期完成。其中，有 6 节小组活动达到了预期目标，剩余 1 节小组活动还有一部分内容未完成，未达到预期目标的原因主要有：首先，分享环节中组员讲述的内容超出预计时间，而组员分享的内容较为关键，因此并未打断组员的发言，造成该环节耗时较长；其次，为了活跃小组气氛，部分游戏规则复杂，在示范和游戏的过程中场面较为混乱。

虽然小组活动还存在不足之处，但组员参与其中也有所收获。第一次小组活动时，组员之间都很陌生，参与活动较为被动，需要社会工作者在其中引导。小组活动到了中后期组员之间形成了一种信任的小组氛围。组员们在 7 次的小组过程中认识到抑郁情绪带给生活的不快，收获了其他组员的理解和支持，发现自身更多的能量……

小组活动的干预内容以抑郁情绪为主，其中加强了组员的社会支持系统。在干预的过程中，组员表示意识到了自己在情绪方面的问题给自己带来了不好的影响，除了通过讲故事发泄自己的情绪外，也拓展了自身所拥有的支持系统，从小组成员身上学到了缓解和面对抑郁情绪问题的方法，不断在反复过程中强化自己的能量。干预后的结果表明，部分组员的抑郁情绪均得到了缓解，达到了最初设定的目标。

2. 组员对小组活动满意度高

在小组活动中，社会工作者制作了活动反馈表，用于评估每次活动的效果，以及收集组员对活动的反馈。评价内容包括：工作人员评价、鼓励服务对象、协助改变、有机会说出困难、协助处理问题、对服务对象帮助很大、对此次活动评价以及建议、工作人员讲授、个人发言分享、生命之树、小组讨论。

每次活动结束后社会工作者收集了组员填写的反馈表，反馈表分析结果显示（见图 2、图 3），组员对“社会工作者评价、社会工作者鼓励服务对象、对服务对象帮助很大”，给予了较高的评价。通过对活动过程中社会工作者的评价和服务对象的收获评价可以看出，整个小组活动设计及实施过程还存在不足之处，这也为社会工作者今后开展活动提供了宝贵的经验。小组实施的过程中，根据每次活动后组员的反馈，社会工作者会对后续的活动进行相应的优化和调整。

除了每次活动结束时的反馈，最后一次小组活动时组员分享了参加活动以来的感想和收获，其中组员对小组活动的部分感受摘录如下：

同学 A：这次活动结束了，认识大家很高兴，很喜欢听大家讨论，讲述自己经

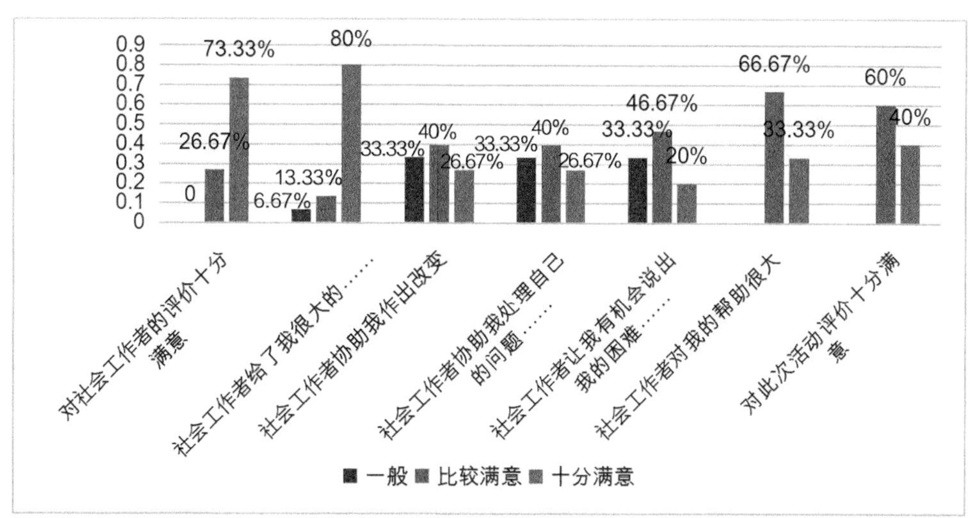

图 2　活动过程反馈情况 1

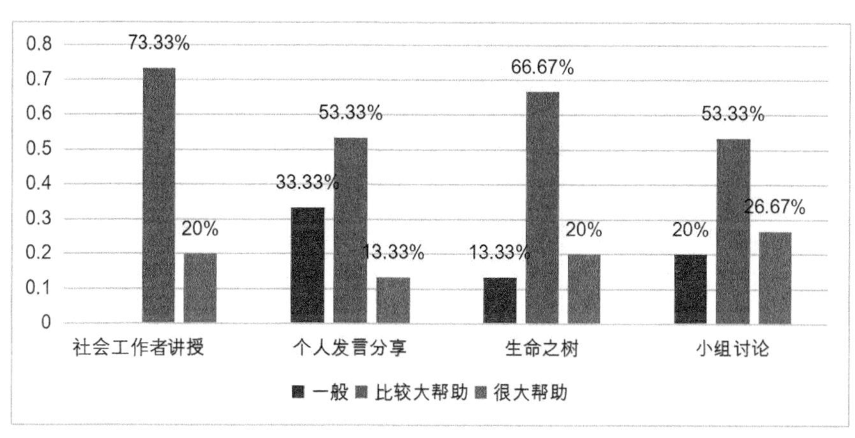

图 3　活动过程反馈情况 2

历的故事。

同学 B：通过学姐和同学的分析，对自己的问题有了更多的了解；也通过小伙伴们给出的建议，能比较明确地知道自己努力的一个方向；还有就是认识了很多的朋友。

同学 C：能学习借鉴到不同的人对不同事物的不同看法，让自己的思维更加开阔，从不同的角度看待问题。

同学 D：大家有不同的看法以及自己思考的内容可能会不同，但要求同存异。

同学 E：每个人在不同阶段都有自己的困扰，有些时候不用过于担心这些问题，冷静思考可能会更好。

同学F：生命中那些不期而遇的成长经历感受：生命诚可贵，大步朝未来奔跑。

同学G：学到很多东西，看问题更全面。

同学H：在这最后一次活动中，我依然收获满满。伴随着活动的圆满结束，我也感叹能和大家相遇的奇妙。在聆听大家故事的同时，我也从中吸取到了经验。

同学J：学到了更全面看事件的方式和处理事情的做法，受益匪浅。

同学K：大家对不同事情的看法对我有一定的帮助。

同学L：此次活动让我放松了心情，认识了更多的朋友。

同学M：每次参加完活动，我都感觉很开心，参与活动让我比较愿意在大家面前发言了，是自己的进步。

同学N：以前不开心的时候会自己消化，现在感觉偶尔找人说说感觉也不错。

虽然有个别组员认为小组活动没有解决个性化的问题，但总的来说，组员对活动的评价比较高，对参加活动的社会工作者都给予了较高的评价，组员在活动中有所收获。

3. 社会工作者与记录者的成长

在每一次小组活动结束后，社会工作者与记录者都会进行反思讨论，总结每次的活动设计、内容方面的优点与不足，用到的带领技巧措辞等细节之处，活动有待完善之处，以及对组员的观察情况等，及时总结发现问题，以便在后续的活动中作出调整，更好地契合组员的需求。

通过记录者的评分和反馈，能够让社会工作者看到自己的不足，便于社会工作者提高带领能力，记录者的部分反馈摘要如下。

反馈一："有些组员在小组活动中发言较少。建议：社会工作者要鼓励发言较少的组员。"

反馈二："本次活动前期活动耗时太长，导致后期活动显得很匆忙，某组员有点走神，社会工作者对组员的回应不到位。建议：关键把核心环节做透，核心要点应该继续探索，引起大家共鸣。"

反馈三："组员在游戏过程中存在违规行为，社会工作者未及时发现，引起部分组员的不满。建议：事先演练，考虑可能出现的问题或者准备好备选方式。"

反馈四："有几个组员每次都坐在一起，对部分发言少的成员还不太熟悉。建议：社会工作者要留意组员的状态，可以尝试有意识地将组员座位顺序打乱。"

由此可见，在小组活动中设置记录者的角色是非常有必要的，社会工作者在带领活动时会忽略一些细节，这时记录者的反馈对社会工作者而言是极为重要的补充。通过每次社会工作者的自我反思，结合记录者的评价，社会工作者自身的能力得以提高，活动内容和形式也不断地丰富，确保了小组活动按照目标继续推进。

六、专业反思

（一）集体叙事治疗对缓解学生抑郁情绪问题具有重要作用

大学生心理健康测评能帮助学生更了解自己，也能够让学校根据心理测评结果对学生进行有针对性的心理疏导及治疗，及时发现并解决问题，起到预防及干预危机事件发生的作用。但是如果处置不当则会不断加深“问题学生”的负向描述标签，使得学生在学校的主线生命故事定位在“抑郁症患者”上，削弱学生的个人价值和自尊。这种问题框架不仅限制了学生改变现状的动力，还会加深本身具有的抑郁情绪，影响大学生的健康成长。而运用叙事治疗方法开展小组工作可以帮助大学新生缓解抑郁情绪体验，帮助大学生迈出抑郁情绪问题框架，从而可以重新看待自己身上的“抑郁情绪”问题，并发掘生命中的支线故事，重塑、改写和强化生命故事，从而重建服务对象对自我的认识，激发改变的动力，开启崭新的生命历程。小组成员在安全的小组环境中可以敞开心扉，诉说自己的烦恼，组员可以交流彼此的想法，也可以从中得到新的启发，小组工作能发挥强化积极成果的作用，缓解服务对象的抑郁情绪，同时增强组员人际交往的频率，丰富小组成员的社会支持网络。

（二）社会工作者多重身份带来的困境

社会工作者与服务对象属于同龄人，容易让服务对象产生亲切感和亲近感。面对服务对象，社会工作者时常会遇到专业服务关系与朋友关系并存的困境，社会工作者与服务对象建立良好的关系，才能与服务对象深入探索服务对象的问题，尽管关系是开展服务的基础。与服务对象建立良好关系，可以帮助与其建立更好的专业关系，但同时也会让服务关系“流入”社会工作者的日常生活中，给社会工作者带来一定的压力。个人价值观和专业价值观之间的差异问题很难让社会工作者保持价值中立，关注服务对象需求还是要完成项目委托方的规定要求，实际操作中也存在两难。

（三）进一步探索如何调动服务对象积极性

由于服务对象对社会工作的具体情况缺乏了解，对此类活动的参与兴致不高，为了调动学生参加项目的积极性，在项目获取学院领导支持后，项目组对前来参与的学生予以积分激励措施，鼓励学院辅导员转介的学生自愿参与报名，而后社会工作者以与成员单独谈话的方式，向成员介绍项目的基本情况，获得对成员的基本了解，建立初步的信任友好关系，不断澄清项目活动内容，鼓励学生参与。志愿积分的运用在学校社会工作中具有广泛的适用性。社会工作者可以通过吸纳成员作为志愿者共同开展抑郁情绪科普宣传的外展服务，将成员的志愿积分真正发挥应有之义。当然也会出现服务对象抱着获取志愿积分的态度参与服务的情况，但是通过社会工作者的专业服务建立起来的信任和理解的同盟关系，会增强服务对象自我改变的参与动机，同时运用参与式观察法在志愿服务过程中观察小组成员的反应，能够真实反馈小组工作服务的效果。

（四）学校社会工作资源整合力度需进一步加强

项目从策划到实施都体现了资源整合的思想，社会工作专业学生以专业实践的方式参与项目为学生提供服务，实现了社会工作教育、社会实践、服务提供和专业研究的有效结合。在社会工作普及程度较低的背景下，这种在开设社会工作专业的高校内部进行资源整合，是以项目合作方式开展高校学校社会工作服务的有益尝试。此外，本案例中的资源整合也存在一些不足，需要进一步加强资源整合力度。项目过程中，社会工作者与辅导员之间，除了沟通协调服务对象人员安排外，其他沟通较少，同时与任课教师也缺乏沟通，导致辅导员对社会工作服务存在部分质疑。所以，在以后开展类似学生服务活动时，应增强各个主体之间的合作和沟通，链接更多资源共同合作开展项目。

与你同行，快乐成长
——新生适应性小组活动

张春蓉　冯恩健　查雕　董彤　孙玉洁[①]　指导教师：张丽华

一、案例基本信息

（一）研究背景

当莘莘学子从繁重的高考压力下冲刺出来，带着家人的嘱托与期望，怀揣着梦想与激情踏入大学校园，开始人生的又一段全新旅程的时候，他们就会发现这里的一切与过去的经历都是不同的。第一次出远门，第一次住集体宿舍……很多的第一次，都会让他们的内心有些迷茫或困惑。对于新生来说，大学校园就像一个从未开启的礼物，处处都充满了好奇。但是，当新奇后的兴奋平静下来时，他们就会发现全新的环境是需要去适应与磨合的。面对新的教学风格、学习方式、人际氛围、生活环境，可能会出现“心理不适”。入学之初，新生由于水土不服、想家等原因，往往出现不能融入班级和宿舍，引发焦虑、倦怠、烦乱、无聊、自责和其他行为上的不良症状，这种现象被称为“新生适应不良综合征”，也称“心理间歇期”。

（二）研究缘起

新生在显示出具有“新生适应不良综合征”时，如果不加以引导和疏通，任其蔓延，必将影响新生的学习、生活，甚至出现心理问题。由于学校具有成熟的社会工作专业的师生群体的优势，同时社会工作专业学生也要在实践中深入地学习理论知识，故决定开展有关新生适应的小组活动来增强新生的适应能力，帮助他们更好更快地融入大学生活。

---

① 张春蓉、冯恩健、查雕、董彤、孙玉洁，云南师范大学法学与社会学学院 MSW 教育中心 2021 级社会工作硕士研究生。

（三）研究对象

本项目研究对象为云南师范大学 2021 级法学与社会学学院、经济管理学院大一新生，共计 13 人。

二、案例分析

（一）分析预估

1. 问题预估

大学生活与高中生活有很大的不同，不管是在课程安排、学校管理、生活管理，还是人际交往上都存在较大的差异，最大的不同在于专业定向。那么新生难免会出现一段时间的不适应。主要表现在四个方面。第一，不适应新环境；第二，不适应新的生活方式；第三，不适应新的学习方式与内容；第四，心理方面的不适应。

2. 需求评估

本项目以大一新生为研究对象，综合考虑云南师范大学呈贡校区的情况，项目组对大学新生群体目前面临的问题进行分类，主要表现在新环境不适应、新生活方式不适应、新的学习方式不适应和心理方面的不适应等四个方面。

（1）环境的不适应。一方面，有些同学表现在身体上，比如出现水土不服、失眠等状况，这种生理上的反应经过一段时间调整会逐渐好转。另一方面，一部分新生从未有过住校的经历，面对多人的宿舍环境，也表现出了不适应。随着社会的进步与网络科技的发展，再加上目前的新生主要为 00 后，他们对网络的依赖性极强，有些同学通过网络交友、网络游戏等方式来缓解对环境的不适应，甚至跟虚拟网络世界的人交朋友，易产生一系列情绪上和人际交往上的负面影响，产生人际交往障碍。此时，他们可能需要更多的朋友，可以相互谈心，以适应新的环境。

（2）生活方式方面。许多新生之前在家中都是过度依赖父母，步入大学后，很多事情都要依靠自己，比如洗衣服、整理物品、管理开支、安排学习和娱乐、进行人际交往等，这使得他们不知所措。虽然课余时间增加，但是在感到充实的同时又感受到了迷茫。他们需要锻炼自己的生活自理能力，以及合理支配业余时间的能力。

（3）学习内容与学习方式方面。进入大学后，专业定向，自我管理和学习的方式方法上更加需要大学新生具备自觉、创新和探索的精神。除了专业知识的学习，他们还要掌握必备的专业技能，兼顾自身综合素质的提升。很多大学新生进入大学没有学习目标，长此以往，呈现出在学习上失去信心、成绩下滑，个别学生还会出现厌学状况，更有甚者因为成绩不合格而被退学。针对上述情况，需要专门的人员进行辅导，通过开展类似职业规划指导的课程，帮助他们减轻学业压力以及对未来职业的迷茫。

（4）心理方面的不适应。主要体现在与想象的大学生活存在差距，有些同学对自己所考上的大学感到不满，没有达到自己的理想状态，从而会找不到自己的闪光点，很难融入集体生活中去，以致没有目标，感到前途渺茫。此外，有些同学对自己身边的室友或同学感到不满。进入集体生活后，不少宿舍都会有矛盾发生，对身边有坏习惯的同学产生排斥心理，抵制这些坏毛病的同学，导致宿舍成员关系紧张。同时，被孤立的同学易出现孤独感、抑郁感和无助感，需要交到一些新的朋友缓解心理方面的不适应或者多参加一些课外活动，丰富他们的业余生活。

3. 资源评估

（1）学院学科。

法学与社会学学院，拥有社会学一级学科、法学一级学科硕士点，法律、社会工作专业硕士点支持

（2）平台建设。

项目组拥有云南师范大学社会工作硕士（MSW）教育中心、社会学与社会政策研究所、边疆社会研究所、边疆社会心理与社会工作研究所、人类学研究所、云南省禁毒教育培训科研基地、云南省禁毒社会工作人才培训基地等平台资源。

（3）师资力量。

20余名专业的导师指导。

（4）社会工作人员资质。

在“与你同行，快乐成长”小组成立前期必须要清晰预估我们的资源支持。

在可行性方面，首先，活动的场地可设置在社会工作研究生教室，教室的设计比较温馨，多媒体、桌椅、白板等基本资源全部具备。其次，学院的社会学、法学、社会工作等专业每年都会有新生加入，而新生适应性问题十分的普遍，项目组可以通过导师与辅导员的共同介绍来选择最需要帮助的服务对象。最后，学院有单独设计的图书馆，项目组可以高效、准确地查找开展小组活动所需的资料。

在专业性方面，首先，由社会工作专业的研究生来开展小组活动，他们具有小组活动的实践经验并且能够站在学生的角度感同身受新生的需求。其次，由学院MSW教育中心的指导老师对小组活动开展的前期、活动过程以及活动后的反思进行指导。所以在设计与开展小组活动时，具有较强的专业性，能够运用专业的知识与

技巧，将小组的目标充分在活动中进行体现，努力组建具有特色、专业的大学生适应性小组。

在多样性方面，小组的组织者在本科期间所学习的专业有所不同，有社会工作学、审计学、金融学等，并来自不同的省份，有云南、广东、山东、河南等省，多专业与跨地域能够碰撞出独特的思维火花。在新生不适应的问题上，来自不同本科专业与不同地方的组织者能够用自己的切身体会与他们共享问题与感受，通过换位思考引导他们尽快适应美好的大学生活。

因此，在开展小组活动前我们需要对资源进行全面的评估，这样在开展活动的中期与后期才会稳步前进，为促进新生对新环境的适应、提高新生的人际关系处理能力以及增强新生的学习能力奠定基础。

（二）服务计划

1. 服务目标

该小组旨在帮助组员更好地适应大学生活，要求从大学新生自身出发，充分挖掘自身的潜力，发挥自己的主观能动性，提高适应能力，改善人际关系，树立自信，进而明确自己的大学目标，学会制定未来四年的学涯规划，从而使组员顺利度过“适应期”。

2. 服务策略

根据需求调查和小组目标，把大学新生学校环境适应操作分为 6 个维度：校园环境适应、生活适应、学习适应、人际沟通适应、心理情绪适应和角色适应。依次开展了 6 节小组活动，帮助组员学习相应的技巧，通过小组组员间的支持和互助来提高适应力。

3. 服务程序

在对新生的适应性教育时，也要适应时代的发展，促进大学新生适应教育与时俱进。

（1）适应性教育前期。步入大学后，新生人际关系需要自己去经营维持，每个人对环境有不同的适应程度。在小组初期，首先要初步建立小组成员之间的关系，让同学们了解自己所具备的人际资源与各方支持。在建立关系的过程中建议组员将自己对环境的认识，以及不适应的地方讲出来，从而使得同学们了解对环境的不适应不是个例，与此同时建立小组契约，为中期与后期的活动奠定基础。

（2）适应性教育中期。小组的主要目标是促进小组成员对沟通的理解，使得小组成员明白沟通是双向的。通过前期的铺垫，加强小组成员之间的互相沟通，并且教会组员与班级同学、宿舍室友、任课老师之间沟通的重要性以及如何进行有效的沟通。通过中期的小组活动，增强小组成员的沟通表达能力以及建立人际关系的能力。第一学期是适应学习的关键时期，从高中过渡到大学，不仅要及时地制定学习目标，还要转变学习方式和模式。大学的学习不像高中学习那样全面，而是要深入了解自己所学的专业，培养对自己专业的兴趣，在一个专业领域内深入研究发展。同时引导组员制定合理的学习规划，避免因为计划过多或是难以完成而对他们造成不必要的压力，帮助他们尽快适应大学生活。

（3）适应性教育后期。有些新生经历了环境、生活和学习的适应不良后，在适应期的后期，心理上容易出现适应不良问题，主要表现为多疑、失落、自卑、抑郁等心理问题，以致对自己的情绪控制不当，若得不到及时疏导，将形成心理疾病，不利于继续学习。小组活动中社会工作者通过游戏的方式引导组员学会如何控制自己的情绪，如何在自己的人际交往中充分表达好自己的情绪。最后通过一节小组活动来总结从开始到结束的小组活动内容，并分享组员之间的收获，进行完整的告别，淡化小组成员之间的离别情绪。

（三）服务实施

1. 小组对象及其选取

提高新生入学适应力是学校社会工作服务的关键，所以此次项目面向法学与社会学学院大一新生展开。通过了解同学们的基本情况，在班主任、导师和辅导员的推荐下，最终确定 13 名小组成员。

2. 小组简介

小组名称：与你同行小组。

小组性质：成长与发展性小组。

小组人数：13 人。

举行时间：2021 年 10—12 月。

地点：云南师范大学法学与社会学学院。

招募方式：导师介绍，社会工作者的电话联系以及到班级作宣传、介绍等。

3. 小组活动大纲

表 1　小组活动安排

时间	内容	细节	参与成员
2021. 09. 15—2021. 09. 25	确定小组主题	社会工作者讨论后，确定服务对象、人数、活动地点等。将小组名字定为“与你同行”，并确定开展 6 节小组活动	董彤、冯恩健、张春蓉、查雕、孙玉洁
2021. 10. 8—2021. 10. 15	招募成员	通过线上和线下结合的方式招募符合条件的小组成员	董彤、冯恩健、张春蓉、查雕、孙玉洁
2021. 10. 20—2021. 10. 25	第一节小组活动设计	第一节“嗨，你好”：主要包括自我介绍、“大风吹”、组员分享、订立小组规则、总结	董彤、冯恩健、张春蓉、查雕、孙玉洁
2021. 10. 29	开展第一次小组活动	张春蓉负责自我介绍和“大风吹”部分，查雕负责组员分享和订立小组规则，孙玉洁负责总结，董彤、冯恩健协助	董彤、冯恩健、张春蓉、查雕、孙玉洁
2021. 10. 30—2021. 11. 3	第二节小组活动设计	第二节“人在情境中”：主要包括巩固上一节活动、了解人际资源、分析人际关系、学会强化关系网络、总结反思	董彤、冯恩健、张春蓉、查雕、孙玉洁
2021. 11. 5	开展第二次小组活动	查雕、冯恩健协助。孙玉洁负责巩固上节活动、让组员了解人际资源并进行分析，董彤负责引导组员强化关系网络并进行总结分享，张春蓉协助	董彤、冯恩健、张春蓉、查雕、孙玉洁
2021. 11. 6—2021. 11. 9	第三节小组活动设计	第三节“生活之道”主要包括回顾上一节活动内容、“解开千千结”、组员对昆明和学校的认识、组员不适应的地方和建议、总结反思	董彤、冯恩健、张春蓉、查雕、孙玉洁
2021. 11. 10	开展第三次小组活动	孙玉洁负责巩固上节活动，张春蓉负责“解开千千结”环节内容，董彤、冯恩健、查雕负责引导组员对昆明和学校的认识，并总结反思	董彤、冯恩健、张春蓉、查雕、孙玉洁

续表

时间	内容	细节	参与成员
2021. 11. 11—2021. 11. 14	第四节小组活动设计	第四节“学习之道”：主要包括回顾上节活动、“你画我猜”、观看动物学习纪录片、关于社会工作专业讨论、总结反思	董彤、冯恩健、张春蓉、查雕、孙玉洁
2021. 11. 15	开展第四次小组活动	查雕负责回顾上节活动和“你画我猜”，孙玉洁负责带领观看动物学习纪录片以及组织小组讨论并总结，董彤、冯恩健、张春蓉协助	董彤、冯恩健、张春蓉、查雕、孙玉洁
2021. 11. 16—2021. 11. 20	第五节小组活动设计	第五节“情绪管理大师”：主要包括巩固上节活动、“逛三园”、关于愤怒的情景剧、小组讨论、总结反思	董彤、冯恩健、张春蓉、查雕、孙玉洁
2021. 11. 25	开展第五次小组活动	董彤负责巩固上节活动并带领热身游戏“逛三园”，冯恩健负责组织情景剧，张春蓉负责小组讨论和总结，查雕、孙玉洁协助	董彤、冯恩健、张春蓉、查雕、孙玉洁
2021. 11. 26—2021. 12. 01	第六节小组活动设计	第六节“绽放青春光彩”：主要包括组员角色适应主题、了解组员感受、对组员的期待、评估小组成效、留念	董彤、冯恩健、张春蓉、查雕、孙玉洁
2021. 12. 10	开展第六次小组活动	查雕负责了解组员在组里的感受并表达对组员未来的期待，孙玉洁评估小组成效，董彤、冯恩健、张春蓉负责角色适应主题带领和组织合影留念	董彤、冯恩健、张春蓉、查雕、孙玉洁
2021. 12. 15—2021. 12. 30	整理小组资料	汇总前期开展的所有活动内容资料并进行整理，评估整个小组的成效	董彤、冯恩健、张春蓉、查雕、孙玉洁

4. 服务内容

第一节 嗨，你好！

时间：2021 年 10 月 29 日

地点：明德 1 号楼 409

目标：使小组成员相互熟悉了解，初步建立起小组关系，互相表达对新环境的不适应之处，互相帮助。引导小组制定小组契约，为以后小组活动的开展打下坚实基础。

表 2 第一节活动安排

时长	目标	内容	材料	备注
5 分钟	1. 社会工作者介绍此次活动的目的，让组员了解基本的活动 2. 让组员之间有一个初步了解	社会工作者主持开场，主持人和组员们进行自我介绍（包括姓名、家乡、兴趣等）	无	
6 分钟	小组成员初步认识，活跃小组气氛	带领“大风吹”活动，主持人说“大风吹”，组员说吹什么，主持人说出吹的东西，有相应特征的参与者需要起身和他人进行交换座位，没有起身的或是没换座位的同学成为下一轮主持人	无	
17 分钟	抒发自己来到大学新环境的一些感受和不适应的地方，并得到合理建议	1. 请每位组员都在卡纸上匿名写下自己进入大学之后的感受以及不适应的地方，然后放进盒子 2. 由社会工作者抽出纸条，念出问题。选出 3 条作为主要讨论的问题，并给出合理的建议	卡纸、笔、盒子	
8 分钟	与组员一起订立小组规则，使他们对小组更有归属感和责任感	订立小组规则，并公示	大画纸一张，记号笔一支	
5 分钟	了解组员的感受，引导组员进行思考和反思，结束本节活动	最后主持人对本次活动进行总结，并对参与者表示感谢	无	

第二节　沟通之道

时间：2021 年 11 月 5 日

地点：明德 1 号楼 409

目标：以沟通为主题，以游戏的形式，使小组成员明白双向沟通的重要性，提高小组成员的沟通和人际关系能力，通过互相沟通讨论，组员们彼此更加熟悉，找到更多的相似性，更好地适应大学生活。

表 3　第二节活动安排

时长	目标	内容	材料	备注
4 分钟	巩固上一节活动的收获与感受	回顾上节活动	无	
6 分钟	活跃小组气氛	组织开展“逢 7 拍手”游戏，组员围坐成一圈顺时针报数，当报到 7 或 7 的倍数时，此人以拍手代替说话，也就是拍手一下不能喊出数字，下一个人继续念下一个数字。输的人淘汰出局（游戏共进行三轮）	无	
10 分钟	使组员了解怎样与别人沟通，明白沟通是双向的	“撕纸游戏” 1. 给所有的组员发一张纸，按照指令去做，任何组员都不能发声（可以要求学员闭上眼睛） 2. 引导组员将纸对折一下，在右上角撕去一个角，然后转动 180 度，再将手中所拿纸的左上角撕去，然后把纸打开 3. 再发给所有组员一张纸，重复做上面的动作，只不过这次允许组员在做的过程中可以发问，并提出自己的一些疑问及不清楚的地方	A4 纸	
20 分钟	学习怎样更多地了解他人，彼此熟悉，增进组员间的沟通	准备 14 个问题，让组员们依次回答、交流		具体问题见表后内容
5 分钟	了解组员的感受，引导组员进行思考和反思，结束本节活动	最后主持人对本次活动进行总结，并对参与者表示感谢		

活动问题：

你看过的最好的一部电影是什么？

在你生命中谁是对你来说最重要的人？

如果你可以变成一种动物，你会希望成为哪种动物？为什么？

对你来说生活中最精彩的一天是哪一天？

在今后五年，你最想做什么？

如果你有5万元人民币，你会如何花费？

在这个小组中，你最不喜欢什么？你最喜欢什么？

人们最喜欢我的一点是……最不喜欢我的一点是……

我最喜欢的表演或娱乐是什么？

我最喜欢的季节是……原因是什么？

今天我对谁了解最多？

这个小组中和我最相像的人是谁？和我最不像的人是谁？

这个小组中我还想对谁有进一步了解？

我在这个小组中学会了什么？

第三节　生活之道

时间：2021年11月10日

地点：明德1号楼409

目标：以生活适应能力为主题，引导组员积极分享自己在生活中不适应的地方，讨论给予相关合理建议，使组员获得更好的成长，更好地适应大学生活。

表4　第三节活动安排

时长	目标	内容	材料	备注
4分钟	巩固上一节活动的收获与感受	回顾上节活动	无	
6分钟	通过热身游戏，让组员学会克服眼前的困难，也活跃了组内氛围	“解开千千结”：站大圈，右手拉右边朋友的左手，左手拉左边朋友的右手。松开手，在圈内自由走动，指导者叫停，成员定格，位置不动，伸手牵自己先前拉的“左手”和“右手”，从而形成许多结，不能松手，但可以钻、可以绕，队员间善于观察，共同想办法解决困难，恢复到起始的状态	无	

续表

时长	目标	内容	材料	备注
10 分钟	了解每位组员对于这个城市和学校的认识	每位组员分享自己对于昆明以及云南师范大学各方面的认识		
20 分钟	组内成员互相了解适应情况并给予建议	组员互相交流在生活上的适应情况和心得体会，相互给予建议		
5 分钟	了解组员的感受，引导组员进行思考和反思，结束本节活动	最后主持人对本次活动作出总结，并对参与者表示感谢		

第四节　学习之道

时间：2021 年 11 月 15 日

地点：明德 1 号楼 409

目标：以学会学习为主题，通过本次小组活动，使小组成员在学习上能够有规划、有目标，组员进一步认识到社会工作专业的特色和优势，培养专业认同感和兴趣。

表 5　第四节活动安排

时长	目标	内容	材料	备注
4 分钟	巩固上一节活动的收获与感受	回顾上节活动	无	
6 分钟	活跃小组气氛	带领游戏“你画我猜”：组员分为两组，根据提示词选择一人在黑板上画，下面的组员猜，在 5 分钟内猜对较多的一组获胜	无	
20 分钟	带着问题观看视频并讨论分享自己的学习方法	1. 观看动物们学习的纪录片 2. 讨论动物界的学习与人类社会的学习是否相似，为后续活动做准备		

续表

时长	目标	内容	材料	备注
15 分钟	开展社会工作专业讨论，并增强组员兴趣和认同感	1. 邀请学长讲述学习专业的经历和感受 2. 组员们对社会工作专业提出疑问并邀请老师和学长回答		
5 分钟	了解组员的感受，引导组员进行思考和反思，结束本节活动	最后主持人对本次活动进行总结，并对参与者表示感谢		

第五节　情绪管理大师

时间：2021 年 11 月 25 日

地点：明德 1 号楼 409

目标：让组员认识到自己的愤怒情绪，认识到所有的感情都是实实在在的，它们并没有好坏之分，但怎样表达这些情绪是有好坏之分的。通过小组学习用健康的方法应对情绪，争做自己的“情绪管理大师”。

表 6　第五节活动安排

时长	目标	内容	材料	备注
4 分钟	巩固上一节活动的收获与感受	回顾上节活动	无	
6 分钟	活跃小组气氛	“逛三园” 游戏规则：大家围成一圈，从一人开始说起：星期三，逛三园——水果园、蔬菜园、动物园。其他人就要说与那些园有关的事物，如果某个人没有说出相应的东西，或者说出的东西与前面人重复，就要被淘汰	无	
15 分钟	通过情景剧的表演，让大家看到日常愤怒的表现和对愤怒情绪的反应	1. 组员分为两组 2. 组员讨论“在以往的经历中，印象最深的一件关于愤怒的事情”，然后大家讨论把这一情景演出来，并上台分享		

续表

时长	目标	内容	材料	备注
15 分钟	1. 探索自身和他人对愤怒的反应 2. 确认对愤怒的健康和不健康的反应 3. 澄清一些关于愤怒的错误观念	1. 小组集体讨论“当你愤怒时，你会怎么做”，组长在纸上写下反应 2. 与组员讨论每一个反应，来确定这个反应是健康的还是不健康的 3. 交流日常生活中如何处理愤怒的健康方法	纸张、笔	
5 分钟	了解组员的感受，引导组员进行思考和反思，结束本节活动	最后主持人对本次活动进行总结，并对参与者表示感谢		

第六节　绽放青春光彩

时间：2021 年 12 月 10 日

地点：明德 1 号楼 409

目标：首先，以角色适应为主题，通过讨论与分享让组员更好地扮演好自己的角色；其次，作为小组最后一节活动，了解组员的感受，巩固组员的收获，并淡化离别时的情绪。

表 7　第六节活动安排

时长	目标	内容	材料	备注
6 分钟	引导组员看到自己在新环境中的新角色	组员在白纸上写上在校园这个环境中扮演着哪些角色（班级中、宿舍中、学生会、社团中等场景）	笔、纸	
10 分钟	学习角色适应的经验，扮演好新角色	组员讨论并分享经验：如何在新环境中扮演好自己的角色，如何履行角色中的责任和义务		
15 分钟	社会工作者了解组员的感受及处理情绪	1. 主持人带领组员讨论分享自己印象最深的一节小组活动和收获 2. 通过回顾前 5 节小组活动，看到其他组员成长的地方并相互鼓励		
5 分钟	留念	小组成员合影，组员之间匿名写下最想说的话或祝福，由社会工作者交给对方	明信片、笔	

三、案例评估

本次小组主要采用过程评估和成效评估，评估内容主要涉及每节小组目标的完成情况、组员对于整个小组活动内容、社会工作者的表现以及小组目标的完成情况。结果表明，小组活动在改善新生适应问题方面十分有效，组员的大学适应性状况和能力大多得到明显改善。

（一）过程评估

评估方法：小组过程记录、总结记录和书面评估表。

小组前期：本次小组活动中，前两节的小组活动是启动阶段，比较着重于小组成员内部之间相互认识，也是组员之间打成一片的良好时机，为接下来几期将要进行的活动打下良好基础。小组前期工作干预中出现的问题：一是热身游戏时，由于椅子的不便，组员起身落座会发生一点小意外；二是讨论问题环节，社会工作者注重问题的解决及建议，缺少考虑到组员表达的需求；三是制定小组规则时，组员会偏离主题；四是社会工作者在小组组员分组的时候没有进行抽签分组，而是让组员自行组队，所以在活动过程中组员愿意找一个班级或一个宿舍的同学。运用的解决方法是社会工作者在小组活动过程中不断提醒组员注意安全，不强调游戏的输赢，并在后期活动计划中改进。在小组后半段的环节中注重引导组员的分享及表达，并给予归纳总结，使讨论结果更加规范。

小组中期：小组活动的中期阶段是小组的第三、四节活动，在本阶段，组员变得成熟，大范围投资偏向于自己，是团队活动的重要阶段。小组中期工作干预中出现的问题是：小组活动中组员不主动沟通，个别组员有消极情绪。在“撕纸游戏”环节，组员在进行第二轮撕纸时很少提问，都是在模仿社会工作者撕纸。此外流程设计上组员表达的部分较少、活动时间过长，组员们感到有些许疲惫。运用的解决方法是社会工作者诱导组员研究：“这一步你们是怎么做的？你们好奇撕纸方向和角度问题吗？”在社会工作者的带领下勾勒出组员对“撕纸游戏”的兴致，组员遇到困难时主动发问，游戏进展顺利。在回答问题环节中，组员谈到父母时落泪，小组组员及时递上纸巾并相互安慰情绪，在其他组员的分享中看到同学们想家、想父母，情绪互相有所传递，活动促进了组员之间更多的支持和情绪表达。

小组后期：第五、六节是小组的后期活动，小组完成全部的计划，将短暂结束。小组后期工作干预中出现的问题是：一开始的热身游戏大家都没听懂游戏规则，组员表现得有些被动。在情景剧表演环节，部分组员找不到情景表演的例子，讨论的氛围不热烈。运用的解决方法：通过两位社会工作者的相互配合讲解游戏规则，组员们的游戏最终顺利进行；针对想不到情景表现的例子，社会工作者谈到组员可以用自己亲身经历或影视中的例子来表现，最后每个小组表演的情景剧都能互相引起共鸣，达到效果。小组活动的最后，小组告一段落，组员之间互相留有QQ、微信等联系方式，朋辈网络支持得到增强。

（二）成效评估

评估方法：小组目标达成表、小组满意度量表和小组结束后的跟进访谈。

通过对前、后测数据的比较分析，评估团队在组员学习适应、生活适应、心理情绪调整、家庭关系维持和环境适应5个方面的工作效果。

在小组结束后，通过意见反馈表，收集组员对于小组内容、工作方法和工作人员表现以及目标的达成率方面的评价。结果显示，小组设定的目的和目标都已经达到。在小组活动结束之后小组组员进行了后测表的填写，经数据分析，在学习适应方面取得了可观的成果，很多新生能找到合适的学习方法，以此也增强了自身的学习动机与自信心，自我规划意识和能力增强；在生活适应方面得到了提升，舒缓了对人生的迷茫感，能够制定出属于自己的努力目标与计划，寻找到奋斗方向；在人际关系适应方面，很多新生愿意在现实生活中与人进行交流沟通，不再是那么的羞涩；同样在心理与情绪适应方面，能够很好地去释放自己的负面情绪，将正能量进行传播，时刻以一种积极向上、乐观开朗的心态去面对一切艰难困苦；在环境适应方面，他们找到了各自的方式方法进行环境的适应。

四、专业反思

本次小组活动达到了预定目标，取得了较好的效果。在整个小组活动过程中，社会工作者听取组员的意见和建议，根据组员在活动中的表现，观察组员行为变化，不断反思，反复思考活动开展的流程及内容，不断地调整活动的具体细节，以使活动内容更贴近组员的需要。

（一）计划实施反思

本研究借用社会工作小组工作方法，从大学新生适应问题角度介入，帮助该群体尽快转换角色并适应新的学习生活环境，具有高度贴合性。社会工作者在学校老师的带领下，开展了主题为“与你同行”的大学生新生适应小组活动。学校老师协助宣传，学生主动报名。小组活动过程中，服务对象对小组的投入与配合度较高，服务对象能在规定时间内准时打卡参与小组，出席情况稳定，积极参与小组的每一个环节。小组运用社会工作专业理论和工作方法解决大学新生的适应问题，提高了新生的适应能力，促进新生能够适应大学的集体生活。同时，通过对一定的大学新生开展小组活动进行总结和反思，为高校新生适应问题解决办法提供了经验积累，对今后大学新生适应问题解决的设计、实施等提供借鉴，为今后开展高校新生适应性训练方案提供理论和实践基础。

（二）服务策略运用反思

在本次小组活动中，社会工作者使用卢谢峰编制的《大学生适应量表》（部分）对小组成员进行前后测量，从而对小组活动的效果进行评估。通过《满意度自我评估表》，来了解是否达到小组目标，老师、成员和社会工作者关系是否协调等，达到对小组工作评估和改进的目的；每次小组活动都设立一名观察员，对小组活动过程中各小组成员的表现进行记录和评估。通过以上各种方式的观察和评估，确保小组活动在各个阶段都能够达到预定目标，确保对小组成员带来积极正面影响。

（三）服务效果反思

通过小组活动的开展，组员在学习方法、适应能力、人际交往、心理状况等方面都有较好的改善。小组活动前期，大部分组员都表示处于很迷茫的状态，看不到自己的能力与优势，个别组员甚至自信心受到打击。社会工作者通过带领小组活动，使组员认识到自己的性格特质与能力，厘清自己的目标，并清楚目前阶段的努力方向，小组组员自信心得到明显的提升；小组活动后期，社会工作者给予更多的支持和鼓励，对组员进行行为引导。小组组员的自我体验感增强，组员对集体活动的融入性增强，组员在小组参与中感受到他人的支持和群体接纳，组员关系亲密，相互依存，小组服务效果明显。

第二部分

禁毒社会工作

小组工作介入社区戒毒康复人员应对社会排斥能力提升实践①

王雪姣　吴祖芬等②　指导教师：莫关耀

一、问题背景

人们对于吸毒人员的排斥行为自古以来就存在，因社会排斥带来的吸毒人员回归社会难、复吸率高，由吸毒行为带来的社会治安问题及安全问题等不绝于耳，影响到整个社会的和谐与安宁。近年来，国家陆续出台一系列法规和政策来降低吸毒人员的复吸率，促进其顺利回归社会。《中华人民共和国禁毒法》的颁布与实施，增加了社区戒毒康复模式以回应戒毒人员的多元化需求，有利于吸毒人员立足社区、依托家庭和单位，通过社区戒毒康复帮教小组的帮教、监督和管理，戒断毒瘾、防止复吸，避免吸毒人员长期脱离社会及监禁化所带来的问题，提升戒断巩固的实效。然而，阻碍吸毒人员降低复吸率并回归社会的重要因素之一就是社会排斥，对戒毒人员来说，制度性的排斥会让他们无法获得工作，进而影响到正常的生活。因情感排斥，社区戒毒人员无法与家人共同生活，缺少社会支持系统。因此，提升社区戒毒人员应对社会排斥的能力，对于社区戒毒人员戒断毒瘾并顺利回归社会具有重要的意义。

二、理论依据与分析

（一）认知行为理论

认知行为理论认为，认知扮演着情绪、行为之间的中介，认知对个人的行为进

① 本案例运用昆明市盘龙区 X 社区的社区戒毒康复人员应对社会排斥的能力提升项目，取得好的效果。

② 王雪姣、吴祖芬、吉祥、陈曦、杨小雨、彭亚男，云南师范大学法学与社会学学院 MSW 教育中心 2019 级社会工作硕士研究生，案例由王雪姣设计和执笔撰稿，共他五位同学共同具体实施。

行解读，这种解读直接影响着个体最终是否采取行动。埃利斯（Albert Ellis）提出了认知的“ABC 情绪理论框架”，A 即不幸事件，B 即因为不幸事件 A 产生的信念，C 即困扰的行为和结果。也就是说，人们的情绪反应是由他们的信念和观点 B 决定的，而不是由事件 A 决定的。简单来说就是，如果人们有正确的认知，他的情绪和行为就是正常的，如果他的认知是错误的，则他的情绪和行为都可能是错误的。因此，埃利斯提出，人们可以通过调整自我的思维方式控制自己的情绪和行为。

对于社区戒毒康复人员而言，因为毒品的影响和社会排斥的作用，常常会对自己有不理性的自我认识，或者将自己的错误归结到社会或其他外在因素，这些都是需要改变的观念。因此，本案例将以认知行为理论为指导，帮助昆明市 X 社区的社区戒毒康复人员修正错误观念，恢复理性认知，增强自我管理和社会适应能力。

（二）行为主义学习理论

行为主义学习理论发展于心理学领域，由桑代克主导，以华生、格斯里、赫尔巴特、斯金纳为代表。该理论认为学习发生的原因来自外部刺激和强化，学习过程是循序渐进的，学习研究应重视知识和技能的培养。① 行为主义心理学家琼斯（Mary Cover Jones）利用行为主义条件反射的原理，在害怕兔子的小男孩附近放一只兔子，多次反复后男孩对兔子的恐惧逐渐降低，这其中已经蕴含了系统脱敏疗法（Systematic Desensitization）的基本思想。约瑟夫·沃尔普（Joseph Wolpe，1915—1977）是美国享有盛誉的行为治疗心理学家，也是正式提出并发展系统脱敏疗法的人。他通过对猫的神经症实验研究提出了著名的“交互抑制理论”，此为“系统脱敏技术”②。系统脱敏疗法除了对焦虑、恐惧等神经症的治疗以外，在各年龄阶段人群，尤其是儿童不良行为或习惯的矫正，如吸烟、吸毒、酗酒和各种反社会行为中也得到广泛应用③。

社区戒毒康复者在生活情境里面临社会排斥是普遍现象，本案例在行为主义心理学的指导下，主要侧重于对社区戒毒者应对各类社会排斥情况时采取何种行为的引导是有效的，通过社会工作的方法降低社区戒毒康复者对社会排斥的恐惧感，帮助其获得正向面对的情绪能力。

---

① 张军凤．有效学习：基于行为主义理论［J］．天津市教科院学报，2012（4）：59-61.

② 俞国良，靳娟娟．行为主义学派对心理健康问题的研究［J］．黑龙江高教研究，2021（3）：136-140.

③ 俞国良，李森．心理科学对心理健康问题的研究：基础研究视角［J］．黑龙江高教研究，2018（12）：110-113.

三、服务点情况及介入缘起

X 社区地处昆明市盘龙区，X 社区戒毒社区康复工作办公室是设在辖区街道下面的一个工作站，针对社区戒毒康复人员开展了关爱帮扶工作，例如就业及住房安置等；心理健康服务，例如“在你身边，陪你改变”项目；与高校社会工作专业合作的课题项目等。

（一）社区戒毒群体存在社会排斥问题

中华民族对毒品的深恶痛绝由来已久，不管是不是严重成瘾的吸毒者，只要与“吸毒”有关都会被民众排斥。鸦片在我国肆虐时，民众以“大烟鬼”的称呼来表达对吸食鸦片者的鄙视和厌弃，而当今社会，吸毒人员共用注射器带来的艾滋病、丙肝等疾病的传播，以及因筹集毒资而产生的违法犯罪行为等，让人民更加“谈毒色变”“退避三舍”。从医学上讲，吸毒人员是脑部疾病患者，也属于相对弱势群体，人们对例如贫困或残疾的弱势群体具有很高的同情感，但对于因吸毒导致的贫困或残疾者则认为他们不值得同情（钟莹，2010）。

在禁毒工作中，毒品预防宣传教育的策略就是用瘦骨嶙峋、皮肤溃烂、牙齿稀疏的形象来代表吸毒者，以“违法乱纪”“不务正业”等负性词语来描述吸毒者，无形当中将所有吸毒者贴上了“坏人”的标签，固化了人们对吸毒人员的印象。除此之外，吸毒人员的生存机会也因制度排斥遭到了剥夺，尤其在接受教育及就业入职等方面十分明显，招工单位对吸毒人员的刻板印象导致其无法从事长期稳定的工作，或者因吸毒者身份无法获得应聘资格，或者因为“无违法犯罪记录证明”而暴露身份、失去工作，只能从事例如洗碗工、送货员等临时性工作。无论是社会地位高、收入高的工作还是社会地位低、收入低的工作，制度化的排斥让吸毒者的生存空间遭受到了挤压。

有时，吸毒人员反复吸毒的主要原因并不全是因为戒毒的动机不足或生理依赖过强，而可能是在社会生活中遭遇到的挫折，无法获得正常的社会生活空间以及建立日常工作共同导致的结果。社会标签是造成吸毒者对自己的认知滑向社会所标签的那种形象的原因之一，其心理上逐渐接受自己“违法者”的身份，从而自动与主流社会相隔离。也就是说社会排斥是导致吸毒者再次吸毒的重要原因之一，同时也可能因为社会排斥导致吸毒者陷入“戒毒—复吸”的恶性循环当中。

（二）社会排斥是引发社区戒毒人员复吸的重要因素之一

有研究表明，生理脱毒在戒脱场所内是完全可以做到的，但离开戒脱场所，90%以上的戒毒者都会复吸。吸毒人员回归社会后找不到属于自己的社会位置，无法获得社会的接纳与支持，找不到归属感与认同感，社会排斥作用下导致其生存环境受到影响，从而产生复吸行为。

文化及社会关系排斥让吸毒人员及其家庭陷入“污名化”的困境，其家庭在承受吸毒及戒毒带来的经济压力外还要承受社会舆论的压力，家庭成员不堪压力而自动将吸毒人员从情感上隔离出家庭，让其自生自灭，在缺乏家庭支持的情况下，戒断毒品的概率就变得很小。制度排斥让吸毒人员无法从事稳定职业，经济收入无法保障，社会福利也限制对吸毒人员需求的满足，这些制度排斥让吸毒人员陷入生活的困境。吸毒人员在社会上无法得到属于自己的位置、社会支持系统无法发挥功能的情况下，因情感缺失、生活窘迫而主动与主流社会隔离，与同样被社会边缘化的其他吸毒人员“报团取暖”，以“破罐子破摔”的心态走向复吸。

（三）社会排斥压力会诱发吸毒人员违法犯罪

因吸毒带来的身体损害和传染性疾病会导致吸毒人员有不同程度的心理疾病，谭剑辉以厦门市 86 名吸毒人员为样本，分析了其心理健康状况，得出了吸毒人员有明显的心理障碍的结论，抑郁及焦虑行为广泛存在。如果长期得不到社会的认可，找不到认同感和归属感，在经济压力大和心理健康水平低下的综合作用下，吸毒人员容易发展出报复社会等极端行为，对社会稳定和谐带来负面影响。

四、介入方法与实施策略

与其他类型的服务对象相比而言，社区戒毒康复人员具有很多的特殊性，而社会排斥又是与社会结构、社会文化、社会经济等各方面相关联的，社会工作作为一项专业的助人工作，开展的服务具有专业性的要求，但几次的工作不足以改善社会排斥的现状，因此关键在于提升社区戒毒康复人员自身应对社会排斥的能力；在现有基础上改善社区戒毒人员的社区氛围，促进社区居民对社区戒毒康复人员的接纳，这需要小组工作和社区工作的方法进行介入。除此之外，增强社区戒毒康复人员的价值感也可以帮助社区戒毒康复人员应对社会排斥，这需要对特殊个案的干预。

表 1　服务计划表

服务对象	服务方式	服务目的	服务内容
社区戒毒小组	小组工作	提升社区戒毒人员对社会排斥的正向认知能力，以及经历社会排斥时的情绪疏解能力	7 节小组活动：主题分别是建立关系、探寻自己眼中的自己、全面认识自己、正向面对社会排斥、撕掉自己身上的“标签”、当遭受社会排斥时如何应对、巩固目标
	治疗性小组		
	主题活动		

（一）应用小组活动方法介入的思路

经过需求调查阶段对社区戒毒康复人员的观察和分析发现，社区戒毒康复人员普遍对自己有片面或错误的认知，对自己吸毒的行为也缺乏正确的认知，认为“一次的失误会误了终身”，或者“没有人看得起自己”，因此在小组工作服务策略上首先要帮助社区戒毒康复人员正确改变对自己的评价和对自己吸毒行为的认知，其次是帮助其正向看待和应对社会排斥，先改变自己对自己的看法以及对待自己的方式，才能改变外界对自己的方式。

（二）小组成员简介

通过对社区戒毒人员的观察和了解，社会工作者发现社区戒毒康复人员对陌生工作人员的戒备心较重，建立专业关系较为困难，因此需要尽可能多地收集小组成员信息才能全面了解每一个小组成员，在收集小组成员基本信息的同时也对其社会支持系统进行评估，以便建立专业关系及开展专业服务。在 10 名小组成员中，有 6 名女性，4 名男性，除了 1 名 20 岁的社区戒毒人员，其他人年龄集中在中年阶段。在吸食毒品种类上，小组成员中吸食海洛因的为多数；在吸毒年限上，吸食 10 年的有 7 名，3 年的有 3 名；在职业方面，无业者或临时职业者为多数；在家庭成员方面，除无家庭成员者及不愿透露者之外，其余 7 名成员均可能获得来自家庭系统的支持；在兴趣爱好方面，小组成员中仅有 3 名有明确的兴趣爱好。以上信息将作为小组活动设计的重要依据。

表 2　小组成员简介

小组成员	性别	年龄	吸毒种类	吸毒年限	职业	家庭成员	兴趣爱好
LSX	女	38 岁	海洛因	3 年	化妆师	父亲、儿子	唱歌
LF	女	43 岁	海洛因	3 年	无业	母亲、父亲、女儿	无
LJF	男	47 岁	海洛因	10 年	无业	母亲	无
WY	女	45 岁	海洛因	10 年	无业	配偶	无
YF	男	57 岁	海洛因	10 年	打零工	无	无
SM	男	43 岁	海洛因	10 年	闪送	无	无
LYP	女	41 岁	海洛因	10 年	待业	未透露	无
CL	女	42 岁	麻古	10 年	社区公益岗	母亲、父亲、女儿	无
NH	女	20 岁	毒品 K 粉	3 年	皮肤管理	父母	看书打游戏
DX	男	47 岁	冰毒	10 年	销售员	妻儿	看书

（三）小组活动简介

小组的类型为治疗型小组，小组的总目标是提升小组成员应对社会排斥的能力，具体而言就是帮助小组成员树立新的自我认知；帮助成员正确认识和面对社会排斥。根据小组成员的基本情况，结合前期的需求评估，社会工作者设计了改变自我认知、改变对社会排斥认知以及应对社会排斥的方法 3 个部分的内容，分为 7 个单次活动来完成。

小组活动开始阶段，分为“我们都一样”“我眼中的我”两个部分，首先是通过与小组成员共同分享曾经做过的出丑的事件，拉近社会工作者和小组成员间的距离，让小组成员明白，每个人都会有“曾经”，或者是没面子的小事，或者是犯过的错误。其次是以电视剧《西游记》为背景，通过小组成员为自己选取角色的方式了解小组成员对自己的认知和评价，作为展开介入的依据。

小组活动中期阶段，分为“全部的我”“与‘标签’共处”两个部分。“全部的我”是让小组成员重新认识自己，全面认识自己的优缺点，让其明白除了犯错的部分外，自己依然存在着其他的价值。“与‘标签’共处”是让小组成员获得与身边异样眼光相处的能力，学会分辨哪些是真正的“标签”，哪些是自己想象中的“标签”，如何减少这些“标签”带给自己的影响。

小组活动后期阶段，分为“撕掉‘标签’的决心”“当 ta 出现时”两个部分。让小组成员使用认知券来获得价值券，以此获得撕掉标签的机会，目的是让小组成员改变认知，在撕掉标签的同时得到心理上的解压。同时，自己如何选择会影响到撕标签的结果，这一过程也会对小组成员今后做选择的时候产生影响。“当 ta 出现时”是为了帮助小组成员在无法消除的社会排斥出现时，能够及时疏导自己的情绪，获得正确处理社会排斥的能力。

小组活动结束阶段，社会工作者通过“回忆的六宫格”让小组成员回忆每节活动的内容和要点，巩固前 6 节小组活动的成果。通过小组成员写出或画出每一节活动中印象最深刻的部分并分享出来，社会工作者可以观察到小组成员在活动以后的收获，同时可以强化小组成员的印象，巩固服务效果。

表 3　小组活动目标与内容一览表

	活动目标	活动内容
第一节 我们都一样	加强小组成员之间的熟悉度，使组员相互认识，强化小组凝聚力； 让服务对象了解小组活动的目的及内容，初步建立信任感； 制定小组契约，阐明小组活动的规则	介绍社会工作者； 破冰游戏：“我曾经……”； 制定契约； 前测； 回顾和预告
第二节 我眼中的我	帮助小组成员了解对自己的看法； 帮助小组成员全面认识自己的吸毒生涯； 帮助小组成员面对“不光彩”的过去	角色扮演； 为何是 ta； 我想对 ta 说； 与 ta 道别吧； 总结和预告
第三节 全部的我	帮助小组成员获得对自己的优缺点的全面认识； 让小组成员学会欣赏自己	介绍活动内容； 热身游戏； 绘制“全人图”； 让你看到我； 互相夸一夸； 总结
第四节 与“标签”共处	让小组成员直面贴在自己身上的“标签”，接受“标签”的存在； 让小组成员学会与“标签”共处	回顾和介绍； 热身游戏； 贴标签； 总结与预告

续表

	活动目标	活动内容
第五节 撕掉“标签” 的决心	改善小组成员的自我形象； 帮助确立撕掉“标签”的目标	回顾与介绍； 你比我猜； 撕掉“标签”； 总结
第六节 当 ta 出现时	帮助小组成员获得正确面对社会排斥的态度和勇气； 巩固前几次小组活动的目标	回顾前路； 情景剧； 当 ta 出现的时候； 总结和预告
第七节 回忆的六宫格	巩固小组活动目标； 处理分离	回顾前路； 回忆的六宫格； 你是值得的； 是留还是丢； 人生何处不相逢

（四）服务小结

1. 小组目标达成的情况

本研究中，小组工作的目标是通过帮助小组成员树立新的自我认知，正确认识和面对社会排斥来提升小组成员应对社会排斥的能力。通过 7 节小组活动，组员在自我认知方面有所改善，由第一次的选择角色，到第二节的自画像，经过组员的讨论和思考、社会工作者的引导，组员对自己有了新的认识。在应对社会排斥的能力方面，组员也有自己的经验，经过小组活动的提炼和整合以后，组员在遇到社会排斥时，相较于之前可以更加自如。

2. 参与人员的变化情况

“金角大王”（《西游记》人物扮演者）表示，原本就是想当作一个任务配合我们完成就行，感觉像是小孩子才玩的游戏，但后来发现很有意思，在其中也感受到了被关心和理解，如果还有下次，他会很愿意主动报名参加。“黑山老妖”（《西游记》人物扮演者）表示，他觉得很感动，我们为他们准备这么多东西，让他们觉得这个世界上还是有人“看得见”他们的，因为社会工作者的真诚他才愿意与同事换班来参加活动。这两位组员一开始的参与度和配合度都比较低，在活动结束之时有了很大转变。其他组员表示一些原本在生活中很常见的事经过这些活动就变得不一样了，对他们来说是一种提醒，也让他们知道自己该怎么样面对社会排斥。

3. 服务方案的设计、实施效果

7 节小组活动，每一节与上一节都是有所承接的。最开始的小组活动方案是已经设计好的，但在实际操作过程中，笔者根据组员的反应及组员给出的信息作了灵活调整。7 节活动后，小组工作的目标逐步达成，活动效果也得到显现。根据组员的反馈，小组活动中有的部分稍显复杂，例如价值券、认知券和技能券的兑换，对他们来说不是很容易理解。另外，笔者发现在活动过程中，经常会出现一些组员自由发挥的情况，原因是在方案设计时，笔者没有根据社区戒毒人员吸毒生涯的发展脉络去分析问题，例如组员对自己第一次吸毒的经历毫不避讳，大谈特谈，而笔者则担心这样会揭开组员的伤疤而在活动设计上有所回避。

五、服务评估

（一）前期准备评估

通过参与式观察及访谈了解到他们遭受到了社会排斥的情况，并与 X 社区工作人员协商，将研究焦点集中在社区戒毒康复人员的社会排斥问题上。之后，通过查阅文献资料，了解了国内外对于社区戒毒康复模式以及社会工作介入社区戒毒康复的相关研究，采用了问卷和访谈的方式对社区戒毒康复人员以及社区居民进行了需求调查。在此基础上，深入探讨实务介入方案，同时，经过与 X 社区工作人员进行多次沟通和协商，最终确定以小组工作方法为主，个案工作和社区工作方法为辅，多管齐下来改善社区戒毒人员社会排斥问题。

在前期沟通和需求调研阶段，前后花费了 3 个月的时间。设计需求调查问卷和访谈提纲，经过预调研后又不断调整，发现在一些问题的设计上，容易先入为主，将自己的生活经验代入社区戒毒人员的生活中，以至于在服务设计上也受到了经验主义的影响。因此，在前期准备的阶段，也同样需要放下社会工作者的个人经验，时刻以价值中立为原则，这样才能真正回应服务对象的实际需求。

（二）介入过程评估

小组工作的活动设置是以游戏的形式来开展的，组员觉得稍显幼稚，有种在陪社会工作者玩游戏的感觉，在后期的小组活动环节，社会工作者注意到了这个情况，作了相应调整。值得记录的是，社会工作者发现，在与类似社区戒毒人员这类社会阅历较为丰富，人生经历与社会工作者差异较大的服务对象建立关系时，找到一个合适的媒介是非常有帮助的。本研究找到的媒介就是每个年龄段人群都熟知的电视剧《西游记》，社会工作者带动服务对象以影视角色来进行破冰，找到共同话语后逐渐建立专业关系。

（三）服务结果评估

1. 服务对象应对社会排斥的能力得到提升

社区戒毒人员应对社会排斥的能力提升不是短期内就能看到效果的，在服务结束后，社会工作者通过问卷和访谈的形式对服务对象关于社会排斥的应对态度进行了评估，结果显示，通过小组、个案以及社区三种工作方法的介入，服务对象在主观意识上有所变化。

首先是在自我价值感方面，小组成员从认为自己是“妖怪”慢慢看到自己的全部，再到看见自己的价值，社会工作者除了引导服务对象转变思维方式之外，还用获得职业、参与公益活动等方式来帮助服务对象建立自我价值感，转变对自己的认知。

在认识和应对社会排斥方面，服务对象最开始有无意识却易感愤怒的情况，在社会工作者进行引导后，服务对象的话语间表达出明白社会排斥的起因，懂得如何应对社会排斥等信息。服务对象应对社会排斥的方法不是他们当下才学习到的，而是在日常生活中感悟出来的，只是需要经过社会工作者的引导，让他们把应对方式共享，引起服务对象的觉察。

在服务结束后，社会工作者对服务对象进行了 3 次回访，分别是在服务结束后的一个月、半年、一年，通过微信群与服务对象联系，询问近况。在服务结束一个月后，回访的结果是他们依然对服务过程历历在目，半年的回访结果是患病的“金角大王”在积极治疗，一年的回访结果是服务对象中有一半加入了爱心服务队，4 名服务对象已找到工作。

2. 应对社会排斥能力的提升对预防复吸有积极作用

应对社会排斥的能力提升体现在个人认知的转变、能力的提升和外在形象气质的改变上。在对服务对象的三次回访中，均未出现复吸的情况，社区工作人员表示，在社会工作者的服务结束后，服务对象确实有一些变化，之前难以联系到的服务对象现在会主动联系了，参加社区活动也比以前积极了。

六、介入过程的综合思考

（一）社会工作者在服务过程中需要打破思维定式

受思维定式的影响，社会工作者对社区戒毒康复人员也存在着刻板印象，认为吸毒是很伤痛的经历，觉得社区戒毒康复人员会回避这段经历，而这恰好是剖析社区戒毒康复人员吸毒生涯的开始和发展非常重要的一个环节，也是社会工作服务中贴近社区戒毒康复人员思想脉络、开展适宜服务对象的专业服务的重要依据。此外，由于书本上的知识在实际操作时可能会存在一些特殊情况，需要社会工作者根据具体情况来转变服务方式。比如，社区戒毒康复人员对社会工作者的片面认识导致在服务之初进展得并不顺利，因此社会工作者在了解其真实想法后，调整了沟通策略，把社区戒毒康复人员当作帮助社会工作者认识毒品的老师，表达对服务对象的充分尊重。从专业关系的建立来讲，社会工作者不应该与服务对象有除了专业关系以外的其他关系，但面对类似于社区戒毒康复人员的特殊服务对象，拉近距离才有可能顺利开展后续服务。

（二）社会工作者需要警惕移情，保持专业边界

在服务过程中，服务对象对公安机关动态管控系统的认知与社会工作者不同，服务对象的描述中多带有负面的评价，社会工作者在聆听服务对象的叙述中，会因对服务对象遭遇的同情而受到服务对象负面描述的影响，因过于同情服务对象的经历而对服务对象存在着过度保护的行为。经验不足的社会工作者常常会被服务对象的情绪影响，改变服务的节奏，放纵服务对象的要求，因为急于帮助服务对象解决问题而忘记了专业边界。服务对象所说的制度排斥是客观存在的，但这一现状是在法律的框架下，为了维护社会的稳定而设置的规则，社会工作者所要做的和能够做到的不是帮助服务对象去改变规则，而是要帮助服务对象适应规则。比如，社会工作者在服务对象抱怨被异地警方上门尿检时，给服务对象分享了其他地方社区戒毒康复人员的应对方式，就是每到不属于自己户口所在地的地方，就主动去找当地派出所报备和尿检，以此避免警察突然上门的尴尬。

（三）加强社会工作者与社区戒毒人员家属的合作

家庭是社区戒毒康复人员社会支持系统中非常核心的力量，加强与家属的沟通

是为了帮助社区戒毒康复人员获得情感支持。与家属加强合作，一方面要为家属普及禁毒知识，让家属明白服务对象为何会吸毒，吸毒对服务对象的危害有哪些。除此之外，还需要普及社区戒毒康复人员家属的心理压力调适方法。这些知识能够帮助家属理解和照顾社区戒毒康复人员，也能更好地帮助社区戒毒康复人员建立戒断毒瘾的信心。另外，家属对于戒毒人员的重新接纳以及维护家庭关系的稳定是加强戒毒人员改变动机的重要条件，同时也是帮助戒毒人员预防复吸的重要保护因素。

(四) 加强对社区戒毒人员去标签化的倡导

标签理论认为，大部分“有问题的人”，是和周围环境以及社会成员对他以及他的行为的定义或标定过程密切相关的。一旦被贴上“吸毒者”的标签，自我角色和自我定位就会逐渐发生转变，并且开始从原先的社会生活环境中被“隔离”开来，社会关系也会发生剧变，从原来和谐的关系变化成被冷落、被歧视的境况，因此也会产生社会关系上的障碍。在社会工作中，家庭和个人层面的工作都可以通过专业服务方法介入，但社会大众对社区戒毒人员的排斥则需要进行“去标签化”的倡导。

第一个方面，需要大力宣传和普及吸毒成瘾是一种慢性复发性脑部疾病的观念，改变民众对社区戒毒人员的认知。第二个方面，普及禁毒法律知识。我国禁毒法明确规定有关单位及其工作人员在入学、就业、享受社会保障等方面歧视戒毒人员的，由教育行政部门、劳动行政部门责令改正；给当事人造成损失的，依法承担赔偿责任。普及禁毒法律知识，有助于更好地保护戒毒人员的权利，也在一定程度上避免了某些恶意的贴标签行为，让大家更理性、客观地去看待和接纳戒毒人员。

社会排斥中，文化和制度排斥是较难改变的现状，文化排斥是历史进程中形成的根深蒂固的观念，同时因为标签化的作用，导致人们对吸毒者有着统一且稳定的印象，因此需要其本人主动行动，来打破人们对自己的刻板印象，认识到与过去分离的重要和下定重新开始的决心。制度排斥是结构化的问题，现有条件下也不可能改变，对于服务对象的生活会是非常大的影响，继而影响其心理状态，因此服务对象如何理解制度排斥的存在以及如何应对制度排斥就是关键点，在现有结构下去适应，是社会工作者需要帮助服务对象去探索的路径和获得的能力。社会工作者需要培养服务对象的自尊意识，一方面是有利于服务对象保持操守，另一方面是通过证明自己不会复吸来改变家人、社会对自己的看法。社会排斥对服务对象的影响会伴随很久，社会工作者需要帮助服务对象获得心理调适的能力，消化社会排斥带来的压力，以此才能让服务对象更好地应对社会排斥。

春风联动，爱家爱我

——社区禁毒项目策划

冯恩健[①]　指导教师：莫关耀

一、项目资料

（一）项目名称

春风联动，爱家爱我——社区禁毒项目策划。

（二）项目服务对象

社区居民、学生和企业职工等。

（三）项目实施地点

深圳市龙岗区沙湾社区。

（四）项目实施背景

1. 政策背景

（1）政策文件。

2014年中共中央、国务院印发《关于加强禁毒工作的意见》，把禁毒工作提升到前所未有的重要位置和高度，这是中国禁毒工作史上的重要里程碑事件，体现了党中央、国务院对禁毒工作的高度重视和厉行禁毒的坚定决心，也标志着禁毒工作进入新阶段，必将推动禁毒工作迈上新台阶。

（2）深圳全民禁毒工程取得显著成效。

为加强禁毒工作，2017年，深圳在全市范围内启动了为期三年的“全民禁毒工

① 冯恩健，云南师范大学法学与社会学学院MSW教育中心2021级社会工作硕士研究生，曾在深圳市龙岗区春暖社工服务中心从事禁毒社会工作三年。

程”，把毒品问题治理作为维护社会治安秩序、服务经济社会发展、保障人民群众安居乐业的综合性工程，先后制订了《深圳市全民禁毒工程实施方案（2017—2019年）》《深圳市禁毒重点整治工作制度》等一系列政策文件和工作机制。三年共破获毒品犯罪案件6600余宗，刑拘8900余人，毒品案件数、犯罪人数在全年刑事案件总数、犯罪总人数中占比均逐年降低，创建184所毒品预防教育示范学校，在广东省全民禁毒工程成效评价中连续三年“优秀”。

（3）禁毒社会治理的格局构建。

2013年11月12日，党的十八届三中全会研究并通过了《中共中央关于全面深化改革若干重大问题的决定》，提出要推进国家治理体系和治理能力现代化，在党的领导下，由政府组织主导，吸纳社会组织等多方面治理主体参与，对社会公共事务进行治理。社区居民既是社区治理的客体，又是社区治理的主体。不断完善、鼓励社区力量参与禁毒工作，扎实推动禁毒工作社区化，推进居民自治，解决社区中的毒品治理问题，是优化社区毒品治理服务的“密码”。

2. 社区背景

沙湾社区位于南湾街道南部，辖区面积0.22平方千米，东至厦村桂花路，南至沙湾桥水库交界，西至厦村西坊老街，北至花园街16~18号。辖区内共有5200人，其中户籍人口1350人，常住人口3850人，人口倒挂比例高。社区内“三小”场所148间、工厂企业10家、娱乐场所8间、网吧2间，社区规划有沙湾医院、沙湾中学、沙湾小学等设施。沙湾社区外来务工人员聚集，娱乐场所众多，现有本地和外来务工人员吸毒人口基数较高，戒毒人员流动性大，在人员管控上存在一定困难。并且长期以来社区粗放式发展，辖区历史遗留问题突出，社会管理基础薄弱，这些地理位置、人口结构、产业形态共同构成的客观因素，也造成了易于藏污纳垢的现实情况。同时，通过社区调研发现，社区居民存在参与社区事务意识较弱、对毒品的危害认识不清的问题。

二、项目意义

本项目计划通过教育篇和行动篇的服务回应社区需求，社会工作者整合社区资源，依靠居民去改善社区问题，解决居民在毒品预防教育方面遇到的问题。项目按照国家禁毒办、广东省禁毒办及深圳市禁毒办的要求将禁毒教育实践活动落到实处，切实深化全民禁毒理念，增强沙湾社区居民的拒毒、防毒意识。通过项目充分联动辖区居民、社区工作人员、禁毒社会工作者和辖区公共单位（派出所、学校、娱乐场所等）进行毒品预防教育，以进学校、进社区、进工厂、进单位、进公共场所、进网络、办活动的方式，帮助辖区居民建立抵制毒品的思想防线。项目通过对沙湾禁毒工作进程、取得的实绩进行归类整理、概况评估，以此明确未来努力方向，进一步提升基层毒品治理效能。

三、问题分析预估

经过对深圳市沙湾社区居民的访谈以及与政府部门的交流，社会工作者收集了比较详尽的信息资料。结合《南湾街道社区戒毒（康复）工作站服务需求调查报告2019》《深圳市沙湾中学青少年服务需求调研报告 2019》的内容分析，总体来看沙湾社区面临的问题主要有以下三点。

（一）社区居民禁毒意识淡薄

社区居民缺乏禁毒知识，掌握的程度参差不齐；缺乏防范意识，没有禁毒的思想意识；面对毒品的诱惑，缺乏拒毒、防毒的能力。

（二）社区居民自治参与意愿低

该社区人员复杂且异质性较强，辖区流动人口多，文化水平差异大，居民的参与意识弱，参与内容有限，参与方式较被动，且参与的频率低。

（三）禁毒宣传教育形式单一

在前期的走访中，项目组了解到社区的禁毒服务活动仅是以橱窗展板的方式向居民宣传毒品知识，社区禁毒宣传教育力度弱且禁毒宣传教育手段形式单一，人民群众参与禁毒宣传活动的积极性和主动性低。

四、需求评估

（一）普及毒品常识，提高禁毒意识的需求

社区居民禁毒意识淡薄，缺乏获取禁毒知识的渠道，自身没有相关识毒、辨毒的能力，需要在社区的活动场所开展针对性的禁毒知识宣传和预防教育活动，普及毒品常识，提高居民禁毒意识。

（二）社区居民自治的需求

由于该社区居民仍然沿用旧的社会关系网络生活，使得新流入的外来务工人员难以融入社区活动，要让居民有机会参与不同场景下的禁毒服务工作，依靠居民自身改善社区问题，解决居民在毒品预防教育方面遇到的问题。

（三）社区服务供给模式多元化

社区禁毒服务活动仅是以橱窗展板的方式向居民宣传毒品知识，形式比较单一、内容固化、手段落后，社区居民渴望更加多元化的服务内容和形式。

五、资源评估

（一）政府

该服务项目得到了南湾街道办事处、社区党群服务中心、龙岗区禁毒办等部门的大力支持。项目组积极探寻与政府部门合作的新模式，以政府部门为主导，结合项目需求，运用政府资源的开拓性，使得多项大型活动的开展更具成效性，项目的影响也能得到进一步拓展。

（二）学校

充分整合学校资源，将服务以点带面提升服务成效。项目组与试点学校之一沙湾中学建立了良好的合作关系，在服务的过程中不断总结服务经验，规范服务标准，以点带面将更多优势服务推广到更多的校园中，先后在沙湾小学、沙湾中学进行推广，并利用国际禁毒日及外出高校交流等机会展示服务项目，实现了受益人群的效益最大化。

（三）社会组织机构

深圳市龙岗区春暖社工服务中心成立于 2008 年 1 月，是经龙岗区民政局扶持注册批准的，为政府和社会提供专业社会工作服务的民间非营利专业机构。春暖社工服务中心本着“关爱无限、以人为本、助人自助”的服务理念，遵从敬业、精业、勤业、创业的精神，坚持以职业化、专业化、服务化为导向，遵循社会工作专业特有的伦理规范，依托自身优势，整合社会资源，协调社会关系，为政府机关、社区、学校、医院等各领域提供专业化、人性化和个性化社会服务。

项目组拥有青少年反毒服务经验的优势。深圳市龙岗区春暖社工服务中心派驻到南湾街道戒毒（康复）工作站的5名社会工作者自2013年到南湾街道上岗以来，通过走访社区、入户家访、开展社区活动、小组活动、志愿者活动、外展活动等不断宣传社会工作服务，同时也赢得了社区居民、兄弟组织和上级领导的一致认可和高度赞扬；项目组有服务辖区内相关资源互动的优势。南湾街道综治办的25名工作人员和龙岗区义工联为项目组的志愿者提供培训，龙岗区禁毒办、南湾街道14个社区党群服务中心的讲师和专业人才为项目组开展讲座、专业培训以及社区活动提供有效的资源保障。

六、服务计划

（一）服务目标

1. 服务总目标

在“共建、共治、共享”的社会治理新理念指引下，运用地区发展模式开展各种禁毒戒毒预防性、帮扶性服务，促进居民广泛参与禁毒宣传教育活动，深化认识及推进禁毒戒毒防控工作，增强广大居民群众禁毒意识和抵制毒品的能力。同时通过开展活动，社会工作者整合社区资源，依靠居民改善社区环境，解决居民在毒品预防教育方面遇到的问题，营造安全健康的无毒社区。构建新时代毒品预防宣传教育全覆盖工作体系，织牢织密禁毒工作防范网、安全网，助力“平安社区”“和谐家园”高质量建设。

2. 具体目标

（1）深化禁毒宣传教育，促进居民了解毒品知识与禁毒责任，从而加强对毒品的预防教育，增强沙湾社区居民的禁毒意识。

（2）定期上门指导，开展认识毒品、拒绝毒品的知识讲座，提高沙湾社区居民辨识、拒绝毒品的能力。

（3）禁毒宣传教育进社区、娱乐场所、学校、单位、交通枢纽、网络，营造全民参与禁毒的氛围。

（4）号召居民迅速行动起来，当好禁毒的“宣传员”和“监督员”，积极参加禁毒宣传教育活动。

（5）组建一支禁毒志愿者队伍，在社区组织并参与禁毒宣传活动。

(6) 服务达到1500人次以上，受众满意度达到95%以上。

(二) 服务策略

1. 理论依据

社会学习理论。主要描述的是社会认知与学习过程和社会行为，主张人们可以通过观察与模仿来获得新的行为。该理论认为学习是社会情境中的认知过程，就算没有动作重复和直接强化，也可以通过个体的观察与指导来完成。项目组以进学校、进场所、进社区、进单位、进企业、进网络“六进”活动为抓手，针对小学高年级学生、初高中在校学员、社区青年、娱乐场所从业人员、社区流动人口、园区职工等社区居民，开展有针对性的禁毒宣传和预防教育活动，普及社区居民毒品常识，提高识别高危涉毒情景的能力，帮助其树立远离毒品的价值观。

地区发展模式。地区发展模式是由美国学者杰克·罗斯曼根据社区发展以及社区建设的相关经验所提出的社区工作实务模式。该模式强调在一个较大的社区范围内鼓励社区居民通过自助或互助的方式，广泛参与社区事务，解决社会问题。基于沙湾社区的基本情况和生活模式，运用地区发展模式策略来协助社区居民参与禁毒工作。社区工作者倡导和组织居民广泛参与禁毒行动，增强他们的行动力，包括参与社区决策和资源分配，共同商讨设计、执行服务方案，并保障决策和服务方案有效惠及社区居民，积极推进无毒社区建设向前发展。

2. 服务程序

项目准备阶段，策划项目方案、审批项目运作经费、招募志愿者，建立服务队伍、链接社区资源、准备活动物资以及活动前期的宣传。

项目执行前期，举办沙湾社区禁毒宣传文艺晚会暨禁毒宣传活动月启动仪式，完成沙湾社区禁毒志愿者招募和培训，开展沙湾社区禁毒游园活动。

项目执行后期，针对学生、外来务工人员、科技园职工、娱乐场所从业人员、社区居民等高危易涉毒人群开展有针对性的毒品预防宣传教育；链接派出所民警和禁毒警察在社区内开展查毒行动。

项目总结阶段，项目参与人员撰写评估报告，总结项目的成果与进展，识别项目设计与实施的问题，找到优势，总结经验教训，为以后活动的开展提供借鉴。

(三) 服务计划

本项目计划通过教育篇和行动篇的服务回应社区需求，社会工作者整合社区资源，依靠居民去改善社区问题，解决居民在毒品预防教育方面遇到的问题，项目的内容如下。

1. 教育篇——无毒青春，健康生活

项目组以进学校、进场所、进社区、进单位、进企业、进网络“六进”活动为抓手，针对小学高年级学生、初高中在校学生、社区青年、娱乐场所从业人员、社区流动人口、园区职工等社区居民在活动场所开展有针对性的禁毒宣传和预防教育活动，提升该群体对毒品知识的掌握程度，增强识别高危涉毒情景的意识与能力，通过多渠道、多元化的禁毒服务，减少该群体接触毒品的机会，树立远离毒品的价值观。

2. 行动篇——无毒社区，筑爱沙湾

在社区篮球场招募禁毒志愿者，依托社区各类志愿服务队伍、在职党员、共建单位资源，组建禁毒志愿者服务队伍，积极开展志愿者培训和各项禁毒志愿服务活动，促进社区居民广泛参与禁毒活动，打造共建、共治、共享的社区治理新格局。

七、服务实施

（一）项目方案策划

对本项目的服务理念、目标、服务需求分析、社会资源支持、项目具体实施方案、项目产出和社会效益预期、项目监测与评估、风险分析及应对策略、项目运作的可持续性和推广性、经费预算等进行规划，制订项目策划方案。

（二）经费申请及审批

在项目方案通过审批后向服务机构申请经费，邀请沙湾社区党群服务中心资助部分活动经费。

（三）服务队伍建立

项目依托社区戒毒（康复）工作站的社会工作者组建服务队伍，分别负责社区、学校、企业等的服务筹划与执行。

（四）场地资源联系

社会工作者与计划开展合作的社区党群服务中心、学校、企业、车站和 KTV 等场所的人员建立联系，洽谈具体条款的合作与分工。

（五）物料及活动人员安排

包括宣传展板制作、横幅制作、场地规划、组织人员分工、满意度问卷设计和服务资料的撰写及汇报等工作。

（六）项目活动宣传

项目组策划及张贴宣传海报共100张，分别张贴在社区、科技园区及合作企业、学校和汽车站，营造全民禁毒环境氛围。

（七）项目工作执行

表1　项目执行表

序号	时间	活动主题	地点	形式	主要环节
1	2020.6.1	“珍爱生命，全民禁毒”沙湾社区禁毒宣传文艺晚会	沙湾社区篮球场	晚会	“远离毒品危害，共建平安沙湾”沙湾社区禁毒宣传活动月启动仪式； 小品《毒魔的自白》； 歌曲； 舞蹈； 朗诵《拒绝毒品，珍爱生命》； 禁毒知识问答； 发放禁毒宣传单张及折页； 禁毒志愿者代表宣誓
2	2020.6.3—2020.6.7	“远离毒品，阳光生活”沙湾社区禁毒志愿者招募	沙湾社区篮球场（2场）	外展	禁毒教育宣传； 展示仿真毒品、禁毒宣传挂图； 发放禁毒宣传单张及折页； 招募禁毒志愿者
3	2020.6.10—2020.6.13	“无毒社区，志愿同行”沙湾社区禁毒志愿者培训	南湾街道社区戒毒（康复）工作站（2场）	培训	向志愿者讲解如何辨别毒品种类、常见毒品、新型毒品的特征及危害、禁毒法律法规等禁毒知识； 分享志愿服务技巧； 志愿服务案例分析； 志愿者提问与交流； 志愿者讨论培训的感受和收获
4	2020.6.15—2020.6.16	“远离毒品危害，共建平安沙湾”沙湾社区禁毒游园活动	沙湾社区篮球场、沙湾小学（2场）	游园	展示仿真毒品、禁毒宣传挂图； 发放禁毒宣传单张及折页； 开设摊位游戏： “毒驾迷宫”、“跳出迷阵”、“身受其害”、“流毒乒乓”和“禁毒知识问答”等

续表

序号	时间	活动主题	地点	形式	主要环节
5	2020. 6. 18—2020. 6. 20	《新型合成毒品之忧——冰毒》——沙湾社区“向毒品说不”之防止滥药主题系列宣传活动	沙湾中学、联创科技园（2 场）	讲座	播放《新型合成毒品之忧——冰毒》； 毒品教育互动讲解； 播放《如何拒绝毒品》和《社区戒毒（康复）工作站介绍》； 发放禁毒宣传单张及折页； 展示禁毒宣传挂图； 禁毒知识问答
6	2020. 6. 22	“依法禁毒，共建和谐”沙湾社区禁毒标语张贴	沙湾社区夜总会、KTV（3 场）	标语	毒品教育互动讲解； 强调各项禁毒工作责任，严防吸毒、贩毒等情况发生的重要性； 组织娱乐场所的负责人在经营场所的显眼处张贴禁毒标语； 对娱乐场所如何开展禁毒宣传活动分享指导
7	2020. 6. 25	禁毒宣传进车站，携手共筑防毒墙	沙湾汽车站	外展	在候车厅内播放禁毒 LED 视频； 发放禁毒宣传单张及折页； 禁毒流动课堂； 禁毒知识问答
8	2020. 6. 26	沙湾社区查毒行动	沙湾社区篮球场	巡查	沙湾社区禁毒小组联系辖区派出所民警、禁毒警察携带缉毒犬、社区网格员和物业公司保安到辖区娱乐场所、酒店、宾馆进行巡查
9	2020. 6. 26	“远离毒品，健康生活”沙湾社区禁毒宣传徒步活动	沙湾社区	徒步	带领者带领活动参加者开展行进有氧健身操锻炼； 由沙湾社区民警带领，活动参加者围绕沙湾社区绕行两圈； 招募禁毒志愿者
10	2020. 6. 1—2020. 6. 30	“互联网+”沙湾社区线上禁毒学院	自媒体网络	宣传	利用微信订阅号、微信朋友圈、微博等新媒体平台开展禁毒宣传教育

（八）项目工作总结

在项目结束阶段，开展服务总结分享会，撰写评估报告，总结项目的成果与进展，识别项目设计与实施的问题，总结经验教训，为以后活动的开展提供借鉴。

八、总结评估

（一）评估方法

1. 过程评估

过程评估是对整个介入过程的监测，它对工作过程的每一个步骤、每一阶段作出评估。评估依据：项目活动计划书、工作记录、工作总结等资料。

（1）有效整合资源。

在项目方案通过审批后项目组向服务机构申请经费，链接沙湾社区党群服务中心民生微实事项目费用 1.8 万元，保障项目顺利开展；音响设备等设施得到“沙湾社区老年大学”支持提供；派出所民警、禁毒警察携带缉毒犬、社区网格员和物业公司保安到辖区娱乐场所、酒店、宾馆进行巡查；南湾街道综治办的 25 名工作人员和龙岗区义工联为项目组的志愿者提供培训，龙岗区禁毒办、南湾街道 14 个社区党群服务中心的讲师和专业人才为项目组开展讲座、专业培训以及社区活动提供有效的资源保障。

（2）宣传力度较大。

项目组策划及张贴宣传海报共 100 张，分别张贴在社区、科技园区及合作企业、学校和汽车站，营造全民禁毒环境氛围；通过举办沙湾社区禁毒宣传文艺晚会暨禁毒宣传活动月启动仪式、完成沙湾社区禁毒志愿者招募及培训、开展毒品知识和毒品预防教育知识的普及活动，拉开了沙湾社区禁毒宣传活动的序幕，招募和培训的禁毒志愿者为广泛开展的禁毒活动提供了人力资源支持，由此来扩大活动宣传；活动的场地选在了社区毒品事件发生率较高的科技园、学校、汽车站、KTV、夜总会及人口流动性较大的公共空间等，在较大覆盖范围内进行系列禁毒预防宣传教育活动，扩大了活动覆盖面。

（3）活动形式多样化。

项目组以进学校、进公共场所、进社区、进单位、进企业、进网络“六进”活动为抓手，开展有针对性的游园会、讲座、张贴标语、查毒行动等，强化人们拒毒、防毒意识，增强人们抵抗毒品的能力。项目组根据服务地点及服务对象的差异，开展形式多样化的系列服务，其中沙湾汽车站的流动课堂、游园会、查毒行动等几个活动反响热烈，社区居民参与热情较高，服务效果较佳。

（4）服务对象参与情况。

在活动期间，项目组开展了有针对性的禁毒宣传和预防教育活动。项目共开展了 15 项活动，参会者达到 1530 人次。

（5）服务对象表现。

在社区领域，通过搭建禁毒宣传教育活动平台，居民在活动过程中了解毒品常识，培育识别高危涉毒情景的能力。在相互沟通的过程中，居民朋友更加意识到生命的价值，有利于共同营造禁毒的良好氛围；在企业领域，KTV、夜总会行业从业人员签订禁毒承诺书，张贴禁毒宣传海报，从业人员干部带头学习毒品预防教育知识，确保禁毒宣传环环相扣，筑起防毒、拒毒的铜墙铁壁；在学校领域，学生认真学习短片《新型合成毒品之忧——冰毒》《如何拒绝毒品》，通过毒品教育互动讲解、禁毒知识问答等形式，调动学生的课堂参与度，大家踊跃抢答，从被动接受禁毒知识转化为主动学习，服务成效有了质的飞跃。

2. 结果评估

结果评估是在工作过程的最终阶段进行的评估，在于检视计划介入的结果以及这些结果实现的程度。本项目通过服务反馈表、项目目标达成情况表以及活动后期的访谈跟进来测量是否达到了项目前期预定的目标。通过项目目标达成表比对和服务反馈表收集的信息显示，项目设定的目的和目标都已经达到。

（1）问卷满意度情况。

每次活动结束后，社会工作者和禁毒志愿者对服务对象进行抽样回访，测量活动满意度，并收集居民的相关建议。15 项活动结束后，社会工作者共发放了 450 份问卷，每项活动随机发放 30 份问卷，回收有效问卷 441 份。统计结果显示，97.7%的活动参与者对项目活动感到比较满意，68.3%的人表示特别满意。

（2）居民增强对禁毒知识的认识，辨别毒品、抵制毒品的能力得到提升。

根据服务反馈表结果，83.9%的活动参加者通过活动认识了 2 种毒品及其危害，81.1%的活动参加者掌握了 2 种远离毒品的方法；91.2%的活动参加者学习了 3 条禁毒法律知识。社区居民增强了对毒品的认识，在学会辨别毒品的同时，也增强了抵制毒品的能力。

（3）项目促进志愿者和居民广泛参与禁毒活动，营造全民参与的禁毒氛围。

两次志愿者招募活动结束以后，实现了前期制定的目标：成功招募 16 名禁毒志愿者。项目运营过程中，禁毒志愿者们组织、参与禁毒宣传活动，普及毒品预防和艾滋病防治等相关知识，宣传禁毒政策和工作成效，积极引导广大居民广泛参与禁毒活动，在社区范围内营造出全民参与禁毒，共建和谐社会的禁毒氛围。

（4）有力打击涉毒犯罪行为。

项目组链接派出所民警和禁毒警察在沙湾社区内开展查毒行动，对辖区内娱乐场所、宾馆、酒店展开专项巡查，经过缜密的搜集侦查，共抓获 4 名涉毒犯罪嫌疑人；项目开展期间社区居民积极参与了这场斗争，群众举报毒品违法犯罪线索 20 多条，扭送涉毒违法犯罪分子 3 人，有效打击了社区内与毒品相关的犯罪行为。

（二）评估结果

1. 服务目标达成情况

（1）通过开展多元化的禁毒宣传教育活动，促进了居民对毒品知识与禁毒责任的了解，增强了沙湾社区居民的禁毒意识。

（2）通过定期上门指导与开展专题讲座，提高了沙湾社区居民辨识、拒绝毒品的能力。

（3）禁毒宣传教育进社区、娱乐场所、学校、单位、交通枢纽、网络等，营造出全民参与禁毒的氛围。

（4）成功组建 1 支禁毒志愿者队伍，在社区组织参与禁毒宣传活动，带动其他居民行动起来，当好禁毒的“宣传员”和“监督员”。

（5）15 场活动结束后，根据活动签到表及活动中派发的物资情况统计，服务共计达到 1530 人次，问卷调查结果显示受众满意度达到 97.7%。

2. 项目成效

（1）“多方参与，形成合力”，共同营造“无毒”社区。本项目通过链接社区、娱乐场所、学校、单位、交通枢纽等资源，并利用微信订阅号、朋友圈和微博等新媒体平台开展禁毒宣传教育，形成多方参与的禁毒工作模式，营造“无毒”社区和谐氛围。

（2）资源整合，提高服务质量。在服务开展过程中，社会工作者整合物力、财力资源，有效分配与利用，解决了开展服务遇到的资源匮乏问题，并链接南湾街道综治办、龙岗区义工联、龙岗区禁毒办、社区党群服务中心的专业人才为项目提供专业培训与指导，提高了服务质量。

（3）培育社区禁毒志愿者，带动居民广泛参与。项目运作过程中，培育了社区禁毒志愿者队伍，促使居民从“被动接受服务者”转化为“自主服务者”，通过自身行动，带动更多居民广泛参与，调动了居民的积极性。

九、专业反思

（一）项目优势

本项目以深圳市龙岗区春暖社工服务中心为机构载体，依靠专业的社会工作者整合社区资源，动员居民去改善社区问题，解决居民在毒品预防教育方面遇到的问题。

项目组的 5 名社会工作者从 2013 年到南湾街道上岗以来，通过走访社区、入户家访、开展社区活动、小组活动、志愿者活动、外展活动等方式不断宣传社会工作服务，赢得了社区居民、同辈组织和上级领导的一致认可和高度赞扬，团队成员前期的反毒服务经验为本项目的展开提供了清晰的行动模式。在此过程中，社会工作者作为多主体之间的连接纽带或“桥梁”，扮演着沟通协调的中介人角色，发挥着信息沟通、关系协调、资源链接等多种作用。其将专业理念、专业方法、工作技巧融入禁毒工作中，将禁毒服务贯彻到毒品预防及戒毒的各个环节，在禁毒领域发挥出协同功能、倡导功能以及优化功能，这有利于促进我国社区禁毒工作进一步优化，有利于推动我国由社会管理向社会治理转变，对于完善和发展中国特色社会主义制度，推进国家治理体系和治理能力现代化具有重要作用。

（二）项目局限性

1. 服务周期短，活动安排密集

在整个服务过程中，社会工作者及义工组织均注重了服务的开展和目标的达成，但由于项目体量大、服务受众广、参与人员多，项目开展周期却较短，因此在服务筹备及环节设计方面间隔时间较短，活动安排比较紧密，各项活动之间的逻辑衔接也比较薄弱，有待在今后的工作中不断得到加强。

2. 禁毒志愿者队伍的可持续性面临挑战

禁毒志愿者队伍成立以后，尚处于社会组织的培育和孵化中，主要跟随社会工作者参与禁毒宣传活动，如何对志愿者进行赋能培训，帮助其独立开展禁毒宣传教育活动还需要进一步的探索。

（三）小结反思

针对以上局限性，在今后的工作中，主要从以下几个方面进行调整。

一是在后期活动筹备过程中，在注重突出禁毒防毒知识的同时，还应注重制定合理的服务周期，保证各子项目之间有充足的筹备和总结时间，进一步提升服务质量。

二是做好禁毒志愿者队伍的培育和孵化工作。做好组织架构划分、制度建设、服务宗旨及服务内容设计等各项工作，同时开展相关培训工作，协助其策划、组织、开展禁毒戒毒工作。

为爱赋能
——个案管理模式在社区戒毒个案社会融入中的运用[①]

侯传俊[②]

一、背景介绍

（一）服务对象吸毒戒毒现状

阿儒（化名），男，1989年出生，初中学历，未婚，深圳户籍。2002年从老家来深圳读书，受同学影响，开始接触止咳水并逐渐上瘾。2014年起接触冰毒，因贩卖毒品、吸食冰毒被多次拘役，其吸毒史已有17年。出戒毒所后，阿儒被责令于2017年9月到街道社区戒毒社区康复工作站报到，截止到服务前已坚守戒毒操守2年余，接受服务时是社区戒毒的第3年。

（二）服务对象个人成长及家庭情况

阿儒在小学六年级之前一直在老家生活，初一来到深圳与其父母、弟弟（比服务对象小3岁）共同生活，父母忙于工作，很少关注其学习及交友情况。目前服务对象与父母、弟弟、弟媳共同生活，他更容易获得弟弟的理解，与母亲关系较为亲密。

二、需求分析

（一）问题分析

目前是阿儒在社区戒毒的关键第3年，对毒品知识的错误认知，存在复吸的风

① 本案例获2020年度广东省社会工作优秀案例三等奖，2020年度深圳市社会工作案例金星奖。

② 侯传俊，高级社会工作师，深圳市北斗社会工作服务中心项目总监，云南师范大学法学与社会学学院MSW教育中心校外导师。

险；学历较低，缺乏职业技能，存在稳定就业的困难；反复吸戒毒的经历，家庭成员之间出现信任危机；处于适婚年龄段，需要考虑个人感情问题。

（二）需求分析

1. 保持操守，坚持履行社区戒毒职责，谨防复吸，戒掉毒瘾

阿儒目前处于社区戒毒第 3 年的关键期，最重要的任务和需求在于让自己继续保持操守，坚持报到尿检，谨防复吸。

2. 提升学历水平、提高职业技能，找到适合的职业，稳定就业

阿儒参加社区戒毒之后，找了几个工厂，但没坚持多久。服务对象需要找到一份适合的职业，满足还债压力和生活需要，同时在就业中找到其自身的价值感。

3. 修复不信任的家庭关系，做到有效沟通，获得家人支持

多年来，家人一直给了阿儒很大的支持，但多次复吸经历，让家人对他产生了不信任感，修复家庭关系是在其人际关系中十分重要的部分。

4. 关注个人感情生活，建立亲密关系，找到归属与爱

根据埃里克森的人生发展阶段论来看，服务对象今年 30 岁，处于成年早期（20~40 岁）的关键时期，其重要的联系人是爱人、伴侣或亲密的朋友。服务对象想交女朋友，但担心吸毒的经历被知道，产生了自卑心理。

综上，服务对象目前面临的首要任务和需求是谨防复吸，戒除毒瘾，这是基础。在此基础上，我们也看到其就业的需要、重构家庭关系的需要、建立亲密关系的需要，都是缘于我们作为社会系统里非孤立的一个人。我们的系统包含了家人、爱人、同事、同辈、朋友、企业、社区等因素，而这些因素综合起来回应到服务对象目前找寻归属与爱的需要，社会融入的需要。

如图 1 所示，马斯洛需求层次理论里呈现的第三层：归属与爱的需要。

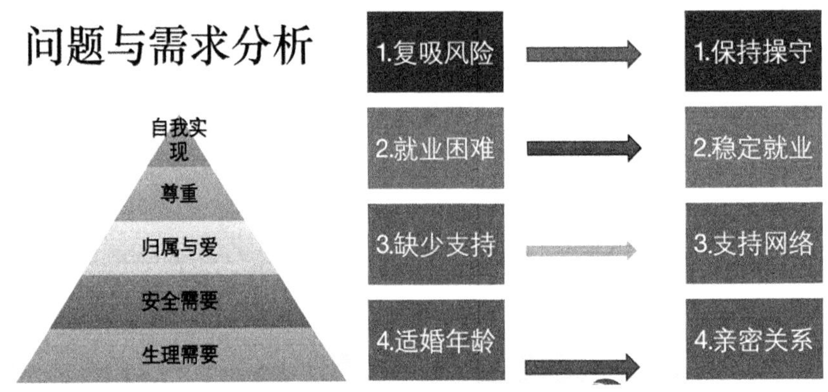

图 1 服务对象问题与需求分析

三、服务计划

（一）服务模式

1. 个案管理模式的内涵

美国的巴鲁和明克（Ballew & Mink）认为：个案管理是提供给那些正处于多重问题且需要多种助人者同时介入的服务对象协助过程，它强调两个内容：一是注重发展或强化一个资源网络；二是除了增进服务对象使用资源的知识、技巧和态度外，更重视培养服务对象获得并运用资源的能力。

2. 个案管理模式的工作程序

瓦雷克斯和格林（Vourlekis & Greene）将个案管理工作程序概括为 8 大步骤：服务对象的确认和外展（筛选和寻找服务对象，将服务提供给那些需要帮助的人）；个人和家庭的判定及诊断（建立关系，获得服务对象个人及家庭的信息，评定服务对象的需求以及服务对象使用资源的障碍）；服务计划和资源确认（确认目标的优先顺序，发展具体的行动计划，确认完成计划所需的资源）；连接服务对象到需要的服务上（与资源的提供者沟通，连接服务对象与资源，协助服务对象建设内外在能力）；服务的执行和协调（促使资源提供方达成共识，加强各方的沟通与协调，支持各方所作的努力）；服务输送的监督（改善和促进服务对象与资源之间的关系，监督服务过程，保证服务的连续性）；倡导服务之获得（代表服务对象，为服务对象争取权益，并鼓励服务对象争取自己的权益）；结束关系与评估（评估结果，确定持续服务的需要与责任等）。

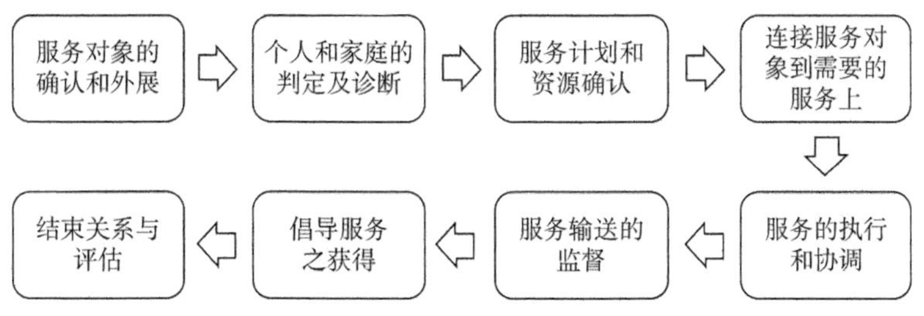

图 2　个案管理模式服务程序 8 步骤

（二）服务目标

1. 总体目标

增强服务对象的社区戒毒意识和动机，谨防复吸，戒除毒瘾，构建服务对象的社会支持网络，恢复其心理、家庭、社会功能，促进其社会融入。

2. 具体目标

（1）强化改变动机，提升戒毒决心，联合派出所做好尿检工作，在社戒期满前，谨防复吸风险。

（2）提升就业动机，提高职业技能，链接外部就业招聘资源，进行职业生涯规划辅导，在半年内，实现稳定就业，在1年内，还清借贷欠款。

（3）学会2种以上有效沟通的方法，与家人修复信任危机。

（4）远离毒品诱惑，净化交友环境，链接“朋辈辅导员”群体支持，促进其改变；链接相亲交友资源和活动，辅导婚恋关系，促进其建立亲密关系。

（三）服务策略

1. 个人层面：个案管理、多方协同，增强戒毒信心，助力职业生涯规划

戒毒信心是导致戒毒人员反复吸毒的关键因素，社会工作者运用倾听、接纳、同理心等服务技巧，与服务对象建立专业关系，陪伴服务对象一同面对外界复吸风险，摆脱“心瘾”。社会工作者运用个案管理服务模式，通过链接心理咨询师、职业生涯规划师、街道禁毒专干、派出所民警、社区志愿者组建个案管理团队，一同为服务对象提供多问题解决方案，多方协同，培养服务对象获得并运用资源的能力。

2. 家庭层面：以其戒毒良好表现，修复家庭信任危机，增强家庭支持功能

家庭关系是陪伴戒毒人员坚守戒毒操守的核心要素。社会工作者在促进服务对象个人改变的良好表现基础上，进行家庭探访、教授服务对象在家庭关系维护上的行动尝试，进行有效沟通，修复并重新赢得家人的支持，增强家庭的经济和情感支持功能。

3. 社会层面：净化交友氛围，链接社会资源，促进社会融入

社会融入是戒毒人员回归社会面临的巨大障碍，对戒毒人员的社会接纳度有利于戒毒人员获得尊重与回归。社会工作者作为个案管理者是资源的整合者和倡导者，社会工作者链接企业、社区、街道、机构、项目资源，形成合力，鼓励戒毒人员积极参与社区活动及志愿服务，做好禁毒戒毒的宣传工作，使社会大众了解吸毒人员

也是毒品的受害者，逐渐改变社会大众对吸毒群体的歧视和偏见。

四、服务实施

（一）服务对象的确认和外展、个人和家庭的判定及诊断

1. 建立关系，确认服务对象

在本案例中，是将服务对象个人作为介入对象还是将其家庭作为介入的服务系统是社会工作者需要确认的。社会工作者从服务对象的陈述和问题分析，以及以往家访的经历入手，其家庭成员对服务对象带去家里的工作人员、街道专干等缺乏信任，认为是服务对象带去替他说话，协助其从家中索要钱款进行还贷的“说客”。而家庭成员对其不信任的源头，亦来自服务对象反复复吸的经历及过往表现，并对其没有工作表示不满。在解决了服务对象本身戒毒操守的问题及其就业问题后，家庭关系问题亦迎刃而解。因此，本案例的服务对象聚焦在服务对象本人。

2. 确认服务对象的需求次序，评定其使用资源的障碍

本案例中，服务对象对于家庭功能的认知及对家庭的期望存在不合理的认知，认为其父亲有义务为其提供支持，却忘记了自己已经 30 余岁，需要自力更生。对毒品上瘾问题的认识上存在侥幸心理，多次复吸的经历，又让其缺乏彻底戒断毒品的信心。这些问题背后的原因，是解决其困境都需要考量的部分，因而社会工作者在与服务对象讨论服务介入的方向上进行了重新梳理和定位。

同时，服务对象在以往使用资源的自身障碍、外在障碍、恒久性功能缺失上均存在问题。在外在障碍上，社会缺乏对戒毒人员的专门资源及政策帮扶举措，为该群体服务的资源亦比较缺乏。同时，服务对象存在内在障碍，个人的信念、态度与价值观，导致其某些特定的行为模式，从小到大对家庭支持的依赖，也妨碍了其寻求或接受资源。另外，由于其吸食毒品，他的恒久性功能缺失，亦降低了其有效地与助人者沟通或主动积极参与整个助人过程的能力。

（二）制订服务计划和资源确认、连接服务对象到需要的服务上

1. 共同制定服务目标和服务计划

本案例中，在服务计划的制订上，社会工作者与服务对象进行了讨论，并邀请其填写目前困扰自己的问题，并就其困扰程度进行 1 ~ 10 分的打分。在所列明的 12

个问题中，对服务对象困扰度最高的是经济问题，困扰程度为9分；其次是操守维持问题、身体健康问题、心理及情绪问题、人际关系问题、发展适应问题、就业问题，均为8分；在家庭关系问题、精神健康问题、社交网络问题上均为7分。从以上反馈来看，服务对象面临着诸多困扰，与其自述的问题和需求相吻合。

社会工作者根据服务对象的问题，建立目标的优先次序，确定具体的行动计划，即先从就业入手，解决经济问题，进而缓解其家庭关系问题。根据目标制定的SMART原则，社会工作者从具体性、可衡量性、可实现性、相关性和时限性的角度入手，确定年度服务目标。并根据程序逻辑模式，注重行动计划与目标的对应性。

2. 寻找确认资源，与资源提供者进行沟通连接服务，协助服务对象建设内在和外在的能力

从服务对象的需求来看，在该个案管理服务中，除了社会工作者提供直接的服务外，还需要组建由派出所民警、禁毒专干、心理咨询师、职业生涯规划师、过来人朋辈辅导员等参加的专业服务团队就服务对象心理情绪问题、稳定就业问题、社会支持网络问题进行介入。社会工作者除了与街道各相关部门联络了解政策规定，做好服务对象的权益维护外，还与街道禁毒专干进行沟通，从服务角度协助敦促服务对象保持戒毒操守，与社会服务机构的心理咨询师、职业生涯规划师进行对接，提供公益支持。与过来人朋辈辅导员团队进行沟通，用榜样的力量让服务对象看到其解除社区戒毒服务后的希望和期待，用朋辈的力量给予支持。这些服务资源和服务团队的链接和组建，从个案管理服务的整全、整合服务的原则上，给予了介入行动计划实现的可行性和支撑。

（三）服务的执行和协调、服务输送的监督、倡导服务之获得

1. 给予陪伴和支持，开展心理辅导服务

社会工作者在厘清服务对象目前最需要解决的问题后，引导服务对象发现当前阶段最急迫解决的需求，同时也能够认识到自己不恰当的行为表现后果，找出他的非理性信念，引导服务对象作出自我改变。除了自己对服务对象开展心理辅导外，社会工作者还邀请了外部的心理咨询师，通过沙盘治疗的方式，让服务对象通过外部表征呈现看到自己的内心需要。

2. 链接就业招聘资源，进行职业生涯规划辅导

在服务的前期，社会工作者主要通过提供就业招聘网站、帮助服务对象学会搜索适合自己的岗位的方法，提高服务对象自己找寻服务资源的能力。同时，咨询街道劳动部门，咨询企业针对有吸毒史的人群的相关政策和意见，给予服务对象就业

的信心。经过社会工作者和服务对象的共同努力，服务对象在 1 个月内找到了一家以代加工为主的小型工厂做流水线工人，逐渐接受并适应早晚班的工作安排。

2019 年底，服务对象从一名流水线工人晋升为一名流水线的组长，带领 10 名左右的工人一同完成该环节的组装任务。这次晋升也让服务对象获得了工作的成就感，对中层管理的岗位充满了期待和信心。社会工作者亦鼓励服务对象在稳定就业的情况下进行能力提升并学习管理技能，对其开展职业生涯规划辅导。通过对服务对象进行霍兰德职业兴趣测试、职业价值观测试、职业能力测试等，依托“生涯三叶草”模型的自我探索和生涯故事的讲述，帮助服务对象发现自己的能力和兴趣集中在机械性能力部分，同时对成就感有较大的期待，希望往团队管理者的方向发展，与其目前从事的工作和岗位是相符合的。同时，社会工作者通过链接街道对社区戒毒社区康复人员的帮扶项目，从职业技能提升角度邀请服务对象参加培训，提升其职业能力。

3. 协助制订还款计划，敦促定期偿还借款

针对该部分内容，社会工作者让服务对象真正认识到，目前的欠款情况是自己消费观念问题造成的，需要服务对象调整自己的消费观念，并合理安排，做出一个切实可行的还款计划，在每个月的工资中拿出一定的比例进行还款。随着服务对象的稳定就业和固定还款习惯的养成，通过近一年的努力，服务对象每月拿出 2000～3000 元进行还款，到 2020 年 6 月，已全部还清借款。

4. 敦促服务对象坚守戒毒操守，协助其解除社区戒毒执行

社会工作者协助街道社区戒毒社区康复工作站的禁毒专干，敦促服务对象坚守戒毒操守。自 2019 年 7 月开始，在社区戒毒的服务过程中，服务对象的定期尿检结果一直呈阴性，在三年社区戒毒服务期满前的一个月，2020 年 6 月 4 日的毛发检测中，其吗啡、可待因成分呈阳性。基于此，服务对象不能如期解除社区戒毒服务。在出现该意外情况后，社会工作者与服务对象进行面谈沟通，服务对象对此结果表示意外，自述本次戒毒服务期间，没有违反戒毒操守，怀疑是因为疫情期间身体不适，在医院注射药物所致。根据规定，服务对象可以提出异议，再次进行毛发检测。由于再次提请检测需要自费，且需要进行再次申请，服务对象与社会工作者进行沟通商讨，最终决定过 3 个月再次申请毛发检测。2020 年 9 月 18 日司法鉴定所出具的司法鉴定意见显示，检测结果呈阴性。按照流程，服务对象可以提交申请解除社区戒毒服务。服务对象三年的社区戒毒服务即将结束，重获新生，这也是对社会工作者服务最好的回馈。

5. 指导有效沟通，重新获得家庭信任，构建非正式支持系统

社会工作者通过与服务对象父亲电话沟通其对服务对象的认识和评价，验证了服务对象的一面之词及其沟通误会。通过邀请过来人朋辈辅导员一同前往服务对象家中走访，真实感受其家庭的沟通方式和关系，更加体会到其家庭成员对服务对象的关心和期望。用示范的方式与服务对象进行角色扮演，讲述沟通方式方法的重要性，并指导服务对象不能只从家庭中索取，他希望得到家人的爱，也应学着用细节表达对家人的爱。

除了通过稳定就业、还清贷款这些直接影响家人对服务对象的态度的改变外，社会工作者通过过来人朋辈辅导员的榜样力量，动员服务对象参与社区禁毒宣传及社区青少年的志愿服务，促进服务对象的社会融合，构建服务对象非正式的支持网络。同时，动员服务对象协助开展戒毒康复人员社会适应帮扶项目的宣传活动。为了提高服务对象与外部环境互动的能力，提升其自信心，邀请其参与志愿服务，协助开展禁毒宣传、禁毒宣教活动。

在服务对象亲密关系建立的服务过程中，除了在服务期间开展2次针对性的恋爱分析咨询外，还链接了妇联资源，在其组织的相亲交友平台活动中，动员服务对象参与游戏互动，学习如何与女性交往，并尝试着以朋友的关系进行交往。

（四）结束关系与评估

随着个案管理服务的深入开展，服务对象的改变越来越好，原定的服务目标已经基本达成，服务对象也具有了自我寻找资源并使用资源的能力。服务对象的三年社区戒毒服务也即将解除，重获自由，全面回归社会，在该服务中，社会工作者开展的帮助服务对象回归社区的社会融入方面的介入，也帮助了服务对象恢复社会功能，逐渐适应社会。

在服务周期内，社会工作者分别在2019年底和2020年8月开展了2次服务过程的检视和评估工作，根据实际情况进行目标达成情况的评估，复盘服务过程中的成效和问题，及时调整服务方向和跟进重点，并接受了2次省社工联合会的专家对该服务案例的评估和指导，获得了专家的认可及建议。基于目前服务目标已基本达成，2020年8月，社会工作者与服务对象进行商讨，在2020年9月再次申请毛发检测，合格后在解除其社戒服务时，亦结束了本次个案管理服务。

五、评估总结

（一）过程评估

过程评估是对整个介入过程的监测评估，本服务案例中，社会工作者在2019年底开展了服务过程的检视和评估工作，并对阶段性介入方法的有效性进行评估和调整，从2020年4月开始，启动了职业生涯规划的重点辅导。

（二）成效评估

本案例中，社会工作者在2019年底和2020年8月分别开展了服务的成效评估，就服务对象的目标达成情况进行对照，服务对象在稳定就业和借债偿还上都有了明显的改变，这些改变也缓解了其情绪困扰。对照服务初期制定的服务目标，服务对象表示已经达成。

一是强化了服务对象的改变动机，提升了其戒毒决心，解除了社区戒毒服务，重获新生。

二是提升就业动机，提高职业技能，链接外部就业招聘资源，进行职业生涯规划辅导。在半年内，服务对象实现了稳定就业，并在1年内，还清了借贷欠款3万余元。

三是服务对象学会2种以上有效沟通的方法（平行沟通法、换位思考法），与家人修复了信任危机。

四是远离毒品诱惑，净化交友环境，链接了“朋辈辅导员”群体支持，促进其改变；链接了相亲交友资源和活动，辅导婚恋关系，促进其建立亲密关系。

本个案服务，整体上增强了服务对象的社区戒毒意识和动机，在谨防复吸，戒除毒瘾，构建服务对象的社会支持网络，恢复其心理、家庭、社会功能，促进其社会融入方面成效显著。

从服务对象在服务开始时填写的困扰问题和结案后的前后对照结果来看，本案例服务成效显著。在所列明的12个问题中，对服务对象影响最大的经济问题的困扰程度从原来的9分降至3分，操守维持问题的困扰程度从8分降至1分，身体健康问题的困扰程度由8分降至3分，心理及情绪问题的困扰程度由8分降至2分，就业问题的困扰程度由8分降至2分，家庭关系问题的困扰程度由7分降至2分，精神健康问题的困扰程度由7分降至2分，人际关系问题和发展适应问题的困扰程度由 8 分降至 5 分，社交网络问题的困扰程度由 7 分降至 5 分。从以上对比评估来看，服务对象面临的诸多困扰都有明显改善。

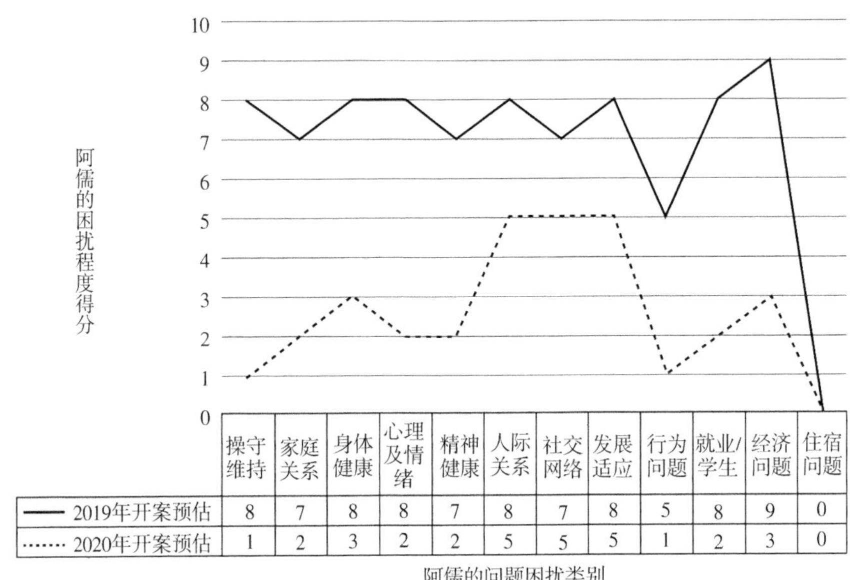

	操守维持	家庭关系	身体健康	心理及情绪	精神健康	人际关系	社交网络	发展适应	行为问题	就业/学生	经济问题	住宿问题
—— 2019年开案预估	8	7	8	8	7	8	7	8	5	8	9	0
······ 2020年开案预估	1	2	3	2	2	5	5	5	1	2	3	0

图 3　阿儒的服务成效前后测对比（分）

（三）满意度评估

在最初建立关系阶段，到服务的实施过程中，服务对象感受到社会工作者的尊重和接纳，对建立起来的专业关系的认可，让服务对象对每次的服务都能够积极参与并分享回应。在服务结束时，社会工作者也开展了服务成效和满意度的测评，服务对象对社会工作者的服务过程表示满意，认为社会工作者给其带来的帮助可以打 8 分（满分 10 分），认为自己的情况改善达到 8 分（满分 10 分），同时表达“感谢有温馨社工机构的帮助，没有你们，我永远都走不出这个毒圈，非常感谢社会工作者督导对我的帮助与支持”，并录制视频，描述自己的改变，对未来充满了信心和期待。

六、结案跟进

（一）结案原因

服务对象三年社区戒毒服务解除，社会工作者对服务对象进行评估，服务目标完成。

（二）结案处理方式及建议

社会工作者与服务对象在最后一次线下服务中进行了结案前的评估和反馈，并约定后续的服务跟进计划安排。服务后，因案例申报省优秀案例、服务大赛等原因，社会工作者与服务对象进行了同意确认和沟通，了解服务对象的近况，服务对象表示，自己现在的状态越来越好，充满了希望。

七、专业反思

（一）个案管理模式适用于社戒对象的帮扶服务

个案管理模式坚持整全服务原则、外展服务原则、连续照顾原则、注重倡导原则、成本效益原则和整合服务原则，这些原则是针对个案服务对象的多样化和问题的复杂性提出的，在实践中，社会工作者认为个案管理模式适用于参加社区戒毒帮扶服务的服务对象。社区是戒毒人员实现身心与社会康复的重要场所，戒毒人员需要社区提供切实有效的服务帮助他们恢复社会功能，重返社会生活。个案管理模式适合社区戒毒人员的特点和需要，也有利于社区资源的整合和充分利用。

（二）个案管理服务过程具有连续性与重叠性

服务对象回到社区后，面临着基本生存、心理情绪、家庭关系、就业、恋爱、社会交往、毒友引诱与毒品诱惑等多种问题，需要包括基本生活保障、心理情绪疏导、家庭关系重建、建立亲密关系、就业培训与指导、社会交往改善、预防复吸的功能多层次、多方位的社会服务。个案管理者一方面是咨询者，对服务对象进行直接辅导，激发和培养其戒毒的动机与能力，同时又是协调者，与不同的资源提供者（街道民政部门、司法所、派出所、企业、社会服务机构、志愿者团体等正式支持网络和服务对象的家属、朋友、邻里等非正式支持网络）进行沟通协调，保证资源输送管道的畅通。同时个案管理过程具有连续性与重叠性，自始至终都贯穿“关系”“评估”“计划”“服务”四条线索，以上四条线索的工作呈现着交替重叠的状态。

（三）除了链接资源，还要改善服务对象与资源之间的关系

值得留意的是，在运用个案管理模式开展服务时，除了提供直接的服务、间接

的链接资源之外，还需要特别留意改善和促进服务对象与资源之间的关系，代表服务对象，为服务对象争取权益，并鼓励服务对象争取自己的权益。通过协商、倡导、连接协助服务对象排除外在障碍，运用心理辅导等方式找出内在障碍的本质，找到可以帮助服务对象对抗障碍的内在资源，发展出新的观念，找出服务对象过往找寻资源的经验，把过去的经验浓缩成可执行的行动任务，排除内在障碍。同时，如果服务对象同样存在恒久性丧失功能障碍，可能导致服务对象无法与可能的助人者之间沟通与互动，严重者甚至不具备表达意愿的能力，不得不需要一些特殊的、非服务对象自愿性的服务，处理时需要与相关专家合作，发展支持系统，并需要详细记录服务过程。同时监督与协助的过程也是个案管理者建构和强化自己的工作资源网络的过程，长期的积累与有效的资源管理，为个案管理工作提供了一个相对稳定的资源系统。

从 20 多年的吸毒者到爱心人士的蜕变
——禁毒社工 3E 干预策略

刘传龙①

在我国，法律明确规定“吸毒是违法行为”，社会大众对于吸毒者多以负面视角看待，并认为毒瘾无法戒除，“一朝吸毒，终身想毒”，久而久之，成瘾者自己也慢慢接受，深陷其中无法自拔。但是，阿龙（化名）没有认命，在社会工作者的帮助下，蜕变成了一位爱心人士，进入学校，用自己的亲身经历讲解毒品危害；深入戒毒所，鼓励戒毒者坚守；组建戒毒互助队，帮助社区内吸毒者戒毒；加入社区义工组织，服务社区……周围的人谈及他，无不竖起大拇指。接下来我们来看看阿龙经历了什么。

一、背景介绍

阿龙，深圳本地人，1973 年生。父亲曾为社区书记，在社区内较有影响力，母亲为家庭主妇，兄妹 6 人，家庭经济条件不错。父亲在家里拥有绝对的话语权。20 世纪 90 年代的深圳处在改革开放的早期，经济形势大好，父母忙于生计，对子女管教与关心较少。16 岁的时候，阿龙由于对毒品缺乏了解，在朋友的唆使下，开始接触毒品，从此一发不可收拾，为了筹毒资，曾经把家里的电视、空调等东西全部变卖。

此后的 20 多年，阿龙大部分的时间就在吸毒和戒毒中度过，先后 7 次被强制隔离戒毒，他与家人渐行渐远，阿龙埋怨父亲不帮助自己，家人也对他戒毒失去信心。阿龙尝试找过一些工作，也曾多次想过要改过自新，但是没过多久就再次复吸走上老路，屡戒屡败的他灰心失望，周围邻居及社区领导都认为他已经“无可救药”。

① 刘传龙，深圳市众力社会工作发展中心理事长，中级社工师，云南师范大学法学与社会学学院 MSW 教育中心校外导师。

二、概念基础及理论分析

一个完整的戒毒过程包括生理脱毒、心理康复和回归社会三个阶段，每个阶段对戒毒者来说，都困难重重。首先是强烈的身体依赖，是吸毒成瘾者难以摆脱毒品的重要因素；其次，比身体依赖更难摆脱的是心理依赖，毒瘾依赖者在生活上常常有挫败感、无聊感或面临人际关系上的失败，多次戒毒失败经历让吸毒者普遍存在自卑、自闭和自我效能感不强等心理特征。对成瘾者而言，毒品变得非常“温暖”，极易导致复吸；最后，戒毒者回归社会之后会面临生计问题，由于吸毒者标签的存在，戒毒者在就业方面存在很多困难，此外家庭关系和沟通也存在诸多问题，使得戒毒者回归社会变得更加困难。

在服务策略方面，运用3E干预策略（动员Engagement、教育Education、然纳Endorsement）进行设计，促使改变的进程分为：动员——启发改变动机；教育——增加改变力量；然纳——达到改变的预期效果。采用构建家庭支持→推动行为改变→助人自助→回馈助人的循环运行模式，最终达成服务对象彻底戒除毒瘾、顺利回归社会，实现助人自助。

三、需求分析

在社会工作者服务辖区内，社区戒毒主要对象为本地户籍登记在册吸毒人员。根据服务群体聚焦的原则，这部分人群属于社区中最迷茫、最失落的人群，社会资源少，需求被忽视，缺乏有效的家庭和社会支持，基本情况如下。

表1　服务对象基本情况表

性别	年龄	生理	心理	社交	社会支持
男	35~60岁	没有彻底戒断，有生理瘾	自卑、消沉、缺乏信任	朋友多为吸毒人员	缺乏就业技能，无工作

针对服务对象需求进行分析，运用生态系统理论的“人在情境中”的4个圈和3个面向，分别从人圈、内圈、中圈和外圈4个圈的环境系统出发，确定介入和改变的焦点，分析得出：

人圈：激发改变动机，彻底戒断毒瘾，不再复吸。

内圈：改善家庭沟通方式，改善家庭关系，建立家庭支持；改善社交，建立良好的朋辈支持。

中圈：争取社区资源，开展职业技能培训，提升就业能力，找到合适的工作。

外圈：积极参与社会服务，反对社会歧视，倡导社会大众对戒毒人员的接纳。

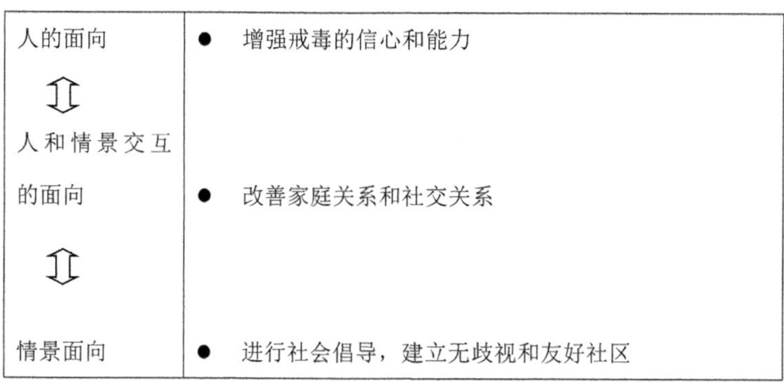

图1 生态系统理论图

四、服务目标

一是服务对象彻底戒掉毒品，复吸的诱因能够消除，自我效能感提高。

二是改善家庭关系，建立家庭支持系统。

三是改善社区支持，顺利就业。

四是服务对象能够参与社会服务，改变社会大众对戒毒人员的看法，给戒毒者回归社会创造条件。

五、服务过程

（一）服务策略

1. 动员阶段，寻找改变的动机

由于服务对象对社会工作者不太了解，刚开始接触时比较被动，敷衍社会工作者，在社区治保主任的引荐和社会工作者的积极主动争取下，服务对象开始慢慢接纳社会工作者，与他们初步建立了联系。社会工作者在服务过程中发现，对服务对象本人而言，戒毒的动力来源于不能对不起母亲，如果不戒掉毒品，最大的遗憾可能是“子欲养而亲不待”。服务对象戒毒最大的阻力来源于与父亲的关系，与父亲赌气，“你不帮我就不要管我的事情。”通过与服务对象的深入访谈，社会工作者明确了服务改变的着力点，并激发服务对象改变的动机，即要孝顺母亲。

2. 教育阶段，增强改变的能力

经过社会工作者的专业辅导和家庭、社区等的支持配合，服务对象能够反思到自己过去的错误行为和不足，并积极采取行动，彻底戒断毒瘾，拒绝毒友，主动与父亲修复关系，学习职业技能，在社区找到了一份工作。

3. 然纳阶段，巩固改变的成效

服务对象彻底戒除毒瘾之后，来到校园和社区做义工分享个人经历，协助青少年认识到毒品的危害，帮助其他戒毒康复人员戒毒，真正做到助人自助。

（二）具体过程

表 2　服务过程

干预阶段	具体做法	3E 点评
动员阶段，寻找改变的动机	• 在社区领导的引荐下，建立初步关系。在治保主任的带领下，社会工作者对服务对象进行了家访，接触服务对象。 • 定期跟进辅导，了解动态。约定每周三下午与服务对象见面，通过面谈了解服务对象的动态，社会工作者逐渐与阿龙建立了信任关系，服务对象逐渐向社会工作者分享自己的故事，不再“心灰意懒”。在社会工作者的引导下，开始讨厌毒品，逐渐对它“死了心，不再留恋它”，开始反思自己今后的人生。 • 寻找改变的切入点。通过多次访谈，社会工作者了解到服务对象改变的最大动力是母亲，社会工作者通过以改善服务对象与母亲之间的感情为突破口，强化服务对象改变的理由，鼓励其积极戒断毒瘾，承担家庭责任	在本阶段的主要任务是：相信服务对象有改变的潜能；建立良好的专业关系；强化改变的动机；寻找改变的焦点
教育阶段：增强改变的能力	（一）开展戒毒辅导，寻找戒毒的方法 • 鼓励服务对象坚持服用美沙酮，讲解美沙酮戒断的相关知识，建议其采取递减法，从 80 毫升逐步减少，半年之后，最终彻底戒掉美沙酮。 （二）化解家庭冲突，改善家庭关系 • 精心选择家庭冲突方面的故事与服务对象一起探讨，用父子情深之类的文章与服务对象共同探讨父子之间的情感，鼓励服务对象通过沟通化解与父亲多年来的结怨，用行动和语言来表达对父亲的谅解和感激之情。 • 召开家庭会议，与服务对象的三个姐姐和家人一起召开家庭会议，为服务对象的戒毒康复提供情感支持。 • 开展家人支持小组，邀请服务对象大姐参加，进行戒毒知识相关辅导，分享家人戒毒相关经历，讲解与戒毒者沟通的相关技巧。 • 在社会工作者介入取得初步成效后，服务对象姐姐在社会工作者的建议下，积极撮合他们父子关系，父子俩终于坐在了一起互相诉说这么多年的感受。服务对象也能理解作为一个父亲当年处理问题的不易，意识到两代人思想观念上的不同，通过换位思考，他心里的负担减轻多了，阿龙开始主动作出改变，约父亲喝茶	本阶段的任务是：发现改变的资源、能力和方法。社会工作者动用社区美沙酮资源、家庭自身资源、社区的就业资源和志愿者资源

续表

干预阶段	具体做法	3E 点评
教育阶段： 增强改变的能力	(三) 调整就业心态，学习职业技能 • 在社会工作者争取下，阿龙参加一个计算机文字排版培训班。每天都坚持 4 个小时打字练习，一个月后服务对象能基本上熟练使用计算机。 • 在社会工作者的协助下，服务对象参加小区物业管理的课程。学习物业管理的相关知识，为以后顺利寻找工作做准备。 • 争取辅助性就业，调整职业心态。协助服务对象找到一个过渡性的就业岗位，在村委做绿化和清洁工作。在工作期间，一位村民开车压坏了他的水管，并因此发生争执。事后社区领导和社会工作者就此事专门与服务对象探讨。良好的职业心态，就是要在工作中做到“打不还手、骂不还口”。经过一番思想斗争，服务对象终于明白这个过渡性岗位的良苦用心。 • 争取正式工作机会，获得职业发展。社会工作者与家人多次和村委会领导沟通协调，在村委会找到一份稳定的工作，社会工作者定期进行在职跟进，了解其工作适应情况。阿龙工作积极负责，工作适应良好，获得领导的一致认可，经过半年考察，晋升为小组长 (四) 积极参与义工活动，融入正常社会 • 加入义工队坚持做义工，在社区打扫卫生，协助义工组织社区活动等，生活方式也有了较大的改变	本阶段的任务是：发现改变的资源、能力和方法。社会工作者动用社区美沙酮资源、家庭自身资源、社区的就业资源和志愿者资源
然纳阶段： 巩固改变的效果	个人然纳 • 彻底戒掉了美沙酮，戒毒成功。 • 邀请他参加社会工作机构年度会议，作为戒毒成功的代表分享自己的戒毒经验和心得，受到大家的一致认可和肯定 社会然纳 • 利用自己的空闲时间，协助社会工作者做一些有关戒毒者及其家人的工作。 • 开展校园讲座，敞开心扉给社区居民和学校学生讲述自己的吸毒历程，宣传毒品的危害。 • 在阿龙的带领下，成立了一支 8 人的、完全由戒毒人员组成的爱心帮教队，平均年龄 40 岁左右，一起去发放单张宣传毒品知识；排练禁毒宣传手语节目《感恩的心》和《步步高》；发起母亲节为母亲洗脚、送鲜花向母亲忏悔等活动；运用自己的过来人身份，带领小组成员戒毒，并到戒毒所分享他们的戒毒历程	在本阶段的主要任务是：强化服务对象改变的行动，鼓励服务对象分享个人戒毒成功经验，开展校园讲座、做义工等，全面修复社会功能，同时也起到了社会倡导的功能

六、服务成效评估

表 3 服务成效评估

目标	评估指标	评估方法	成效
1. 服务对象彻底戒掉毒品，复吸的诱因能够消除，自我效能感提高	1. 彻底戒掉美沙酮 2. 亲社会行为增加	服务对象反馈表 家属反馈 美沙酮门诊医生反馈 社区领导反馈	1. 美沙酮服用量逐渐递减，并逐渐彻底戒断 2. 持续参与各种义工活动
2. 改善家庭关系，建立家庭支持系统	1. 增加与父亲沟通的次数和质量 2. 主动与父母沟通	服务对象反馈表 家属反馈 社会工作者观察 社区探访	1. 服务对象主动请父亲喝茶；主动增加与父亲沟通的次数 2. 发起母亲节向母亲忏悔等活动
3. 改善社区支持，顺利就业	找到一份工作	服务对象反馈表 社区实地探访	1. 刚开始在村委做绿化等过渡性工作 2. 半年后，升任村委负责基建工作的组长
4. 服务对象能够参与社会服务，改变社会大众对戒毒人员的看法，给戒毒者回归社会创造条件	1. 主动分享毒品危害的次数 2. 参与社会工作者组织的社会倡导活动的次数	服务对象反馈表 家属反馈 社会工作者观察 社区探访	1. 积极参与社会工作校园禁毒宣传讲座 2. 组建一支 8 人爱心戒毒小分队，积极帮助其他戒毒人士

七、服务反思

综上，社会工作者在介入个案服务过程中，不仅仅是帮助其戒除毒瘾，还开展了系统的心理社会干预，帮助他全面修复社会功能，协助他找到了值得追求的目标，建立了完整的社会身份，获得他人的尊重和认可。在本案例中，社会工作者首先是激发服务对象戒毒动机，协助服务对象找到改变的理由，即不能再让母亲伤心，协助服务对象采取递减法，逐步戒掉毒瘾；其次，引导服务对象逐步认识到自己的错误和不足，开始有了戒毒的行动，逐步恢复服务对象的社会功能，包括提高个人自我效能感、改善家庭沟通和家庭支持、提高职业技能、积极参与社会活动，全面恢复服务对象弱化的社会功能；最后，进行社区倡导，倡导社区居民对戒毒康复人员的接纳。

程序逻辑模式在戒毒康复人员社会融入中的应用
——以深圳市温馨社工服务中心“馨生活项目”为例

徐道稳[①]　黄　楠[②]　赵玉茹[③]　王良玉[④]

一、导语

20 世纪 80 年代以来，毒品在我国日渐泛滥，从鸦片、吗啡、海洛因等传统毒品到摇头丸、K 粉、冰毒等新型合成毒品，再到现在流行的第三代实验室毒品——新精神活性物质，层出不穷的毒品对我国的禁毒工作提出了严峻的挑战。而同时因吸食毒品引发的诈骗、偷窃、卖淫、艾滋病传播等犯罪问题，也严重影响了社会和谐。对此，在习近平新时代中国特色社会主义思想的指导下，国家提出积极发动社会力量参与禁毒工作，实现全民禁毒。近年来，通过加强对毒品预防宣传教育的开展、做好吸毒人员的管理和帮教，辅以对毒品犯罪行为的打击，整体上取得了一定的成效。总的来看，面对严峻的毒品形势和复杂多变的社会环境，全国禁毒部门在党中央、国务院坚强领导下，按照国家禁毒委员会统一部署，推动禁毒人民战争取得重要阶段性成果，目前国内毒品形势呈现整体向好、持续改观的积极变化。

近年来，全国现有吸毒人员数量明显下降，离不开大量禁毒工作者的努力，包括禁毒民警对毒品的打击、医务工作者为吸毒人员提供的治疗以及广大社会力量为其提供的支持。在其中，禁毒社会工作者也是为戒毒康复人员提供支持的重要力量。深圳市温馨社工服务中心的禁毒社会工作者通过多年禁毒工作经验了解到，由于长期吸毒，众多戒毒康复者失去工作岗位，家庭生活困难，加之缺乏一技之长，难以

---

① 徐道稳，深圳大学社会学系教授。

② 黄楠，深圳市禁毒社会工作与志愿者协会秘书长，云南师范大学法学与社会学学院 MSW 教育中心校外导师。

③ 赵玉茹，深圳市温馨社工服务中心禁毒领域督导，云南师范大学法学与社会学学院 MSW 教育中心校外导师。

④ 王良玉，深圳市温馨社工服务中心禁毒领域督导，广东省社区戒毒康复社会工作实务专家，云南师范大学法学与社会学学院 MSW 教育中心校外导师。

再就业，有的重新吸毒，有的再次走上犯罪道路，严重影响社会和谐稳定。为了巩固禁毒工作成果，维护社会和谐稳定，帮助戒毒康复人员重新融入家庭和社会，深圳市温馨社工服务中心在政府统一领导下，结合戒毒康复人员社会融入的实际需求，以“程序逻辑模式”为理论基础，研发了“馨生活项目”，并联动多个政府部门、企业和志愿者，通过多元化的禁毒宣传教育服务，帮助戒毒康复人员保持操守、融入社会。下文将对该项目的具体执行情况进行详细介绍。

二、项目概况

（一）案例基本情况

1. 案例基本情况

（1）项目名称：“馨生活”戒毒康复人员社区融入计划。

（2）项目服务对象：戒毒康复人员及其家庭。

（3）经费支持：获得深圳市福田区社会建设专项资金 2019 年资助项目资助人民币 11 万元，深圳市罗湖区社区建设和民生创新项目竞选，企业对接捐款 2.3 万元。项目经费共计 13.3 万元。

（4）执行时间：2019 年 4 月—2021 年 4 月。

（5）工作人员：深圳市温馨社工服务中心（以下简称“温馨社工中心”）禁毒社会工作者。

2. 项目背景

温馨社工中心禁毒社会工作者基于 5 年多的禁毒服务经验，发现很多的吸毒人员在成功脱离对毒品的生理依赖后，在回归社会时，会遇到多种问题，导致其无法融入社会。2019 年初，禁毒社会工作者针对部分因复吸再一次被强制隔离戒毒的戒毒人员进行了访谈，分析复吸的原因主要有两个：第一，社会、家庭难以融入，许多的戒毒康复者回到社会、家庭后，依然难以摆脱“吸毒者”的标签，社会、家庭对于他们的信任度较低，难以为戒毒康复者提供适当的支持，导致复吸行为的出现；第二，基本生活难以为继，几乎所有的戒毒康复人员回到社会后，都面临着生存的问题，长期的吸毒戒毒经历使得他们缺乏基本生存的就业技能，同时“曾经吸毒者”的标签也使得他们在找寻工作时举步维艰，最终只能回到熟悉的毒品环境。因此，如何更好地协助戒毒康复人员缓解生存危机、回归家庭，从而逐步融入社会，是禁毒社工服务的核心侧重点。结合前期了解到的情况及调研发现，温馨禁毒社工策划了"'馨生活'戒毒康复人员社会融入计划"，以期通过项目的实施，促进戒毒康复人员的社会融入，使其能够彻底摆脱毒品困扰，回归社会。

（二）需求评估

1. 核心需求——社会角色的融入

毒品滥用行为的违法属性和人体对毒品的应对机制，导致吸毒人员存在一定程度的避世倾向，其日常生活脱离正常的社交轨道。同时，吸毒人员大部分时间处于"吸毒—戒毒"的循环之中，无法正常参与社会活动，与社会形成天然的隔离。此外，部分传统舆论宣传对"毒品""吸毒者"的处理方式，在一定程度上限制了大众对毒品的了解，也在某种意义上构筑了人群壁垒，吸/戒毒人员因被标签化而带来社会隔离。上述原因都会导致吸/戒毒人员在尝试改变吸毒行为，回归社会的时候处处碰壁。因此，改变吸毒行为、改善社会环境，实现社会融入，是吸/戒毒人员的核心服务需求。

社会融入，除去物理上的融入，还需要心理上的重新建构和角色重塑。吸毒人员强制隔离戒毒的过程更像是一个治疗的过程，通过隔离与毒品的联系、接受必要的医疗介入，同时辅以一定程度的康复训练、心理疏导，让身体得到相对应的恢复，实现物理融入的基础条件。而解戒出所，是治疗的结束，也是康复的开始，戒毒康复人员需要面临生存、操守保持、回归家庭、适应社会的议题，而更重要的则是对自身、家庭、社会的重新认知，社会角色的重新塑造和适应，大部分戒毒康复人员即使在保持操守、回归社会多年之后，仍然以"我们这种人"自称，这其中因"标签效应"带来的影响也导致其无法做到完全的社会融入。

2. 阶段性需求

社会融入是吸/戒毒人员的核心服务需求，也是长远的终极的需求，需要逐层递进，分阶段去回应和实现，因此，禁毒社会工作者基于马斯洛需求理论的分析，将项目需求进一步分解为以下的阶段需求。

（1）缓解出所后生存危机的需要。

几乎所有的戒毒康复人员回到社会后，都面临着生计的问题，长期的吸毒戒毒经历使得他们缺乏保持基本生存的就业技能，使得他们在找寻工作时举步维艰，最终只能回到熟悉的毒品环境。因此，缓解出所后的生存危机，既是物理融入的保障，也是开启心理融入的基础。

（2）维持戒毒操守的需要。

戒毒康复者反复"戒断—复吸"的经历，不仅持续削减着家庭、社会对他们的信任，也使得禁毒管理部门对他们的管制越发严厉，一定程度阻碍了他们的社会融入的步伐。因此戒毒操守的维持，是戒毒康复人员配合管理部门相关工作，从而缓解管理部门管制的前提，也是戒毒康复者回归社会缓解生存危机后，获得家人信任以及社会接纳的最基础的条件。因此，戒毒操守维持的需求也是其重点需要回应的需求之一。

（3）家庭和社区融入适应的需要。

许多的戒毒康复者回到社区、家庭后，依然难以摆脱“吸毒者”的标签，社区、家庭对于他们的信任度较低，难以对戒毒康复者提供适当的支持，导致复吸行为的出现。但家庭和社区是戒毒康复人员最有力的支持系统，一旦失衡，将不利于戒毒康复人员实现社会融入。

（4）身份认同的需要。

“标签效应”指的是当一个人被一种词语名称贴上标签时，他就会作出自我印象管理，使自己的行为与所贴的标签内容相一致。在缓解生存危机、实现家庭/社区适应后，戒毒康复人员需重新认知自身、家庭、社会，从而实现角色的重塑，建构对自身的新的认同才能够做到完全社会融入。

就业是民生之本，对于戒毒康复人员来说就业方面的援助支持显得更为重要。就业需求是绝大部分戒毒康复者的首要需求，同时也是影响他们能尽快融入社会、家庭，降低复吸率的一个重要因素，解决就业问题是直接关系到他们戒毒成败的关键因素之一。因此，禁毒社会工作者在衡量了人力和时间等成本的前提下，将“馨生活”项目的需求定位在“缓解出所后的生存危机”的角度。

（三）核心问题确认

1. 总目标

通过对戒毒康复者提供生涯规划、生活适应、就业培训等系统辅导，同时开展社会接纳倡导、爱心企业联动，协助戒毒康复者缓解生存危机、保持戒毒操守，实现生理和心理社会融入。

2. 具体目标

（1）为4500名以上的戒毒学员提供生涯规划教育，确保所有的参与对象了解生涯规划。

（2）提供420小时以上的生涯规划辅导，促进90%以上的参与对象生涯规划的能力提升和社会融入信心增强。

（3）为超过200名戒毒康复者提供就业培训，建立就业评估档案，确保90%以上的参与对象掌握基础技能。

（4）为 100 名以上的戒毒康复人员提供跟踪职业辅导，为期 1 年，实现保持操守率在 20%以上。

（5）成立 1 支 20 人以上的戒毒康复服务志愿者队伍。

（6）促进 3 家以上企业参与计划，接纳戒毒康复人员就业。

三、程序逻辑模式在戒毒康复人员社会融入中的应用

（一）理念

1. 概念界定

（1）自我认知。指的是对自己的洞察和理解，包括自我观察和自我评价。自我观察是指对自己的感知、思维和意向等方面的觉察；自我评价是指对自己的想法、期望、行为及人格特征的判断与评估，这是自我调节的重要条件。[①]

（2）角色重塑。“角色”是指一定社会身份所要求的一般行为方式及其内在的态度和价值观基础。[②]“角色重塑”是指帮助戒毒康复人员一起重新塑造为社会所接纳和认可的形象。

2. 程序逻辑模式（Program Logic Model，PLM）概念

程序逻辑模式是一种协助活动推行者以逻辑分析其活动资源投放及其成效要求是否平衡的模式。其运作可用简单图像方式来表达服务或计划的不同环节的关系。

该模式诞生于 20 世纪 70 年代的美国威斯康星大学，在 20 世纪 70 年代美国一片资源问责声的前提下，美国威斯康星大学开始实践程序逻辑模式协助活动推行者作服务计划及检讨，其重点是倡导活动及其成效的逻辑关系，让资源用得其所、成效达之有理，应用范围十分广泛。[③] 有活动层面（program level）、服务层面（services level）、单位层面（unit level）及机构层面（agency level）或更大的计划，如城市规划等。无论计划有多大，逻辑联系（logic link）是不同环节的核心关系，这些逻辑关系可以是横向的或纵向的，环环紧扣，相互配合。[④]

---

① 林崇德，张春兴．发展心理学［M］．杭州：浙江教育出版社，2004.

② 乐国安．社会心理学［M］．北京：中国人民大学出版社，2009.

③ 李文军．基于程序逻辑模式的社区居家养老服务绩效评估研究［J］．广东行政学院学报，2016-8.

④ 百度文库，第二讲：程序逻辑模式——PLM，https：//wenku. baidu. com/view/c0ef48b4d15abe23482f4dde. html？rec_ flag=default&sxts=1583661638649，2021-6-10.

3. 程序逻辑模式应用步骤

应用 PLM 时，可以参照“图 1：程序逻辑模式流程图”和“图 2：程序逻辑模式逻辑关系图”进行双向考虑。在做计划时，先做好处境分析和假设/理论基础，然后根据分析所得真实资料和依据订立相应的服务成效，继而确定活动形式或服务量，并根据服务内容、形式和数量确认需要投入的资源，在整个过程中要充分考虑外在环境因素的影响。在做活动服务执行或总结评估时，则要用反向思维。具体请见图 1、图 2。

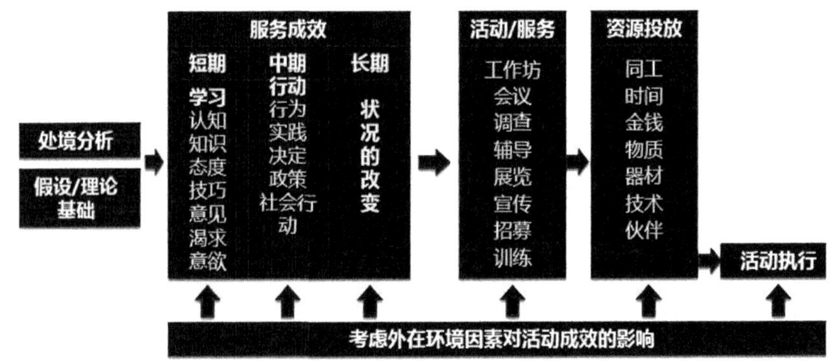

图 1　程序逻辑模式流程图

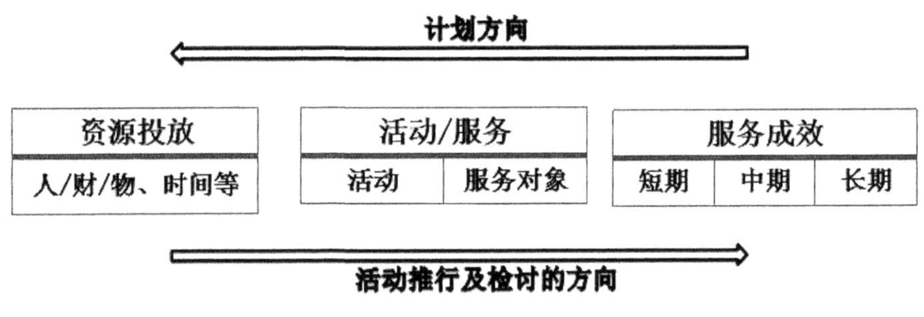

图 2　程序逻辑模式逻辑关系图①

该模式主要内容包括以下几个方面。

（1）处境分析（situations）。处境分析是指除了要对在服务推行当时当下政策背景、社会环境进行全面细致的分析，还包括工作人员设计和开展服务前对目标服务对象所面临的问题和其需求做精准调研和分析。有调研才有发言权，如此才能为服务项目的设计和切实推行提供真实有效的依据。尤其是想要准确订立服务成效，更需要精准全面的处境分析。当然，如果工作人员对处境分析不够全面或未能作出

① 周燕琼．程序逻辑模式在社会工作中的应用，https：//www.jianshu.com/p/a3a30416c9a3，2021-12-19.

精准的判断，会直接影响项目服务成效订立是否合理，甚至可能使订立的成效与服务对象的需求之间产生较大偏差。也由此可见程序逻辑模式各个环节之间都有紧密的内在联系。值得注意的是，不管是设计还是执行项目服务的过程中，“处境”都是在不断变化的，因此工作人员需要及时关注“处境”的变化并及时做好应对方案。

若要开展青少年禁毒服务，我们就需要收集与青少年禁毒相关的法律法规、政策文件，如《中华人民共和国禁毒法》《戒毒条例》《全国青少年毒品预防教育规划（2016—2018）》《中华人民共和国未成年人保护法》《全国社区戒毒社区康复工作规划（2016—2020年）》等，以此分析当时当下开展青少年禁毒服务的政策背景。同时，还要了解不同年龄段青少年的心理和行为特点，通过问卷、访谈等方法调研与青少年禁毒服务相关的问题与需求，并做专业科学分析，以此为青少年禁毒服务开展提供切实依据。

（2）假设/理论基础（assumptions）。假设/理论基础是指在推行整个活动和服务计划时对服务对象所持的信念、活动过程中需要遵守的重要原则或达到成效的理论架构。[①] 例如在开展戒毒康复人员相关项目服务时，我们假设戒毒康复人员能够学习一些重新融入家庭和社会的新知识和新技能，以及能够认清吸毒可能对自己和家庭带来的不良影响，那么戒毒康复人员顺利回归家庭和社会的比例就会增高，相应的戒毒康复人员的复吸率就会下降。那么有了该假设/理论基础的引导之后，禁毒工作人员便知道如何订立整个活动和服务计划的方向，以及把握好整个项目和服务计划的重点。

（3）服务成效（outcomes-impact）。是活动和服务给个人、家庭、社会等带来的成果产出和正向转变，根据产出和转变所产生的影响可以分为长、中及短期成效，而这些正向转变可以是增长（提升、增高等）或减少（下降、减弱等）。例如通过活动和服务越来越多的吸毒人员认识到毒品给自身、家庭和社会带来的危害，社会大众对于戒毒康复人员重新回归社会的接纳度越来越高，复吸率逐步降低。

对于长期、中期和短期成效，具体来说短期成效主要体现为服务对象能够学习掌握更多有效实用的知识和技能，以及在态度方面能有更多的正向改变。同时希望通过服务引起服务对象对某些问题的关注和思考，增强服务对象改变的动机和意愿。如原本对于毒品危害认识不清的戒毒人员，通过禁毒项目服务学习到了毒品危害知

① 百度文库，第二讲：程序逻辑模式——PLM，https：//wenku. baidu. com/view/c0ef48b4d15abe23482f4dde. html？rec_ flag=default&sxts=1583661638649，2021-6-12.

识，坚定了拒绝毒品的态度，开始反思自己的吸毒行为，并开始思考认真戒毒。中期成效主要体现在服务对象的行为转变。如戒毒康复人员在坚定了戒毒决心之后，从原来总是找借口躲避尿检，转变为主动配合定期尿检，并积极向禁毒工作人员反馈自己的情况。长期成效是通过项目服务产生的正向改变和影响能够长久地持续，甚至形成一种新的良好的习惯。如戒毒康复人员通过参与项目服务坚定了戒毒决心，并且能够为戒毒付出实际行动，长久保持操守不复吸，最终永远摆脱毒瘾束缚，成功戒毒。

（4）活动和服务（outputs）。活动和服务是指根据服务对象的实际需求设计和开展的，具体服务的形式、内容和数量在设计和推行时都要充分考虑服务对象的数量和人群特点（如年龄、性别、经历等）。充分了解服务对象之间的普遍性和差异性，有针对性地提供服务，有利于实现服务成效。例如在设计青少年禁毒服务项目时就要根据“处境分析”获得的资料，明确服务对象是哪个年龄段的青少年、数量多少、男女比例如何、心理特点如何、兴趣爱好是什么、有何共同点等。此外还要考虑可以投入该项目活动和服务中的资源情况。

（5）资源投放（input）。是指为保证服务或活动顺利开展而投入的人、财、物、时间等各类资源。如我们开展任何服务项目，都需要人员去执行（专业社会工作者、志愿者等），需要活动场地、活动物资（桌椅、饮用水、道具、纸笔、相机等）。如果开展大型文艺会演活动，还需要专业的灯光音响等设备。不管是人员、场地还是物资、设备等，都需要财力支持，整个项目服务从策划到执行都必须要投入时间。

（6）外在环境因素（external factors）。外在环境因素主要是指影响项目服务活动正常开展的风险因素、限制因素，这些因素往往是不断变化的，甚至有些是突发的、不可控制的，如果处理不当，会直接影响项目服务的开展和成效。所以需要工作人员在设计服务时以及在开展服务过程中，尽可能充分考虑和分析可能影响项目服务开展的外在环境因素，并做好应对方案。

例如，设计的项目服务周期较长，涉及跨年度，有可能在项目执行过程中会发生政策变化，尤其是禁毒服务对于政策变化的敏感度较高，就需要提前想好应对方案，并在变化发生时及时根据最新政策要求调整项目服务。此外，天气情况也是一个比较常见的难以控制的环境因素，尤其是在夏天，突然下雨很可能会直接影响户外活动的开展。同时，如果活动运动量较大，服务对象也有可能出现突发身体不适或者因为运动而受伤等情况，一般的应对方案就是提前买保险，且活动中准备好急救资源（人、物）。

（7）PLM 使用时的注意事项

上文中我们已经介绍了程序逻辑模式各个部分及其内在逻辑关系，在运用程序逻辑模式时还需要注意以下几点。

第一，PLM 各个环节之间并不是割裂的，而是“环环相扣”“相互呼应”的关系。该模式的核心是实现成效，而各个环节的逻辑设计则是实现成效的保障。如果程序逻辑模式中的其中一个环节出现变化，其他环节也要作出相应的变化才能实现预期成效。

第二，前面我们介绍了服务的短期、长期和中期成效，但实际上不是所有服务都适合设置这 3 种类型的成效，具体如何设置需要根据服务的性质来判断。如我们设计一场小学生禁毒宣传教育班会课，适合设置的便是与知识、技能态度有关的短期成效。还有，短、中、长期成效的设置通常与时间因素有关，但是 3 种类型的成效区分不一定只通过时间因素，主要还是通过“改变”的情况来区分。如：吸毒人员认识到吸毒的害处（短期成效），参加者减少吸毒的行为（中期）。

（二）应用过程

PLM 的应用过程在上文已有提到，下面将介绍程序逻辑模式在戒毒康复人员社会融入中的应用过程，具体如下。

1. 理论假设

若戒毒康复人员能学习一些职业生涯规划的知识和就业技巧行为，就能够找到合适的工作，经济压力可以得到缓解，家庭关系可以变得更和谐。同时，戒毒康复人员的复吸率也会下降。

2. 处境分析

（1）背景分析。

截至 2020 年底，全国现有吸毒人员 180. 1 万，同比下降 16. 1%，连续第三年减少；戒断三年未发现复吸人数 300 万，同比上升 18. 4%。2020 年全年共查处吸毒人员 42. 7 万人次，下降 30. 8%；其中新发现吸毒人员 15. 5 万，下降 30. 6%。受疫情防控影响，国内毒品滥用情况变化较大。疫情防控严密时期，因人流、车流、物流受阻，吸毒人员获取毒品难度大，上半年全国吸毒人员查处数、新发现数大幅下降。疫情防控常态化后，部分地区毒品滥用问题出现反弹。

（2）原因分析。

2019 年，社会工作者针对 119 名因复吸再次被强戒的学员进行了访谈，分析复吸原因，主要有以下三点。

第一，社会、家庭难以融入。许多戒毒康复人士解戒出所后，社会、家庭对其信任度较低，难以提供适当的支持，导致复吸行为的出现。

第二，基本生活难以为继。大部分戒毒康复人士回到社会后，都面临着生存的问题，长期的吸毒戒毒经历使得他们缺乏基本生存的就业技能，同时“曾经吸毒者”的标签也使得他们在寻找工作时举步维艰，最终只能回到熟悉的毒品环境。

第三，人生无规划，迷茫彷徨。几乎所有的戒毒康复人士在即将出所前，都会感到迷茫和彷徨，不知道如何去面对外面的世界，长期的戒毒—复吸—戒毒，有许多人在戒毒所内的时间甚至要长于在社会上的时间，不清楚出所后自己的规划是怎样的，只能又回到熟悉的毒友群体中。

3. 成效和活动/服务。

（1）服务成效一：学员进一步了解自己，包括自己的优势、资源，自己的需求，能够做好出所后的生涯规划。

表1　服务成效一

序号	成效类型	内容	活动/服务
1	短期成效	（1）为戒毒学员普及生涯规划的原理和作用，使其初步了解生涯规划 （2）提升戒毒学员对生涯规划的兴趣，引导其系统学习生涯规划	（1）联合职业生涯规划师开展生涯规划普及教育讲座 （2）开展小班制生涯规划团体辅导招募和合适人员遴选
2	中期成效	（1）通过生涯规划的小班团体辅导，提升戒毒学员对自己、自己的优势、自己的需求的认知 （2）通过生涯规划小班团体辅导，促使戒毒学员能够自行制定出所规划	开展小班制生涯规划团体辅导

（2）服务成效二：学员出所后生活适应能力、亲子沟通能力得到提高，实现家庭回归、社会融入。

表2　服务成效二

序号	成效类型	内容	活动/服务
1	短期成效	（1）与戒毒学员一同探讨曾经在出所后因吸毒问题所面对的困境，并分析原因，引导其正视困境的产生 （2）讲授人际沟通技巧，使戒毒学员了解良好有效的沟通方式和技巧	（1）社会适应性小组前3节 （2）沟通技巧提升小组前3节
2	中期成效	（1）模拟工作和生活中出现的困境，练习情绪控制和正确的应对方式 （2）个体式延伸跟进，促进戒毒康复人士应对真实发生的困境	（1）社会适应性小组后2节 （2）沟通技巧提升小组后2节 （3）个案服务

（3）服务成效三：社会大众对戒毒康复人员的了解增加，大众对其的接纳和包容提升，促进其就业。

表 3　服务成效三

序号	成效类型	内容	活动/服务
1	短期成效	让社会大众进一步了解吸毒者的真实一面，内心对改变的渴望以及被毒品控制的无奈	引导戒毒康复者参与毒品预防宣传活动
2	中期成效	倡导大众在面对戒毒康复人员时，多一份接纳和包容	毒品预防宣传活动加入倡导环节
3	长期成效	通过项目整体实施，实现戒毒康复人员就业	为有需求的戒毒康复人员提供就业和职业辅导服务

4. 资源投放

表 4　资源投放

序号	投放	内容
1	人员和时间投放	（1）1 名项目负责人 禁毒领域初级督导，统筹项目开展工作，链接项目资源，协调合作单位，跟踪评估项目进度和服务成效 每月 4 天 （2）3 名项目社会工作者 具备禁毒服务经验一线社会工作者，跟进该项目具体服务及服务成效 每月 7 天
2	物资/器材投放	（1）服务所需的办公文具 （2）活动用音响设备 （3）适宜的活动场地 （4）宣传册、横幅
3	技术投放	（1）生涯规划专业服务 （2）小组、个案、活动服务 （3）情绪控制和疏导培训技巧 （4）沟通技巧培训技术 （5）分享带领技巧
4	经费投放	（1）2019 年 12 月，“馨生活”戒毒康复人员社会融入计划成为深圳市福田区社会建设专项资金 2014 年第一期资助项目，获得了项目资助人民币 11 万元，为 2015 年项目进一步开展提供资金支持 （2）2020 年 11 月，项目团队通过项目复制，参与了深圳市罗湖区社区建设和民生创新项目竞选，获得企业对接捐款 2.3 万元 （3）2020 年 12 月，项目入选深圳市民生微实事第一批项目库，成为深圳市第一批民生微实事

续表

序号	投放	内容
5	伙伴投入	(1) 政府单位：深圳市公安局强制隔离戒毒所、深圳市公安局南山分局强制隔离戒毒所、深圳市司法局强制隔离戒毒所、深圳市级以及各区禁毒办 (2) 爱心企业：深圳市前海生涯教育科技有限公司、深圳市科迈爱康科技有限公司、深圳市罗湖区懿米阳光公益发展中心

5. 外在环境因素的影响

在设计戒毒康复人员社会融入项目和开展具体服务过程中，禁毒社会工作者需要考虑可能会影响服务开展的外在环境，比如政策环境、场地环境、社会舆论环境等，任何环境的变化都会对服务成效产生一定的影响。如在领导比较支持的戒毒所开展服务，相对顺利且会给予项目团队较丰富的资源支持。但在领导不够支持的戒毒所开展服务就相对困难，沟通协调的成本会相对提高。在本项目中，温馨社工中心禁毒社会工作者基于前期与深圳市各大戒毒所建立的良好关系和沟通，获得了戒毒所领导及相关工作人员的大力支持。同时，在项目前期，国家出台相关指导性文件，更是促进了项目获得更多的关注与支持。2014 年 7 月 6 日，中共中央、国务院印发《关于加强禁毒工作的意见》，提出需要完善戒毒康复体系，增强戒治挽救吸毒人员的能力，全面推进社区戒毒（康复）工作，建立完善的工作机制，明确相关主体责任，深入开展戒毒（康复）人员就业安置工作，为其提供就业技能培训等，进一步促进戒毒康复人员的救助帮扶。该文件为政府部门及其成员单位支持戒毒康复人员相关工作提供了具体的指引和文件支持。2015 年 12 月，国家禁毒委员会发布《全国社区戒毒社区康复工作规划（2016—2020 年）》，将促进戒毒康复人员就业帮教、跟踪帮扶上升到了国家规划的高度，各省市高度重视、积极响应，纷纷推动“专职人员配备”“专项站点建设”等措施的落地，政府、社会组织、企业、大众对戒毒康复者的关注不断提升，极大程度促进了“馨生活”项目，首先，政府部门的合作背书打通了戒毒康复“最后一公里”，实现戒毒康复者回归社区后续的社会工作跟进服务；其次，企业对于戒毒康复求职者的接纳创造就业机会，极大地缓解了部分戒毒康复者的生存危机；最后，宣传氛围从“严厉打击”到“执法打击、预防宣教、社会帮教”“三驾马车”并驾齐驱的转变，一定程度上转变了大众对戒毒康复者的态度，营造了更加接纳的社会氛围。

四、程序逻辑模式在戒毒康复人员社会融入中的应用成效评估

（一）评估方法

一是问卷法：通过制定符合项目测量性需求的问卷，在每场服务结束后，通过“活动反馈问卷”的方式，了解服务对象对项目服务的满意度以及改进建议。

二是访谈法：在项目服务过程中，根据服务现场状况选择3~5名服务对象对社会工作者的服务进行深入访谈，以了解服务对象的满意度和改进建议。

三是观察法：每场服务过程中对服务对象和服务现场情况进行观察。

（二）成效

项目于2019年4月启动，5月正式落地，历时2年时间，随着各类促进政策的出台，完成2次迭代。项目组先后走进深圳市公安局强制隔离戒毒所、深圳市司法局第一强制隔离戒毒所、深圳市司法局第二强制隔离戒毒所、深圳市公安局南山分局强制隔离戒毒所，开展职业规划教育讲座20场，团体式职业规划系统辅导40次，6000余名戒毒康复人员受益。

问卷调研及访谈结果显示，在针对“职业生涯规划教育”服务中共发放120份服务满意度调研问卷，实际回收120份问卷，回收率达100%。从回收到的问卷中发现，服务对象对此项目服务目标达到的满意度逐步提高，从平均65%提高到85%。对此项目服务的总体满意度从75%提高到100%。对此项目同类服务参与度从65%提高到100%。在活动中，服务对象也有直接反馈：“这次活动对我帮助很大”“希望以后有更多机会可以上此类课程”。由此可见，从回收的满意度调研问卷得知本项目有明显成效。

为进一步了解本项目成效，项目组从持续跟进的35名服务对象中随机选取了5名进行深入访谈，分别是CS、SZ、HRJ、MJB、SY。访谈提纲如下：

1. 您是否参与过该项目提供的“生涯规划教育服务”？

2. 经过“职业生涯规划辅导”，您是否制定了适合自己的职业生涯规划？该规划事实情况如何？

3. 您是否参与过该项目的“就业培训”服务？学习了什么技能？该技能的实用性如何？

4. 参与该项目至今，您保持操守最长为多久？

5. 您对本项目的建议或意见是什么？

根据访谈内容得知5名服务对象均参加过该项目“生涯规划教育”服务，且经过“职业生涯规划辅导”均制定了一份适合自己的职业生涯规划。经过“就业培训”服务：（1）CS学习了“沟通技巧”，按照职业规划目前正在从事销售工作，保持操守至今有1年多；（2）SZ学习了“烘焙、糕点制作、演讲、活动策划”技能，按照职业规划目前在深圳市温馨社工服务中心从事一线社工工作，保持操守至今有4年；（3）HRJ学习了“人际关系处理”“团队组建”“糕点制作”技能，按照职业规划目前在一家食品公司上班，保持操守至今有4年；（4）MJB学习了“糕点制作”技能，按照职业规划目前在一家食品店工作，保持操守至今有4年；（5）SY学习了“演讲”“活动策划”“生涯规划技能”“沟通技巧”，因为个人方向原因，项目结束后未按照项目中制作的个人成长规划发展，而是自己根据所学的“生涯规划技能”重新为自己做了规划，目前自己创业，建立了一支“建筑工程队”，保持操守至今有4年。

5名服务对象均表示项目结束后顺利找到了工作，且目前生活已回归正轨。关于对本项目的建议5名服务对象均表示希望项目能够继续推广，希望开展更多培训，也希望有更多的戒毒康复人员能够因此项目受益。

为了帮助服务对象就业，项目组还整合了深圳市科迈爱康科技有限公司、深圳市如是布艺制作交流中心、深圳市罗湖区懿米阳光公益发展中心、深圳市前海生涯教育科技有限公司、深圳市新色彩印刷包装有限公司、信太科技（集团）股份有限公司、精雅印刷（深圳）有限公司等7家爱心企业参与项目。项目结束后，促成了80%的服务对象顺利就业。

通过项目的成效，项目组联动5名戒毒康复者发起深圳首支过来人禁毒志愿者队伍——“馨起点”朋辈辅导员志愿服务队，通过现身说法宣传禁毒、公益服务献爱心等行动向社会大众进行减少歧视、接纳的倡导。这不仅为戒毒康复人员提供向社会大众展示自己良好形象的机会，获得自信心和荣誉感，也促使服务对象继续保持操守。截至2021年12月，项目组共培养20名正式朋辈辅导员，操守维持率100%。

五、总结与反思

（一）经验

1. 精准把握戒毒康复人员需求提升项目服务效果

此项目的设计基于禁毒社会工作者在日常服务中对戒毒康复人员的需求收集，主要聚焦于多次复吸的戒毒康复人员了解其复吸的原因，通过分析发现，主要问题是服务对象出所后因就业、家庭融入等导致其无法很好地回归社会。对此，禁毒社会工作者以“就业”为切入点，将职业生涯规划首次应用于戒毒康复人员的系统服务中。通过职业生涯的探讨，多数戒毒康复人员对于自己的人生有了新的规划，促使他们在出所后能够有较强的保持操守的动机，项目成效明显。因此对于戒毒康复人员的服务，不仅需要通过问卷、访谈等形式去了解其即时性的需求，更需要结合长期的服务经验，及时总结评估，制定符合其长期发展的规划，这样才能够提供更加优质的服务，从而提升项目成效。

2. 戒毒所内的提前介入促进戒毒康复人员的有效衔接

在本项目中，重点的服务内容之一就是对仍在强制隔离戒毒阶段的戒毒康复人员进行介入。一方面，可以让禁毒社会工作者与服务对象提前建立专业关系，促使其在出所后能够主动与禁毒社会工作者联系，有社会工作者为其在可能面临较大适应冲突的出所初期提供支持，可以有效降低复吸的可能性。另一方面，在戒毒所内是戒毒康复人员情绪较为稳定的阶段，也是比较能够思考和分析未来的阶段，此时的介入对其出所后的预期和规划，能够较为具体客观，对规划在后期的实现有更大的帮助。因此，针对服务对象在戒毒所内的提前介入能够有效衔接戒毒康复人员在所内和出所后的服务。

3. 个体服务与社会倡导同步进行，营造社会接纳氛围

戒毒康复人员的社会融入问题，不但是戒毒康复人员自身的问题，还是社会环境的问题。在戒毒康复人员自身能够维持较好的戒毒操守时，社会大众对他们的接纳程度，家庭对其回归的理解和包容等，将直接影响其后续的社会融入。故而，禁毒社会工作者在对戒毒康复人员进行个体的帮教服务之外，还需对社会环境的改善提供支持。通过开展社区倡导活动，让更多的社会大众了解戒毒康复人员，同时也组织戒毒康复过来人进行互动，改善大众的传统偏见，给予他们更多的关怀救助。

通过个体服务与社会倡导服务的同步进行，为戒毒康复人员营造接纳包容的氛围，促使其在维持戒毒操守中更有动力，真正走出毒品的困扰。

4. 政社企联动，促使戒毒康复人员社会融入

在开展戒毒康复人员的服务过程中，个人及部分团体的力量是不足够的。禁毒社会工作者需要发挥自身资源整合的能力，多方面沟通联络，寻找相关的资源，通过政社企三方的联动，提升帮教的成效。首先在联动政府部门上，一方面寻求相关部门关注指导及支持，因为戒毒康复人员所在社区及相关场所，均需要多方联动，才能够做到更好的衔接；另一方面获取部分政策支持资金，促使项目尽快落地，具体服务落到实处。其次是联动企业，一方面通过拓宽就业渠道，加强与公益企业交流，搭建用工平台；另一方面通过上门走访和座谈交流的形式，宣传就业政策，掌握用工信息，了解企业在吸纳安置戒毒康复人员就业方面存在的困难和问题，努力打消企业在招用戒毒康复人员就业过程中的顾虑和误区，为企业和戒毒康复人员双方搭建用工平台。最后是社会组织，作为其中联动多方的关键力量，搭建桥梁，促使政府部门、企业、戒毒康复人员形成有机的整体，相互支持合作，促进戒毒康复人员的服务深化，最终实现其社会融入。

（二）特色与亮点

1. 新服务模式提炼：“临界衔接”服务

经过对该项目的整体实施，温馨社工中心禁毒社会工作者发现戒毒康复人员在戒毒时会面临几个关键的临界阶段。而在这些临界阶段提供的辅导和支持，会直接影响到戒毒康复人员最终维持操守、融入社会的表现。在2014年以前，禁毒社会工作者对戒毒所人员的服务，多数是在其出所前一个月进行对接，而所内的服务相对较少，戒毒康复人员对社会工作者的信任度较低，出所后主动寻求社会工作者帮助的可能性较小。但在执行该项目时，禁毒社会工作者会提前3个月甚至是半年对戒毒康复人员提供服务，包括出所规划及相应的职业辅导等，戒毒康复人员出所后，顺利找到工作，回归家庭的比率大大提高了。对此，温馨社工中心禁毒社会工作督导黄楠带领团队共同梳理了戒毒康复人员服务及辅导的阶段，通过总结近7年的禁毒服务经验，提出“临界衔接模式”，系统地规划对戒毒康复人员跟进服务的程序阶段，并尝试分析不同阶段下的戒毒康复人员对应的需求，明确禁毒社会工作者能够针对性提供的服务内容。具体如图3所示。

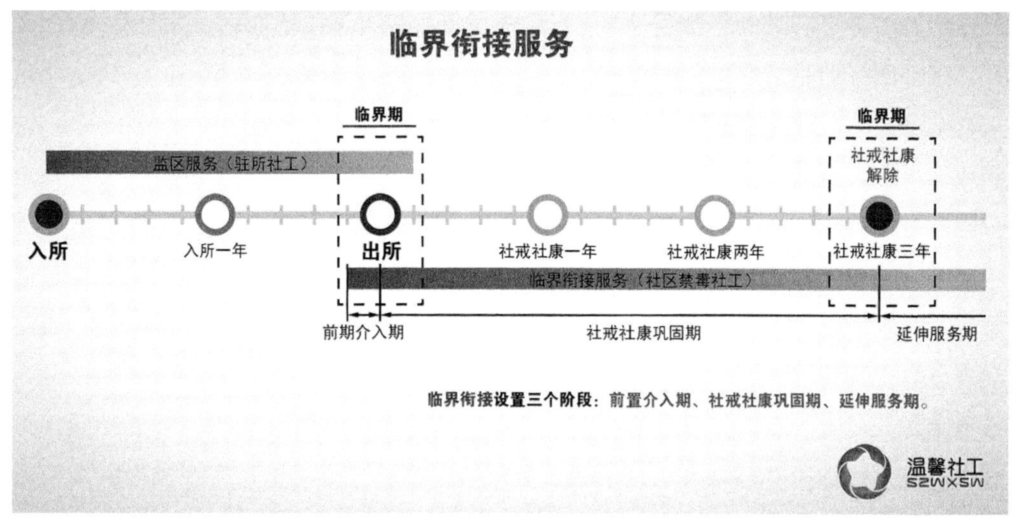

图3　临界衔接服务流程图

临界是指吸毒人员在戒毒康复的完整过程中所经历的阶段与阶段之间的过渡时期。在“临界”内，由于生活状态、身体状况、心理状态等的变化，都会给戒毒康复人员带来冲击，这种冲击既可能是正面的，也可能是负面的。

临界衔接是指禁毒社会工作者根据服务需求，在每一个“临界”为戒毒康复人员提供特定的提前介入服务，以及进入以社区戒毒社区康复为主戒毒阶段的治疗、康复、辅导，实现戒毒康复人员在完整的戒毒康复过程中无缝衔接，协助其更好地戒断毒品，身心康复，融入社会的服务。临界衔接设置三个阶段：前置介入期、社戒社康巩固期、延伸服务期。

前置介入期是吸毒人员未进入社区戒毒社区康复时期，处于强制隔离戒毒、自愿戒毒或仍处于吸毒成瘾状态的时期。该时期吸毒人员处于迷茫期，对未来缺乏规划，对国家戒毒政策不清晰，同时对于外界的信任度较低，导致未能更好地落实戒毒康复计划。在前置介入期，禁毒社会工作者以建立专业关系、普及戒毒政策、协助厘清规划为主要工作方向，为每一名即将解除强制隔离戒毒出所、戒毒出院、接受社工个案服务的吸毒人员建立服务档案，作为衔接服务的开端，推动其参与社区戒毒社区康复工作。

社戒社康巩固期是戒毒康复人员进入社区戒毒或社区康复的时期，这个时期也是完整戒毒康复过程中最重要的一环。该时期戒毒康复人员处于巩固操守、身心康复期，常见问题是制定规划缺乏落实、就业生存需求迫切、生活适应存在困难，存在着高危级别的复吸风险。禁毒社会工作者在社戒社康巩固期主要以心理干预、家庭关系改善、就业辅导、社会适应性培育为主要工作方向，同时辅助公安机关开展操守保持监督（传统为“尿检法”），实现戒毒康复人员往社会融入方向发展。

延伸服务期是戒毒康复人员完成三年期社区戒毒社区康复过程后，正式全面融入社会的时期。该时期戒毒康复人员渴望社会融入，渴望自我成长，渴望正常生活，渴望实现自我价值，同时由于解除监督所带来的自由也使得在这个阶段存在着一定程度的复吸可能。社会工作者在延伸服务期以延伸跟进、挖掘潜能、实现价值作为主要工作方向，针对部分希望摆脱过去，正常生活的戒毒康复人员，开展延伸跟进服务，实现情况清晰，突发情况应对及时；针对部分希望在正常生活的同时，能够实现自身成长和价值体现的戒毒康复人员，引入“过来人”禁毒志愿者计划，促进戒毒康复人员参与志愿公益服务。同时，通过“过来人”技能培训，开展校园、社区、企业、戒毒所“过来人”现身说法分享会，倡导拒毒防毒，实现戒毒康复人员自我成长。

通过该模式的总结，让戒毒服务有了更明确的方向，能够确定在不同阶段，戒毒人员可能面临的不同需求，而结合不同的需求，禁毒社会工作者能够为其提供的服务和支持是不同的。这为禁毒社会工作者掌握服务技巧，把握服务方向，提供了强有力的支持。

2. 服务先行推动及戒毒所自主购买社会工作服务

在 2015 年以前，深圳市内的戒毒所基本服务均由岗位上的禁毒社会工作者基于服务的需要主动联系所内相关负责人建立连接，从而提供服务。2015 年，温馨社工中心禁毒社会工作者通过针对性地开展“馨生活”项目，促使戒毒所相关负责人充分意识到禁毒社会工作者对戒毒康复人员的帮教作用，能够有效降低戒毒康复人员的复吸率。通过戒毒所与温馨社工中心社会工作者的协商，最终确定戒毒所自主购买服务，5 名禁毒社会工作者被派驻到所内开展帮教服务，这也是深圳市首次有强制隔离戒毒所主动申请购买禁毒社会工作服务。通过服务成效的推动，让戒毒所认可禁毒社会工作服务价值，从而得以推广。

（三）建议

1. 运用优势视角发掘戒毒康复者真实需求

“优势视角”是一种关注人的内在力量和优势资源的视角。意味着应当把人们及其环境中的优势和资源作为社会工作助人过程中所关注的焦点，而非关注其问题和病理。作为社会工作者，所应该做的一切，在某种程度上要立足于发现和寻求、探索和利用服务对象的优势和资源，协助他们达到自己的目标，实现他们的梦想。

在禁毒社会工作者服务戒毒康复者的过程中，往往会陷入“我们是为了帮助/

协助他们戒毒”这样一个误区，因此工作的重点常常侧重在引导戒毒康复者思考“如何戒毒”“如何保持操守”，但成效甚微（关系建立缓慢），或者适得其反（依然出现复吸）。“馨生活”项目侧重在回应服务对象真实需求——缓解生存危机、家庭社会融入，并以此制订计划、寻找资源，避免把介入点聚焦在“戒毒”“操守保持”，也获得了戒毒康复者的接受和参与。

2. 特别关注服务设计过程中合作伙伴的寻找

在服务设计考虑资源投入的时候，社会工作者很多时候比较关注“人”“财”“物”三者的投放设计，这也是最为重要的投入。建议在后续项目过程中特别关注合作伙伴的寻找，优秀的合作伙伴能较大程度地缓解项目执行过程中出现的沟通和衔接困难。“馨生活”项目在设计之初确定成效和产出后，便开始积极设定需要合作的政府部门、社会组织和企业，如戒毒所提供了项目稳定接触服务群体的场域和通行强制管理场所的行政便利，深圳市前海生涯科技公司则为项目提供了权威、专业的生涯规划技术指导，完善项目执行的专业性。

无毒家庭

——社区戒毒个案治疗案例[1]

陆秀凤[2]　苏浩欢[3]

一、案例背景

（一）服务对象基本资料

姓名：阿媚（化名），是一名吸毒、贩毒 10 年的老毒贩，吸毒时孩子不足 10 岁。

性别：女。

年龄：42 岁。

学历：初中。

（二）个案背景资料/重要事件

2017 年 6 月 27 日，服务对象自行到社工站寻求帮助，与社会工作者初次见面，建立服务关系，服务对象称看电视，知道启明星驿站是针对曾经有滥用药物人员进行帮扶的机构。

个人情况：服务对象，女，42 岁，龙江某村人。与社会工作者初次见面，精神面貌良好，走路时右脚行动不便。服务对象自述有精神疾病，现在在母亲家生活，没有任何收入来源，希望社会工作者帮忙找一份工作。

吸毒情况：服务对象称第一次接触毒品是被附近一名邻居欺骗的，当时服务对

---

① 本案例获广东省禁毒委员会办公室、广东省社会工作师联合会“2018 年广东省禁毒社会工作案例、教案评比活动案例组三等奖”。

② 陆秀凤，社会工作师，广东联众戒毒社会工作服务中心督导，云南师范大学法学与社会学学院 MSW 教育中心校外导师。

③ 苏浩欢，助理社会工作师，佛山市顺德区龙江镇启明星驿站禁毒社工。

象患有严重胆管结石，其邻居欺骗服务对象有一种进口药，吃了止痛作用十分见效，需要连续吃 20 天才有效果。无知的服务对象开始服用后，便深陷其中不能自拔。其实这种所谓的进口药就是白粉，服务对象自述自己丈夫更是以贩养吸为自己提供充足的毒资毒品。夫妻俩共同吸毒已经有很多年，服务对象自称以前自己每天需要吸食价值 6000 元的毒品度日，吸食量在本镇上自己敢认第一。关于查获处置记录，服务对象只记得 2012 年被行拘 15 天，2014 年被强戒两年。后因在所内被鉴定患有双向情感障碍症，服务对象获得取保就医资格，在戒毒所待了 9 个月就被释放，但是在所里染上吸烟习惯。这段吸毒经历对服务对象最大的影响是她自称吸毒让她家破人亡。她十分珍惜这次出所的机会，出所以后没有再联系以前的朋友，没有再接触毒品。家里的老母亲看到家附近有吸毒人员经过便会立马驱赶。服务对象希望社会工作者可以帮她找一份工作，重新融入社会，不再依靠大哥及母亲，自己可以有经济来源，独立生活。

家庭情况：服务对象离异，有一个 20 岁的儿子。与丈夫分开后，丈夫便因贩毒被捕，服务对象与儿子生活，但是和儿子关系不好。服务对象称儿子曾因为钱打了她，被医院鉴定为脑震荡，她十分痛心，儿子现在还要跟她断绝母子关系。服务对象的大哥有一个患有精神病的女儿，平常是由服务对象照顾；服务对象的二哥对服务对象比较关心照顾，兄妹感情比较好；服务对象母亲年迈，跟服务对象同室居住，平常由服务对象照顾其生活。

特别发现：服务对象自述身患高血脂和胆管结石，存在双向情感障碍，右脚残疾，需要一直依靠药物维持治疗。

幸福的家庭都是相似的，不幸的家庭各有各的不幸。服务对象本来是一个勤奋、有责任感的好母亲，因年少无知听信别人的话，认为吸食白粉可以止痛，相信吸食一两次少量白粉是不会上瘾的。因此走上吸毒贩毒的道路，长达 10 年，家庭变得四分五裂，亲戚朋友讨厌她，就连自己的母亲和儿子也说要和她脱离关系，因此服务对象十分无助。因为找不到工作，服务对象经济十分拮据。她想过重操旧业，通过贩毒赚点外快，但是她也意识到为了挽救自己的家庭，不再让家人失望，她不能再犯错了。有时她特意来社工站向社会工作者发脾气，说社会工作者帮不了她，后悔进入社工站受约束，说现在彷徨至极，活着一点尊严也没有，好像全世界都在厌弃她。这让她想起以前贩毒时有钱风光的日子，留恋着以前的贩毒生涯。她哭诉着向社会工作者讲述其内心世界……

二、案例分析

结合服务对象的实际情况，社会工作者以动机式晤谈法和心理社会治疗模式为理论基础进行分析。

（一）动机式晤谈法理论分析

动机式晤谈法是通过发现和解决问题的矛盾性来加强内在动机，从而激发和加强来访者的内在改变动机，以最终促成其行为改变为目的的一种指导性咨询方法。其中比较常用的一点是“改变之轮”。成瘾者在成功戒毒之前，往往在这 6 个阶段往返，每一次的往返，成瘾者从中吸取到不同的教训，认识到现有的或潜在的问题，并着手加以处理从而得到正面的经验，进而建立新的行为模式。下面针对阿媚的情况，在这 6 个阶段进行具体分析。

在懵懂期的“我”觉得没事，一切都很好，没有想到要戒毒，显然阿媚已经度过这一时期；沉思期的“我”开始思考我的吸毒是否影响到我的家人和其他人，我想要戒毒，社会工作者通过引领性提问阿媚“谁在关心我”“他们是以什么方式来表达他们的关心”，让阿媚更加了解周边人对自己的关心，强化阿媚戒毒的内在动机；决定期，是“我”意识到戒毒的好处，下定决心要戒除毒瘾，本案例中社会工作者面对的戒毒人员正是处在这一时期，在这一阶段社会工作者与阿媚一起订立一个戒毒计划，保持现有操守；复吸是指“我”控制不了自己，没有遵守对家人对自己的承诺又吸毒了，服务对象曾经历过多次戒毒又复吸的过程，我们现在要避免这一阶段的出现；行动期，“我”正积极地避开引诱我吸毒的朋友和环境，严格按照戒毒计划施行。我们的最终目的是维持期，即“我”已经很长一段时间没有吸毒了，开始过健康的生活，并与家人建立良好关系。

（二）心理社会治疗模式分析

根据心理社会治疗模式，运用反思性直接治疗技巧，与服务对象进行沟通，关注其感受和想法，是引导服务对象分析和理解自身问题的重要方面。阿媚对毒品的害处还是有较高认识，但没有用辩证的态度适应戒断措施，为摆脱身体对药物的依赖，她选择自行戒毒，但采取的方式（吸烟和喝酒）有悖于行为规范，这是她认为可以接受的戒毒方式，用于抗争生理毒瘾，但随之而来的问题是咽喉炎和情绪不稳定，阿媚没有意识到自身行为的两面性。

家庭的纵向与横向事件对阿媚造成了负面影响，而服务对象的问题与服务对象感受到的压力有关。个人的成长经历对其以后的发展及现存的问题都有重要的影响。服务对象在个人成长和现在生活中缺乏足够的关爱和理解，自尊和自我价值得不到很好的体现，家庭关系紧张。由于家人长期的苛责与不认可，在潜移默化的过程中使阿媚与家人不在同一阵营，自己处在孤立无援的状态，家人的不理性情绪让她认为抗争无果，慢慢对戒毒失去信心，变得麻木和消沉，甚至建立一个自我防卫机制，对家人有着极强的逆反心理。

心理社会治疗模式认为，个人与他人互动中的沟通是不可或缺的媒介，服务对象常常与家人发生口角和冲突，并且认为父母一直以来较为偏心哥哥，甚至怀疑自己不是亲生的，自暴自弃。没有适当而且有效的策略和技巧满足自己的需求，而通过吸毒或者酗酒等行为来逃避生活烦恼和难以解决的问题，并借助这些行为证明父母是错的。作为社会工作者，应鼓励服务对象与家人多进行交流、沟通，了解彼此的想法，减少不必要的误会，从而促进家庭关系和睦。

三、服务计划

在和阿媚充分面谈后，经过与其他社会工作者和阿媚家人的讨论，社会工作者和阿媚共同制订了服务计划。

（一）服务目标

一是协助服务对象对自身吸毒经历、现存问题及其成因有更清晰的认识，增强其戒毒动机和戒毒能力。

二是协助服务对象改善与家人的关系，重点是新信任关系的建立、家人间的良性互动，尤其是改善与母亲和儿子间的恶性互动模式。

三是协助服务对象进行戒毒，包括生理、心理的戒毒，做好长期防复吸工作。积极地创造有利于服务对象戒毒的环境、积极的人际圈子，促使服务对象形成有利于防复吸的新行为习惯，帮助其新生活秩序的建立和维持。

四是确保服务对象接受服务时间不少于三年。维持戒毒操守是需要时间的，需要服务对象一步一个脚印坚持下去。服务对象在戒除生理毒瘾的同时也要戒除心理毒瘾。

五是协助服务对象解决就业问题。帮助服务对象寻找一些力所能及的工作或参加残疾人免费就业培训技能班，让服务对象有一技之长。

（二）服务策略

1. 动机晤谈

阿媚有很强的维持操守的动机，她要证明自己是可以不吸毒的，社会工作者运用动机晤谈法开展工作，帮助阿媚营造维持戒毒的良好家庭关系和人际氛围，增强其改变的动力，慢慢消除其标签意识。

2. 定期面谈

每月与阿媚面谈2次，了解其近段时间的生活情况和思想动态，巩固其维持戒毒成果，重新建立健康向上的生活方式。

3. 开展家庭辅导

跟进阿媚家人在维持家庭关系方面的思想动态，每个星期与其母亲或儿子电话联系1次。如发生纠纷，社会工作者会及时介入，不断巩固其家庭良好关系的成果。

4. 提供社会支持网络

正式网络主要是指来自家人的支持，激发服务对象由对家人的爱转化而来的戒毒精神动力，在一个月内逐步减少烟酒的摄入量，在一个月后做到不依赖烟酒来应对戒毒反应；非正式网络主要是指与村委会、派出所、妇联建立联系，定期到社工站进行尿液检测。

5. 解决就业问题

阿媚目前待业在家，之前由于自身原因每次工作没多长时间就辞职。在社会工作者的建议下，阿媚愿意先找一些自己能做得来的手工活，日后再慢慢改善就业情况。

四、实施过程

（一）建立专业关系——好的开始是成功的一半

时间：2018年2月。

形式：面谈，运用损益表测评。

主要服务内容：

2017年6月底，阿媚主动来到社工站，希望社会工作者能帮助其戒毒及解决就业问题。社会工作者了解了阿媚的基本情况后，并做了详细记录。接着，社会工作者向阿媚介绍禁毒社会工作者的服务内容和服务性质，以及服务对象的权利和义务，服务对象了解后表示接受服务，签订了《个案接受服务协议书》。社会工作者采取支持性、引领性、相关影响性技巧，通过目标导向——“你现在最想作出的改变是什么”、应付问句——“在过去一段时间你没有吸毒，你是怎么做到的”等问答和图表的形式（如下表所示），促使服务对象真实表达自身需求和感受，并根据服务对象的服务需求和问题分析，制定第一步服务目标。

表1　服务对象访谈表

如果我继续吸毒……	
我会得到什么？	我会失去什么？
如果我放弃吸毒……	
我会失去什么？	我会得到什么？

以上每一个项目对您而言有多重要，请用以下的数字代表

1. 稍微重要
2. 中度重要
3. 非常重要
4. 极度重要

（二）制订并施行具体计划——你我携手，走向幸福的明天

时间：2017 年 6 月—2018 年 5 月

形式：面谈

主要服务内容：

明确服务对象的需要，关注服务对象的情绪和心理变化，协助服务对象建立健全的家庭支持网络，通过分别面谈改善家庭关系，从服务对象诸多需要中找出亟须解决的需要，引导服务对象分析自身优势，探寻合适的阶段方法。

2017 年 12 月，社会工作者到服务对象家进行第一次家访，通过家访进一步了解了服务对象的真实状况，更客观地了解到服务对象在家人心中的处境，及家人对服务对象的看法和对她的态度。在采访中，社会工作者感觉到服务对象现在的思想比较复杂，存在一定困扰，而且思想情绪变化波动大，服务对象知道自身现实的情况困难重重，但仍有坚定的决心能做好。

2018 年 2 月，社会工作者和服务对象及她的儿子带着希望和申请书来到坦西村村委会，与该村的妇女主任见面，开展了一系列的交谈。社会工作者提出对服务对象申请低保和生活困难救助金，因为服务对象现在无工作，无收入，精神残疾四级，右脚有永久性创伤且不能恢复，走路一瘸一拐的，行动不便，到庇护工场工作或接一些手工活来做是比较适合服务对象的。

2018 年 5 月，社会工作者为服务对象链接资源参加顺德区中式面点师培训班，帮助她学到一些自己以前没有的技能，为日后开展工作增加筹码。

（三）巩固戒毒成果——用切实有效的行动影响生命

时间：2018 年 6 月。

形式：座谈会。

主要服务内容：

运用家庭支持网络，协助服务对象巩固正向改变。邀请阿媚认识的毒友（现在已经成功戒毒）、阿媚儿子、志愿者和社会工作者等共 6 人通过“世界咖啡馆体验活动”形式，摆上 3 张桌子，桌子摆上饼干和咖啡，3 个人一桌一轮轮探讨“吸毒者的变化、我为什么要戒毒、戒毒后的生活”。每一轮结束的时候，一个人仍然留在这个桌子上作为主持人，另外两人与其他桌上的人轮换。桌子的主持人欢迎这个桌子的新参与者并和他们共享此前的会议精华，通过图表或者其他方法将整个团队的共同智慧展示给每个人，最后再进行团队分享，在这种轻松快乐的氛围中碰撞出思想的火花。

五、案例评估

（一）目标达成情况评估

服务对象对自身的吸毒经历、现存问题及其成因有了更清晰的认识。服务对象有坚定的戒毒决心和信心，面对戒断过程中遇到的困难，能发挥自身潜能尝试去解决，若仍然有困难会主动与社会工作者沟通，寻找解决的方法。同时，服务对象与家人的关系有了很大改善。

（二）服务对象的问卷评估

由服务对象独立填写“广东联众社会工作服务中心个案成效评估表”，社会工作者提供的帮助对服务对象自身情况有所改善，目标基本达成。

（三）社会工作者自我评估

遵守社会工作守则，利用社会工作者的价值观和理念帮助服务对象，平等、接纳、尊重服务对象，为服务对象提供人性化的管理和服务，与服务对象确定的目标已经基本达成。

六、专业反思

（一）个案辅导首先要找到“突破口”

该案例中服务对象家庭关系对其以后的发展及现存问题都有重要影响，服务对象一直认为母亲厌弃她，自己身体伤残，工作一直找不到而产生负面的情绪，产生自卑感，在生活、工作中遇到问题时也往往易将问题内化，不愿接纳自我和面对问题，常采取逃避的方式去处理问题，形成一种不理智不够成熟的人格。

服务对象有工作之后，她的家庭关系就有了明显的改善，为其彻底戒断毒品奠定了思想基础。纵观整个辅导过程，社会工作者认为，合理、恰当地运用专业知识手法，充分链接资源，找到个案辅导的突破口，是成功协助服务对象戒除毒瘾的关键。

（二）要做服务对象潜能的激发者

服务对象对社会工作者的接纳程度由抗拒到信任的过渡，表明她愿意接受社会工作者协助其一起解决当前问题和改善现状，形成一套可持续的自我成长计划。社会工作者要做阿媚潜能的激发者，时刻给予服务对象正向关怀。

（三）整合资源链接服务流程

社会工作者是服务提供者、政策倡导者和资源整合者，社会工作者要努力协调禁毒办、派出所、村委会、人力资源站等各方资源，使其成为阿媚有力的后盾，做到服务流程的无缝连接。

逆境微光，重拾希望[①]

——HIV 戒毒康复人员帮扶关爱行动

文丽琼[②]　赵玉茹[③]　李梦辉[④]

一、案例背景

（一）基本资料

服务对象姓名：大林。

性别：男。

年龄：40 岁

婚姻状况：未婚已育。

教育程度：高中。

工作情况：无业。

生理特征：海洛因成瘾、艾滋病感染者、患有下肢脉管炎。

（二）个案背景资料

1. 来源

在社会工作者接触之前，服务对象主要由社区民警日常跟进其情况。该服务对象由区禁毒办评估行为良好后，转介给社会工作者跟进。当服务对象到派出所尿检时，社会工作者与其进行初次面谈，建立专业关系，经评估后开展个案服务。

---

① 本案例获 2020 年度深圳市社会工作优秀案例银奖。

② 文丽琼，中级社会工作师，三级心理咨询师，深圳市温馨社工服务中心督导。

③ 赵玉茹，中级社会工作师，深圳市温馨社工服务中心督导，云南师范大学法学与社会学学院 MSW 教育中心校外导师。

④ 李梦辉，助理社会工作师，深圳市温馨社工服务中心社工。

2. 吸戒毒史

（1）吸毒史。

服务对象在20世纪90年代接触海洛因，曾持续5年吸食冰毒。

（2）戒毒史。

2005年至2015年，服务对象有多次被公安机关强制隔离戒毒记录，由于身体状况不佳等原因影响强制隔离戒毒措施执行。2007年至今，服务对象自述最开始服用美沙酮剂量达200ml，目前已逐步减少服用美沙酮（现服用剂量为15～20ml）。

3. 家庭情况

服务对象与前女友未领证，两人育有一名两岁女儿，主要由服务对象及父母负责照顾。前女友与女儿曾做过一次艾滋病病毒检测，均为阴性。前女友由于贩卖冰毒触犯刑法，已被判为无期徒刑，现于监狱服刑。

服务对象与父母、女儿共同生活，父母均60多岁，已退休。母亲身体状况良好，日常协助照料孩子。父亲患有严重的糖尿病，需要定期注射胰岛素。服务对象的爷爷已去世，奶奶现在养老院生活。

4. 就业与经济状况

服务对象长期没工作，曾寻找就业岗位，如外卖员等，但因身体原因无法开具健康证明，腿脚行动不便导致无法胜任很多工作。一家四口生活开销来源于父母退休金。母亲的退休金基本用于家庭日常支出、服务对象女儿的奶粉、尿布等，父亲的退休金均用于吃药、打针、抽烟、喝酒等。

5. 身体健康状况

服务对象曾因主动使用患有艾滋病同伴所使用过的针筒注射海洛因而感染艾滋病，且初次急性发病时曾被医生下了4次病危通知书。3年前，服务对象被诊断出下肢脉管炎，目前伤口处皮肤开始溃烂，小腿部分皮肤颜色已呈紫红色，由于治疗费用较高，所以一直未去医治。

2007年开始，服务对象断断续续服用抗艾滋病治疗药物，因自我感觉治疗药物对美沙酮药性有影响，而决定暂停服用抗艾滋病治疗药物至今已有10年左右。服务对象最近一次在疾控中心做的CD4抗原检测，数值为327/μl，远低于正常值（600/μl）。

二、问题分析

（一）问题分析

1. 经济拮据

服务对象长期没有工作，缺少经济来源。家庭的经济收入全部来源于父母的退休金，每月约 1 万元，主要用于家庭日常支出、父亲的药费等，收入与支出平衡略为紧张。随着女儿长大，家庭开支项目中需要考虑女儿教育费用的增加，长期的经济紧张问题显现。

2. 复吸风险高

服务对象对生命缺乏敬畏之心，对未来的生活感到悲观，戒毒动机不强，曾出现多次复吸，反复强戒的情况。

3. 社会支持网络不足

服务对象的社会支持网络范围窄、功能弱，在找工作、办理退役军人优待证、女儿幼儿园入学等政策程序上，缺少资源联动，不能及时准确获取信息解决实际问题。

（二）服务理论

1. 优势视角理论

“优势视角”是一种关注人的内在力量和优势资源的视角，意味着应当把人们及其环境中的优势和资源作为社会工作助人过程中所关注的焦点，而非关注其问题和病理。着眼于个人的优势，以利用和开发人的潜能为出发点，协助其从挫折和不幸的逆境中挣脱出来，最终实现其目标。优势视角基于这样一种信念，即改变的重要资源来自服务对象自身的优势，个人的经验是一种优势资源。

服务对象曾是军人，组织纪律观念强，拥有坚定的信念，具有顽强的意志品质。社会工作者协助服务对象重新办理退役军人优待证，让其经历重新获得积极正向的身份认证，不断强化服务对象所具备的能力，发挥自身优势，改变自己的处遇，重新获取生活的意义。

2. 社会支持网络理论

社会支持源自鲍尔拜的依附理论，社会支持网络是一组由个人接触所构成的关系网，通过这些关系网，个人能够获得情感支持、物质援助、讯息、服务等。按社会支持网络正式程度还可以分为正式支持和非正式支持。非正式支持主要是来自邻里、亲友、家庭以及非正式组织的支持。正式支持主要指政府、社会组织的各种支持，如工会、共青团、妇联等部门的帮助。社会工作者在运用社会支持网络理论帮助服务对象解决问题时，重点在于协助服务对象学习建立和利用社会支持网络来应对自身困境。

在服务的过程中，社会工作者发现，家人给服务对象带来的支持和力量是强大无形的，服务对象父母从未放弃过对他的关心与支持，服务对象女儿支撑着他对生活的希望和期盼，都构成了其追求美好生活的动力。而服务对象问题的解决，除了家庭支持外，还需要正式资源的助力，支撑服务对象解决所面临的问题，如社区公益岗位的申请、退役军人优待证的重新办理、女儿入学流程的了解等。

个人层面的需求	防复吸；强化理性认知，正确认识自我需求；提高能力的需求，自信心增强的需求
家庭层面的需求	重构家庭成员之间信任的需求；恢复家庭的功能，建立家庭支持系统的需求
社会层面的需求	尊重与归属的需求；戒毒成本的投入，资源输送的需求；社会大众对毒品形势方面的了解有待提高

图 1 社会支持网络理论三个层面的需求

3. 社会生态系统理论

布朗芬布伦纳认为发展的个体处在从直接环境（像家庭）到间接环境（像宽泛的文化）的几个环境系统的中间或嵌套于其中。每一系统都与其他系统以及个体交互作用，影响着发展的许多重要方面。查尔斯·扎斯特罗进一步阐述了个人的成长与社会环境的关系，把个体存在与社会生态系统划分为三种基本类型。

日常生活中，服务对象仅接触父母和女儿，服用美沙酮时与医生有短暂交流，由于没有工作、缺乏社交生活，使其在中观系统中缺失了同伴群体、工作群体的援助。而宏观系统中，大的社会环境、社会文化对吸毒者、艾滋病感染者的歧视目光使其缺少社会大众的支持，出现系统失衡，需要借助外力调节恢复系统平衡。

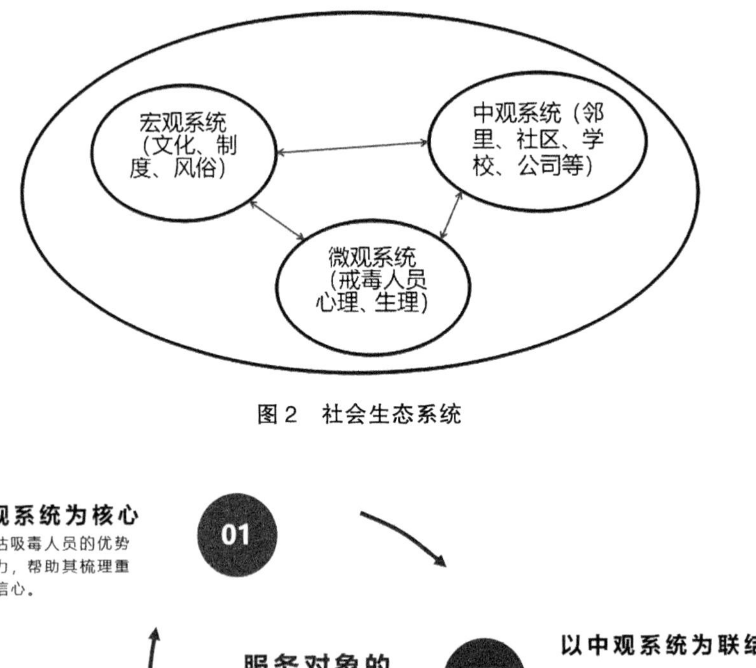

图 2　社会生态系统

图 3　社会生态系统理论三个层面内容

（三）需求分析

1. 经济状况改善的需求

服务对象现需要找到合适的工作，获得稳定收入，为女儿和父母积累更多以后的教育及生活费用。

2. 克服复吸保持操守的需求

需要持续保持操守，才能维持现有的生活和工作，如果复吸将面临强制隔离戒毒的处罚。

3. 重建社会支持网络的需求

需要重新搭建社会支持网络，增加更多有效的资源帮助服务对象找工作、办理退役军人优待证和了解清楚孩子的入学流程以及所需要的资料。

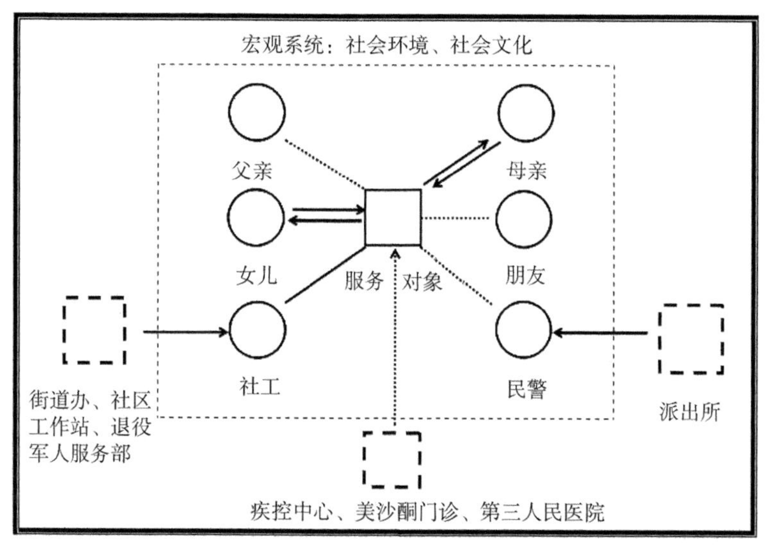

图 4　服务对象重建后的社会生态系统

4. 提高服务对象生命质量

需要协助服务对象寻找生活的意义，培养积极、乐观、开朗的心态，增加对美好生活的向往。

三、服务计划

（一）服务目标

1. 总体目标

协助服务对象缓解经济困难，拓宽社会支持网络，强化戒毒动机，重拾生活信心，协助服务对象寻找到生活的意义，培养积极、乐观、开朗的心态，使其对美好生活充满向往。

2. 具体目标

（1）收集服务对象资料，建立信任关系。

（2）评估服务对象身体情况，帮助其寻找就业渠道，增加经济来源。

（3）协助服务对象重新办理退役军人优待证，重获新身份，强化戒毒动机。

（4）协助服务对象重建有效社会支持网络，为其提供长期支持。

（二）服务策略

1. 收集服务对象资料，做好服务危险程度评估，建立信任关系

服务对象属于高风险人员，社会工作者应随时进行服务风险评估，在开展走访面谈服务时，最好有社区民警、网格员陪同，在保证安全的情况下，社会工作者需从多方面了解服务对象的需求情况，建立良好的服务关系。

2. 评估服务对象身体情况，寻找就业渠道，增加经济来源

社会工作者需根据服务对象当前的身体情况和个人能力，协助其通过街道、社区工作站、就业服务中心等渠道，找到合适的工作以增加经济来源。

3. 强化戒毒动机，发掘服务对象资源及优势，协助其树立积极正向形象

社会工作者协助服务对象寻找改变其人生的内在愿望，转化为戒毒动机，并不断强化他们的内在动机。同时，社会工作者借助其退役军人形象，弱化戒毒人员的标签，给予其积极正向引导。

4. 促进“政社联动”，重建有效的社会支持网络，为其提供长期支持

社会工作者在服务过程中，联合街道办、社区工作站、社区民警、退役军人服务中心等部门，重建正式支持网络，协助服务对象获得更多的资源及资讯，如公益岗位申请、幼儿园入学、办理退役军人优待证等。

四、介入过程

（一）初次面谈，建立良好专业关系

1. 形式：派出所面谈

2. 主要服务内容

（1）通过初次会谈了解服务对象的基本情况以及需求。在社会工作者介入前，服务对象主要由社区民警日常跟进其情况，2020 年 8 月，在开展吸毒人员“平安关爱”行动的过程中，该服务对象由区禁毒办评估行为良好后，转介给社会工作者跟进。

（2）社会工作者在服务对象到派出所尿检后进行初次面谈，社会工作者首先向服务对象介绍禁毒社会工作的服务内容，简要说明本次会谈的目的和内容，初步了

解服务对象的需求情况。本次面谈中，服务对象主动向社会工作者求助就业资源、申请经济救助等。社会工作者原定与社区网格员于一周内共同上门家访服务对象，由于无法与社区网格员在时间上达成共识，故家访的时间延后。

（二）上门家访，及时化解双方冲突

1. 形式

家访。

2. 主要服务内容

（1）首次家访了解服务对象与父母、女儿之间的关系，观察服务对象照顾女儿的状况，评估服务对象就业的动机强度等，明确社会工作服务介入的重点内容。在家访前，社会工作者向社区工作站咨询困难救助的政策，考虑到服务对象的身体情况及就业意愿强烈，社会工作者向机构了解朋辈辅导员群体的准入机制。

（2）在家访前一天，服务对象与社会工作者约定好家访时间。家访当天凌晨，服务对象发信息给社会工作者，表达对社会工作者能否真正帮助到他的质疑。服务对象自述，自己的妈妈对于社会工作者的印象并不好，原因是服务对象妈妈曾接触过一位社会工作者，如实告知家庭情况以及家庭需求后，社会工作者向其保证一定会帮助解决问题。但是，在此次见面之后那位社会工作者便再也没有联系过服务对象及其妈妈，导致服务对象妈妈认为社会工作者接触他们，了解他们的问题就是为了完成自己的任务与指标，并不是真心想要帮助他们的，故对于社会工作者的印象不是很好。当服务对象告知妈妈社会工作者即将进行家访时，双方产生了冲突。

（3）家访当天上午，服务对象不停使用各种借口延迟社会工作者上门的时间，但社会工作者当时未意识到服务对象态度转变的原因，且期望通过面谈澄清服务对象的困惑和疑虑，故三位社会工作者（两女一男）按计划前往家访。社会工作者赶往服务对象所居住的小区时，收到服务对象给社会工作者留言，且将社会工作者工作手机微信删除，并提到不想让社会工作者上门，只想过一个正常人的生活等内容。社会工作者当时给服务对象打电话澄清情况，但服务对象未接电话。

（4）在分析服务对象及其家人可能出现的排斥行为，评估社会工作者再次接触可能会产生的负面影响后，社会工作者通过手机短信澄清家访目的，并向服务对象表示家访给家人带来困扰的歉意，表达期望能与服务对象下次见面。随后，社会工作者留下送给服务对象女儿的美术材料便自行离开。此时，社会工作者关注服务对象的状态，安抚其情绪，并告知如有需要可随时联系社会工作者。最后，虽然社会工作者未顺利进行家访，但积极寻找其他见面机会，并持续关注服务对象，缓和关

系，澄清本次误会。

（三）澄清误会，建立信任关系

1. 形式

警务室面谈。

2. 主要服务内容

（1）在此次面谈前，社会工作者走访社区工作站、民生事务部等多个部门，收集帮扶资讯，同时讲述服务对象所面临的困境，改善各部门对服务对象的理解和支持。当社区民警通知服务对象到警务室尿检时，社会工作者争取到了与服务对象面谈的机会。

（2）服务对象进入社区警务室时，看到社会工作者在场，其表现出惊讶、难为情，犹豫了一下才进入室内。社会工作者向服务对象表达了自己的关心和担忧，进一步了解了服务对象是否因社会工作者家访事宜而与家人产生不愉快的冲突，社会工作者向服务对象澄清误会，反馈多部门收集的就业资讯、救助政策等情况。服务对象没有直接回应上次家访的具体情况，现场主要向社会工作者诉说他的身体状况，对腿部治疗费用的顾虑和担忧，并主动添加社会工作者的微信。社会工作者将近段时间找相关部门了解到的情况反馈给服务对象，包括公益岗位申请、救助政策、同伴辅导员发展等相关内容。由于服务对象需赶回家中，故先行离开。通过本次面谈，社会工作者与服务对象的误会解除，重新建立联络，社会工作者成功邀请服务对象在固定时间前往办公室进行面谈。

（四）寻找生命意义，强化戒毒动机

1. 形式

社会工作中心面谈。

2. 主要服务内容

（1）建立信任关系，社会工作者进一步了解服务对象的需求，社会工作者引导服务对象思考目前生活的关注重心、个人成就感来源，找到服务对象的戒毒动机并加以强化。

（2）服务对象向社会工作者明确表示自己的诉求，如寻找工作，链接社区公益岗位获得经济来源；了解女儿明年申请幼儿园入园的程序等。服务对象告知社会工作者，自己在家想了很多，害怕孩子以后上幼儿园会被别的小朋友欺负，被别的小

朋友在背后说其妈妈坐牢、爸爸吸毒等不好听的话，进而影响女儿的身心健康。服务对象希望补办自己的退役军人优待证，想要重新证明自己是一名退役军人，用退役军人这样正面、积极的身份来弱化戒毒人员的标签，以此减轻自己给女儿可能带来的一些伤害，但退役军人优待证已丢失，之前服务对象也有通过自己的方法去补办，但都未果，故服务对象希望社会工作者能给予其协助。通过本次面谈，社会工作者发现服务对象对未来仍抱有期盼，发掘到促使其戒毒的动机，通过参与退役军人优待证补办的经历，帮助服务对象逐步完成对自己身份标签的转变。

（五）参与公益岗位，激发社会责任

1. 形式

社会工作中心面谈。

2. 主要服务内容

（1）社会工作者整理服务对象的相关情况，并写成书面报告，通过社区工作站协助服务对象申请公益岗位，向有经验的同事请教幼儿入学知识，了解重新办理退役军人优待证的相关流程。

（2）考虑到服务对象身体原因，社会工作者通过链接社区工作站的资源，协助服务对象申请社区公益岗位，挖掘服务对象自身的闪光点，为社会付出的同时找到自身在社会中的意义。公益岗位每月也有相应的补贴，可缓解服务对象的经济困难。通过询问同工以及网页检索深圳幼儿园入学程序与入学所需材料，在面谈中，社会工作者将详细的做法、流程、材料告知服务对象。社会工作者针对服务对象想要补办退役军人优待证的问题，询问了街道武装部，双方建议收集服务对象入伍与在伍时的有效材料后，带齐有效证件前往区退役军人服务部进行查找，查找之后前往街道退役军人登记处进行登记即可。通过本次面谈，社会工作者向服务对象讲解了补办退役军人优待证的申请材料，指导服务对象了解女儿入学的相关流程。

（六）找回过往成就经历，树立正面形象

1. 形式

区退役军人服务处面谈。

2. 主要服务内容

（1）服务对象顺利补办退役军人证明，强化了其正面形象。

（2）社会工作者协助服务对象重新办理了退役军人优待证。在办理的过程中，

服务对象向社会工作者分享女儿与军人之间的有趣故事以及女儿唱歌的小视频，在离开前，服务对象还征得社区服务站工作人员的同意，带回有关军人时事及故事的书刊，打算回家给女儿讲故事。在面谈时，服务对象跟社会工作者说起他们爷孙三代从军的经历，流露出自豪的神情，提到自己开始持续锻炼身体，想要保持身体健康，可以陪伴女儿走更长的路，之后一定会保持操守，为了自己和女儿的生活多多努力。在服务对象顺利拿回退役军人优待证时，社会工作者可以感受到服务对象的喜悦。

（七）巩固个案服务成果，向往美好人生

1. 形式

社工中心面谈。

2. 主要服务内容

（1）社会工作者与服务对象回顾个案服务过程，帮助服务对象发现正面改变，让生活更有希望和动力。

（2）服务对象分享近期自身及家庭的情况，表示参加公益岗位后，每天也不会待在家里无所事事了，觉得自己有事做了，过得很充实，而公益岗位津贴也能帮补家庭的支出，自己也能为家庭出力了。服务对象表示以前只有自己在家的时候，一家人不怎么讲话，现在女儿渐渐长大，会在家唱歌跳舞，会拉着大人陪着她一起玩，家里多了不少欢声笑语，服务对象感觉这样的生活很幸福，很有家的味道。服务对象表示计划明年彻底戒断美沙酮，现在每天都在锻炼身体，12 月的 CD4 抗原检测数值从 300 多已上升到 500 多了，希望改善身体状况，来好好享受这美好人生。鉴于服务对象顺利参加公益岗位，获得劳动报酬，积极开展身体锻炼，对生活有了具体的期盼，社会工作者决定结案，并协助服务对象订立结案后的生活目标，鼓励他为之努力。

五、案例评估

（一）评估方法

1. 观察法

在服务过程中，从服务对象与社会工作者初次面谈时的不信任，到社会工作者

家访引发其与母亲的不愉快，导致其删除微信、拒接电话、拒绝见面的状况，到社会工作者再次与服务对象面谈，表示对家庭关系的担忧及澄清社会工作者职责、服务目标，服务对象对于社会工作者的态度逐步缓和。最后，社会工作者协助服务对象解决了种种困难后，服务对象与社会工作者建立了积极互动的关系，沟通氛围和谐，在态度上有很大的转变。

在社会支持网络中，社区工作站站长及副站长、派出所民警、街道武装部工作人员作为正式资源的提供方，他们对服务对象的负面认识有所转变，民警主动向社区工作站解说服务对象的困难，助力服务对象申请公益岗位；武装部工作人员对服务对象的积极转变给予肯定。

2. 访谈法

在结案时，社会工作者与服务对象回顾服务目标的完成情况及服务对象的成长，确认服务目标的达成情况。(部分记录)

社会工作者：大林，我们开展工作也有三个多月了，可以分享一下你的情况。

服务对象：我身体不适应粗重活，顺利拿到公益岗位，定期去社区帮忙，生活充实了，公益岗位津贴也能帮补家庭的支出，自己也能为家庭出力了，家人都为我高兴。

社会工作者：这段时间，家庭的情况怎么样？

服务对象：以前只有自己在家的时候，一家人不怎么讲话，现在女儿渐渐长大，会在家唱歌跳舞，会拉着大人陪着她一起玩，家里多了不少欢声笑语。我看到女儿喜欢讲军人故事，唱军人的歌，那我就去补办退役军人优待证。平时同她讲军人的生活和故事，感觉这样的生活很幸福。

社会工作者：我见到你一直为女儿着想，那接下来你有什么打算？

服务对象：明年打算慢慢戒断美沙酮，现在每天都在锻炼，12 月的检测中 CD4 抗原数值从 300 多已上升到 500 多了，希望可以改善身体状况，活久一点，可以陪女儿更长时间，好好享受人生。

鉴于服务对象申请到公益岗位，获得劳动报酬，积极参与身体锻炼，对生活有了具体的期盼，社会工作者与服务对象表示共同设立的目标均已完成，社会工作者决定结案，并协助服务对象订立结案后的生活目标，鼓励服务对象为之努力。

（二）评估内容

1. 服务对象改变情况

(1) 生理层面：服务对象从不在意身体健康状况转变到自主运动锻炼，身体抵抗力得到增强，在12月疾控中心组织的常规检测中，服务对象的CD4抗原数值从300多已上升到500多。

（2）心理层面：服务对象参加公益岗位，获得劳动报酬，愿意融入社会，并认为自己应该为社会贡献自己的一份力量；服务对象重新找回退役军人身份，树立积极正向的生活态度，正视自己的过去和现在，对未来生活充满了信心。

（3）与他人社交层面：服务对象渐渐愿意接纳社会工作者，主动与社会工作者交流，并表示与社会工作者交流非常愉快；通过社会工作者的介入，各个部门工作人员对服务对象的态度更加地接纳和包容。

2. 个案目标实现情况

序号	目标	实现情况	完成率
1	收集服务对象资料，做好服务危险程度评估，建立信任关系	社会工作者收集服务对象的相关资料，与其沟通顺畅，建立信任关系	100%
2	评估服务对象身体情况，寻找就业渠道，增加经济来源	协助服务对象获得工作强度较小的公益岗位及每月补贴	100%
3	协助服务对象重新办理退役军人优待证，重获新身份，增强自信心，强化戒毒动机	协助服务对象重新办理了退役军人优待证，进一步增强了其戒毒动机，促进其重新树立积极形象	100%
4	重建有效社会支持网络，为其提供长期支持	社会工作者协助服务对象链接政府部门等资源，了解到女儿上幼儿园的流程及所需材料 通过重建社会支持网络，改善各相关方对服务对象的负面印象，帮助服务对象获得长期有效支持	100%

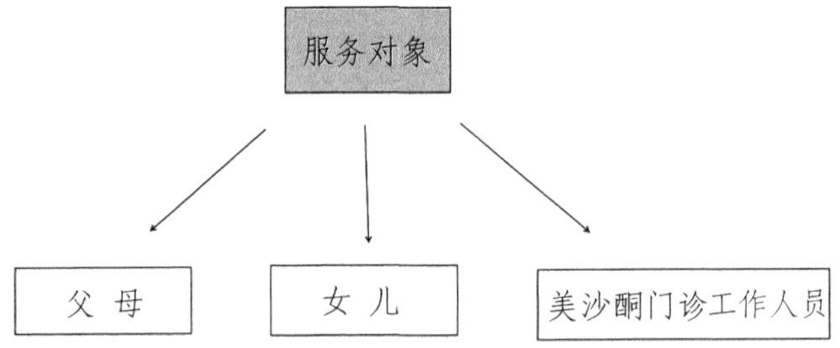

图5 服务对象社会支持网络系统图（社会工作者介入前）

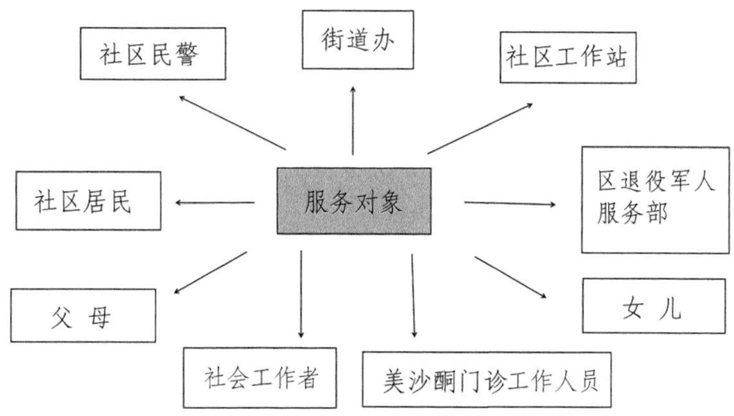

图6　服务对象社会支持网络系统图（社会工作者介入后）

六、结案

（一）结案原因

经过一段时间的社会工作服务，服务对象改善了经济条件，扩大了生活圈子，能够慢慢融入社区，总体情况较为良好。同时，服务对象自身处理问题的能力也有所提高，也有信心解决自己生活中的事宜。经与服务对象共同评估检视，社会工作者评估该个案服务目标全部达成，故结案。

（二）结案处理方式

面谈结案时，社会工作者与服务对象一同回顾目标完成情况，鼓励其自立，并告诉他有需要时社会工作者将继续提供协助。

（三）结案建议

由于此服务对象属于翠竹街道辖区高风险管控人员，故在结案之后社会工作者仍需要做定期的跟进回访工作，在其有需要时及时提供个案服务。

七、专业反思

（一）重建社会支持网络时资源方的理解与接纳

在个案中，社会工作者的价值体现在多重角色的结合和不同资源的整合上，除了是直接服务的提供者，更重要的是在整个服务过程中的管理者角色，结合不同层面的资源，为服务对象提供支持。社会工作者在做多部门联动时，通过多重角色的综合运用，不仅只是搭建社会支持网络平台解决实际问题，还在这个过程中帮助服务对象重建社会支持网络，改善相关部门对于吸毒人员的负面印象。在工作当中，社会工作者将服务对象行为背后的原因解释给相关部门及其人员，促进相关部门及其人员对于服务对象的理解与接纳，协助服务对象更好地融入社会。

（二）禁毒社会工作者帮教的根本目的是恢复服务对象的社会功能

社会工作者帮教的根本目的是恢复服务对象的社会功能，使其回归社会，实现自力更生，成为一个正常人。在帮教中，优势视角理念“相信每个人都有优势，每个人都有改变自己的能力”是社会工作者开展工作的指引。在这一理念支持下，社会工作者相信服务对象具有潜能，要激发服务对象改变的动机，恢复自身的社会功能。

（三）关于高风险病残吸毒人员服务中的职业防护

在收集信息的过程中，社会工作者得知服务对象患有艾滋病，有二十多年的吸毒经历，同时被责令强戒过多次，对于接触服务对象，社会工作者的内心有些许害怕与抗拒，也害怕自己会被传染疾病，害怕服务对象会伤害自己，等等。在机构督导的指导下，社会工作者深入学习艾滋病传播渠道和自我保护知识，以平等、接纳的态度，加强社会工作及医学的知识储备，逐渐坦然地与服务对象开展帮扶工作。禁毒社会工作者作为专业人员，除了掌握社会工作相关知识及技能外，仍需要学习医学方面的知识，做好自身的安全防护。

（四）推动深圳市对于病残吸毒人员的收治等相关政策落地

病残吸毒人员具有特殊性，他们既是受害人，也是违法者，更是病人，他们既应受到法律的惩治，又应当给予合理适当的医疗救助。在此类人群的收治过程中涉及侦查抓捕危险、诉讼程序进入难、场所拒绝收治、收治管理不合理等诸多问题，是一项系统工程。而在实际执行过程中，由于执行经费的高昂，相关执业人员的欠缺导致的场所无法收治，一度成为吸毒人员的“护身符”，一方面吸毒人员毒品成瘾问题和疾病伤害问题无法得到解决，另一方面也对社会治安带来隐患。

作为“中国特色社会主义先行示范区”和“粤港澳大湾区”双区建设的前沿阵地，深圳市拥有国际前沿的科技、超前社会治理格局视野，可以在病残吸毒人员的收治方面进行有益探索，包括打破“病残收治困难”障碍，明确禁毒主管部门、卫生健康部门、社会保障部门等各方主体职责，推动国家医疗保险介入保障医治经费，购买医院提供的病员基础治疗、基础生活服务。同时辅以公安干警负责病员管理、禁毒社会工作者辅助心理辅导的方式，完善深圳市病残吸毒人员戒治帮扶[①]。

① 黄楠，深圳市禁毒社会工作与志愿服务协会秘书长，深圳市温馨社工服务中心副总干事，《关于〈深圳经济特区禁毒条例〉立法的建议》。

第三部分

儿童青少年社会工作

苗寨暖阳：少数民族相对贫困地区低学龄段孤儿个案工作[①]

王雪姣[②]　指导教师：莫关耀

一、个案缘起

小梅为鲁甸县乐红镇中心学校一年级的学生，她的母亲于 2 年前去世，父亲因酗酒患有肝癌，在社会工作者接案前 1 周去世。小梅为了照顾患病卧床的父亲，已有半年不能正常到校上课，面临生存和学业的双重困境。因笔者为驻校社工，小梅所在学校的校长及班主任遂求助于笔者，与他们一同解决小梅的问题。

二、核心问题确定

（一）背景问题

服务对象所生活的乡镇为少数民族相对贫困地区，主要民族为汉族和苗族，宗族管理的观念较为盛行。因自然环境恶劣，不利于农作物生长，外出务工人员较多，留在乡镇上的多为老人和孩子。当地家长的文化水平普遍较低，对孩子的教育缺乏正确的认知，认为孩子送进学校后，学校应当承担所有的教育责任，以致教师对学生的教管压力较大。

在特殊的地理环境和传统民族文化的影响下，当地人对酒的需求较为普遍，饮用较多的为自酿包谷酒，该酒度数较高，对身体损伤较大。据学校老师介绍，班级中的学生家长曾经出现酒后闹事，酒后暴力的行为。

服务对象所在学校为中心学校，有 1080 名学生，教职工 22 人，因为属于山区

① 本案例获 2021 年教育部全国 MSW 教育专业学位研究生教育指导委员会第一届全国研究生案例大赛百佳案例、优秀奖。

② 王雪姣，云南师范大学法学与社会学学院 MSW 教育中心，2019 级社会工作硕士研究生。

学校，学生们的家离学校普遍较远，最远的学生需要走 4 个小时才能到学校上课。基于控辍保学的政策要求，学校家访的压力较大。服务对象的家离学校相对较近，学校对于服务对象的家庭情况掌握得比较清楚，更便于帮助服务对象摆脱困境。

（二）服务对象问题确定

首先，对于学校的求助，需要厘清服务对象所面临问题的关键，一方面是服务对象本身存在的需求，另一方面是学校方面对于帮助服务对象的需求。社会工作的个案介入首先需要对求助者负责，将学校的需求和服务对象的需求相统一，方能确定具体的服务目标，提供适当的服务，获得实际效果。

1. 问题确定前收集的资料

（1）一般资料。

服务对象小梅是超龄的一年级学生，现已 8 岁，因照顾家庭的原因，小梅入学晚于同龄孩子。小梅的母亲因癫痫去世，去世时留下了 2 岁的弟弟，小梅自此开始承担了照顾弟弟的重任，同样幼小的她把弟弟背在背上，因缺乏照养能力，弟弟在她背上去世，被大伯母发现后，家族人员一起将弟弟掩埋，无法知道弟弟的死因。父亲卧床 3 年至去世，小梅一直承担照顾父亲的重任，并且还承担着繁重的家务劳动，例如割猪草、喂猪等。小梅看上去很瘦小，但干家务活很熟练，似乎亲人的相继去世，甚至弟弟在自己的背上去世都没有对她有过多的影响，看上去有些麻木、拘谨、沉默。

（2）会谈获取的资料。

第一，生存的困境。小梅在父亲去世后，已没有可以依靠的亲人，父亲的葬礼是家族其他人帮忙处理的，对于小梅的养育问题，家族人员表示没有办法，希望学校能够给予帮助。

第二，学习的困境。小梅入学晚，又时常缺课，在拼写和阅读方面有很大的障碍。上课时精神无法集中，听不懂老师所讲内容。

第三，心理的困境。连续遭受亲人离世的打击，小梅的心理状况需要得到评估，如果有心理创伤，需要进行治疗。对于小梅来说，回到学校的环境里，对她的生活能够起到积极的影响。

（3）观察获取的资料。

小梅的衣着很简陋，不合身的校服裹在她身上，勒得紧紧的，肚子和膝盖的地方已经看不出原本的颜色。小梅头发偏黄，凌乱地扎一个马尾拖在脑袋后面，已经脱落的牙齿还没长出新的。

和同伴交往时，小梅表现出不同程度的攻击行为，在言语和肢体上均有表现。当社会工作者试着通过教她拍照和她建立关系时，她表现出的是对陌生人的肆无忌惮，似乎她知道来家访的这些人会给她关心，所以要趁现在好好享受之前无法享受的任性妄为。

小梅养的一只小黑狗是她最珍贵的亲人，当邻居小伙故意把她的小狗抱走时，她表现出的是惊慌无措，大声哭喊，边哭边骂，直到大伯母闻声到场，她的小狗物归原主，她才停止了哭喊，用袖子擦了擦眼泪。

2. 服务对象小梅的问题界定和需求评估

经过与小梅所在学校以及小梅的亲属交谈，社会工作者收集到了比较详尽的信息资料。总体来看，小梅面临的问题主要有以下几点。

（1）生活照顾问题。小梅才 8 岁，生活需要成年人的照顾，包括做饭洗衣等基本生活照顾。先前承担的家务活对于小梅来说过于沉重，若继续承担下去，将对小梅的身心健康造成伤害。

（2）上学问题。小梅属于学龄期儿童，按照《中华人民共和国义务教育法》和《中华人民共和国未成年人保护法》等规定，小梅有权利接受义务教育，继续上学。小梅智力正常，一般生活都能自理，符合普通小学的入学要求。

（3）心理问题。小梅在最需要照顾的年龄承担了最重的照顾者的任务，最需要亲情来建立安全感的年龄却相继失去亲人，特别是小小年纪亲眼目睹母亲的离世，弟弟又在自己背上离世，后又再次亲历父亲的去世，小梅心理上有了阴影。

（4）行为问题。小梅不懂得用语言表达自己的想法，直接以行动表达的方式，使周围人常常被小梅突如其来的行动吓到。特殊的经历让小梅在与人交往或做事的过程中表现出一定程度的攻击性行为，如有时候会直接抢夺小伙伴的玩具，若不如自己心意就用大声喊叫引起大人注意。

三、社会工作介入的理论支持

（一）生态系统理论

生态系统理论是指系统由要素或子系统构成，系统内部各子系统之间，系统与环境之间相互作用、相互依存和相互关系。该理论认为个体发展的生态系统分为微观系统（micro-system）、中观系统（meso-system）、外系统（exo-system）和宏观系统（macro-system）。[①] 生态系统理论要求在处理服务对象的问题时，应看到服务对象所处的生活系统中对服务对象问题具有强化作用以及能够给予服务对象支持的要素或子系统，利用系统与功能间的相互关系，提高系统的整体功能。小梅的家庭结构随着父母亲的去世而崩塌了，亲属的支持作用因自身困境难以发挥；与周围环境的互动缺失，其家庭的社会支持较弱。根据生态系统理论，在解决小梅的困境时，需促进小梅及其大伯一家与家族人员的互动，借家族之力共同解决小梅的困境。

（二）人本主义理论

人本主义关注人的能力，强调人的内在价值，相信人有能力适应环境，摆脱困境，改善生活，有能力运用自己的理性决定自己的目的和行为方向。小梅的家庭已经破碎，家庭功能难以正常发挥，如果政府或民间组织能给予政策或资金、人力支持，增强小梅抗风险的能力，帮助小梅亲属获得照顾小梅的支持性资源，小梅的困境就可以得到解决。

（三）社会支持理论

社会支持网络指一定社会网络运用一定的物质和精神手段对社会困难群体进行援助的行为总称，具体而言指的是个人通过与其他人的互动和接触，个人身份得以维持，并获得精神支持、物质援助等。小梅的社会支持网络资源显然是不足的，在亲人健在时就已困境重重，遭遇变故时就更加孤单、无助。在解决小梅的困境时，需挖掘其社会支持网络，帮助其重新建构起社会支持网络。

（四）抗逆力理论

抗逆力是人们在面对生活中的困难时，能够理性地作出正确的选择和介入策略的能力。[②] 每个人都具有抗逆力，抗逆力使人们在困境时能作出正确决策，也能使人们在面对不幸时有适应困境、克服困难的能力。抗逆力理论侧重的是对服务对象潜能的挖掘，激发其内在的保护因素。通过社会工作者介入，激发服务对象面临意外风险时快速作出有效策略应对危机的建设性能力。[③]

---

① 韩晓燕，朱晨海．人类行为与社会环境［M］．上海：格致出版社 2009：49.

② 彭华民，刘玉兰．抗逆力：一项低收入社区流动儿童的实证研究［J］．广东青年职业学院学报，2012（10）．

③ 王思斌，熊跃根，等．社会工作导论［M］．北京：高等教育出版社，2004：68.

四、介入行动

（一）服务计划

1. 服务目标

（1）总目标

通过个案工作方法，帮助小梅改善上学、亲情、生活、沟通等方面的困境，使其生活得到照顾、情绪得到疏导、行为得到改善，帮助她获得更好的社会资源，提高生活质量，提升对困境的应对能力。

（2）具体目标

一是帮助小梅找到合适的照顾者，照顾小梅的生活起居并帮助小梅处理家务事，督促和辅导小梅的学习。

二是对小梅进行哀伤辅导，修复小梅应对亲人相继离世的创伤；链接心理咨询专业资源评估小梅心理状况，针对小梅此前相继经历亲人离世的创伤进行心理疏导。

三是帮助小梅改善表达习惯，学会用语言表达想法，减少一些因行为表达不合适而造成的误会。

四是帮助小梅回归校园，协助其适应学校生活，协助老师帮助小梅改善阅读和写字困难情况。

五是提高小梅对周围环境的适应和关注，增加其对外界环境的正确反应。

2. 服务策略

从危机介入模式视角出发，迅速评估小梅的主要问题，作出小梅处境危险性的判断，评估小梅在亲人相继离世的连续打击中的创伤情况，积极帮助小梅解决当前问题。小梅在父亲去世之后，处于迷茫、无助、失去希望的状态，在对小梅的服务中最关键的是对其输入新的希望，让其感觉到安全和被爱。因此，社会工作者需要充分利用服务对象自身拥有的周围他人的资源，为其提供物质和情感的支持。同时，培养其自主能力，这有助于小梅积极应对困境，克服危机。

从人本治疗模式出发，帮助小梅形成正向的自我概念，创造一种有利的辅导环境让服务对象接近自己的真实需要，能够获得充分发挥自己潜能的觉察力和能力。一是能够准确领悟周围的人和事，具有基本安全感；二是能够适应生活，在变化的生活环境中具有自己的创造力；三是能够积极适应和周围人的相处，正确认识自身，认识他人以及自己与他人的关系，从而帮助小梅改变交流方式，养成语言表达的习惯，在获得安全感的基础上缓解攻击行为。

3. 服务程序

第一，帮助小梅获得心理援助，评估创伤等级，解除危机。

第二，帮助小梅获得家族成员支持，解决小梅生活照顾问题。

第三，帮助小梅获得政府及民间组织的资助。

第四，帮助小梅回到学校，重新构建学校的支持系统。

第五，帮助小梅逐步改变行为方式。

（二）服务计划实施过程

1. 与小梅就读学校进行沟通

鉴于小梅太小又暂时无固定监护人，因此与学校沟通是最有利于开展服务的。在详细掌握小梅的情况后，社会工作者与小梅就读的学校共同商讨小梅的援助计划。由学校召开相关领导和老师参加的会议，参会人员有校长、负责后勤的副校长、少先队辅导员、小梅的班主任以及社会工作者。会议由校长主持，从以下几个方面对小梅的救助进行商讨。

关于物质救助的商讨，校长表示因本地属于相对贫困地区，教育部门也有一些政策照顾到全校学生，但都是普惠型的，对于这类特殊情况暂时没有任何规定。社会工作者表示，虽然教育部门能够按照政策给予小梅一定救助，但是持续性无法得到保障。

关于小梅照顾问题的商讨，负责后勤的副校长说，小梅目前由堂哥一家进行照顾，堂哥家已经有 3 个孩子，如果没有持续的资助，他们家无法长期照顾小梅。班主任提出，如果让小梅的亲属都知道小梅有政府持续性的资助，肯定会每家都争着抚养小梅。少先队辅导员认为，社会工作者去和小梅亲属商讨小梅照顾问题的时候就不能提资助的事，都是不确定的，没人敢保证，到时候来同学校要资助，学校也没办法提供。

社会工作者根据校方提出的观点，帮助校方梳理了讨论的焦点：一是小梅有没有可能获得持续性的资助；二是小梅是否要让家族成员照顾，以什么方式照顾；三是要帮助小梅慎重选择照顾者，不能以获得资助金为目的。

最后，校方与社会工作者共同决定去当地民政所咨询相关政策，根据咨询的结果再商讨与小梅家族沟通的方式。

关于小梅学业的商讨，校长提出，根据控辍保学的政策要求，小梅是必须要回到课堂上的，从小梅的角度讲，回到学校和同学在一起，也能够缓解一些问题。班主任表示，小梅入学时已经严重超龄了，8 岁才入学，相比其他同学，小梅的学习能力较弱，阅读和拼写都有很大问题。少先队辅导员表示，小梅和同学相处有些困难，还是应该多参与集体活动，让同学们帮助她。社会工作者再次梳理，焦点在于：小梅应该回到学校，对小梅的身心健康有益；小梅的学业问题很棘手。

社会工作者看到，每个人处于不同立场所考虑的问题都不同，对于小梅重新回到学校这件事，关键人物就在于班主任，班主任对小梅的接纳和帮助决定了小梅对学校生活的适应程度。社会工作者提出，我们是否需要分析出小梅面临的诸多问题中，哪些是紧急的，哪些是可以慢慢来做的。老师们都表示小梅的身心健康是首位的。随后，校长当场在会上表示，小梅还是尽快回校，班主任老师要多关心小梅在校的情况。

2. 链接民政资源

在与校方会议结束后，社会工作者上网搜集相关政策资料。根据《中华人民共和国收养法》，孤儿是指其父母死亡或人民法院宣告其父母死亡的不满十四周岁的未成年人。此外，根据《民政部关于进一步完善保障孤儿基本生活有关工作的意见》要求，小梅确实属于孤儿的保障范围。

同时，社会工作者跟随校长和副校长来到民政所，民政所工作人员表示已经掌握了小梅的情况，但需要先确定监护人，由监护人提出申请后办理。在确定小梅的孤儿身份认定以及申领基本生活费都不存在问题的情况下，社会工作者与校方决定一同去找小梅家族人员进行沟通。

3. 与小梅家族长者进行沟通

经校长引荐社会工作者与小梅家族长者进行交流，此长者是小梅的二爷爷，60 多岁。作为外来者，社会工作者想要参与家族家务事会让人感觉多有冒犯。因此社会工作者首先与校长商定好，主要沟通问题由校方进行，社会工作者从旁协助。一是降低侵入感；二是降低小梅家族对外来“帮助者”的角色期待；三是熟人更好说话。校长对小梅二爷爷表明来意后，二爷爷表示家里人也在小梅父亲葬礼时就商量过此事，但家家都有本难念的经，没有一家愿意主动承担。随后他将各家情况都说了一遍，几乎每一家都有 3 个或 3 个以上的学龄期儿童需要照顾，孩子多了照顾起来难免有失偏颇，大家都不希望承担众人指点的压力，更重要的是不想在本就拮据的生活上再添一份经济压力。校长询问，是否能召集各家户主来开会，商量小梅照顾事宜。二爷爷表示，他只负责把人找来。最后，校长与二爷爷约定了当晚开会。社会工作者向校长建议，是否需要邀请村委会主任参加会议，校长表示赞同。

4. 家族会议

小梅家族各家悉数到场，村委会主任也参与进来，各家表达了困难之后，村委会主任表示各家应当主动承担起小梅的监护责任，如果没有人主动承担则由村委会指定监护人。小梅堂哥表示，小梅自小就与自家关系要好，和自己大儿子同龄，又在一个班，但是我本身经济负担就重，老婆身体不好无法从事重劳力，实在是没有办法，但是在小梅找到合适的监护人前还继续在我家生活。社会工作者现场收集到的信息是，堂哥有监护意向，离小梅自己家也近，又有合适的同伴，但家庭负担太重，无力承担监护责任。这时候，社会工作者将事前准备好的文件材料拿出来，包括《民政部、财政部关于发放孤儿基本生活费的通知》、国务院办公厅《关于加强孤儿保障工作的意见》交给村主任，由村主任向其堂哥解读政策。堂哥听完后表示，虽然申领很复杂，但有总比没有的好，最终答应做小梅的监护人。

5. 与小梅的深入访谈

社会工作者在预估收集资料的时候就开始和小梅建立关系，基于在学校的工作基础，很多孩子都认识社会工作者。在村里遇到时大老远就开始打招呼，小梅也跟着孩子们一起大声打招呼。在向小梅大伯母了解小梅情况时，大伯母让儿子去叫小梅回来，小梅从山坡上飞奔下来，跑到社会工作者面前，不说话但是脸上带着笑容。从第一次见面时，社会工作者舍弃了对小梅凄惨境地的无限遐想，判断小梅自有在困境中成长的力量，社会工作者只需要帮助她获得生活资源，找到合适的照顾者。社会工作者为了进一步拉近与小梅的关系，精准评估小梅的心理状况，提出教小梅拍照，在教小梅用相机拍了几张照片后，社会工作者让小梅和小伙伴一起拍照，自己继续与其大伯母交谈。社会工作者一边与大伯母交谈，一边观察小梅与小伙伴相处的情况，发现她独占着相机不允许别人触碰，一不高兴就准备动手。但与自己堂哥家的儿子一起玩的时候，则表现得较为宽容。结束与大伯母的交谈后，社会工作者看到一群小朋友在玩游戏，小梅也在其中，便询问是否能加入游戏，小朋友们跳着欢迎，小梅想让社会工作者与她组成一队，社会工作者提出，分成两队先抓社会工作者，如果谁先抓到就和谁一队。在此过程中，社会工作者没有立即答应小梅的要求，不因她的特殊遭遇而给她特殊待遇，以免强化她的弱者思维和弱者处境。社会工作者在小梅与小伙伴玩耍的过程中发现，小梅容易被周围环境影响，认为将自己放在弱者之位能够得到更多的关注和更多的特权。这也是社会工作者需要帮助小梅重新认知的地方。

在整个游戏过程中，小梅身边一直有一条活泼的小狗在她脚边跳来跳去，游戏进行至一半，一位 14 岁左右的男孩过来将小狗抱走。小梅转头看见时立马号啕大哭，边哭边追着小狗跑。大伯母被惊动，跑出来询问，边上小朋友说小梅的狗被抱走了。大伯母立即追上去一把抢回小狗，塞给小梅，小梅这才安静下来不哭。这个抢狗的孩子比较调皮，他知道小狗对小梅很重要，所以就想逗一逗小梅。在此过程中，社会工作者从小梅对小狗的态度观察到，小梅对亲情的依恋和渴望是正常的，她的情感体系健全，但同时也看到，亲人的相继离世让小梅产生了深深的被剥夺的恐惧，因此在小狗被抢的时候哭得非常伤心。

社会工作者由此判断，小梅虽小小年纪却承受了过重的压力，承受着亲人陆续离世的痛苦和恐惧，但她生长于这样的环境中，自有一种坚韧的力量，抗逆力也在困境中不断被激发。目前最重要的是找到合适的照顾者，让她自身的抗逆力不断发展，获得应对环境变化的适应力，得到更好的生活环境，感受亲情的温暖。

6. 链接民间救助资源

小梅堂哥的家庭条件实属贫困，民政的救助只能保障小梅的基本生活，若共同生活且堂哥一家严格按照规定使用小梅的生活补助的话，另外三个孩子的生活水平将与小梅的生活水平有对比，长期下去不利于家庭和谐，不利于小梅在这个家庭里的成长。基于此种考虑，社会工作者联系到了深圳市一家慈善基金会，此机构在当地也有过资助的经验，表示愿意增加一个资助名额，为小梅每月提供 600 元的生活费。

对于小梅的心理创伤程度的评估以及对创伤的治疗，社会工作者自觉还是缺少经验，虽有先前的评估和判断，但为了保险起见，社会工作者联系了专门的心理咨询师，邀请其到学校对小梅的心理状况进行评估，根据情况进行治疗。心理咨询师在对小梅进行一些测量后，表示小梅并没有严重的心理障碍。

7. 申请孤儿生活费

社会工作者联系了小梅学校校长、村委会主任以及小梅的堂哥，共同去派出所开具小梅父母的死亡证明，之后去民政所，在民政所工作人员、村委会主任、校长的见证下，小梅的堂哥签署了监护人确认书，并填写了孤儿生活费申报表。在民政所向上级机关申报后，小梅堂哥与民政局签订了监护协议。签订协议次月，小梅领取到了第一笔生活费。

8. 校园生活进行时

小梅在父亲去世后一个月回到了学校，与堂哥家的孩子一同上学、回家，社会工作者在课间观察到，小梅对于学校课余生活的适应完全没有问题，每次课间经常可以看到她和同学玩耍。社会工作者与班主任交谈，班主任表示小梅上课时经常发呆，对于学习的适应能力较弱。社会工作者感受到了班主任老师对于教导小梅的压力，甚至有些焦虑。社会工作者对老师的担忧表示了理解，并与其共同探讨小梅学习行为改变的可能性，并帮助班主任意识到，小梅的行为改变来源于环境的改变，8年艰难的生活造就了小梅对环境所持有的态度，进而决定了她的行为。只有我们共同将小梅所处的环境改变了，才能帮助小梅改变对环境的感知，也才有可能让小梅获得新的学习习惯。此外，小梅目前还处于心理应激阶段，对于家庭的变故还在适应当中，学习的事情需要循序渐进。经过沟通，班主任老师的压力有了些许缓和。

为了搭建小梅同伴支持的网络，社会工作者找到少先队辅导员，与其协商组织课外活动以帮助小梅感受到来自同学间的关爱。通过组织集体生日会，为小梅以及其他在本月过生日的小朋友庆祝生日，购买卡纸和气球，让小梅和同学们一起装饰教室。社会工作者提出让小朋友自己制作贺卡，画画或者写字都可以，送给过生日的小朋友，小朋友们都表示很乐意。通过吃蛋糕，唱生日歌，让小梅在欢乐的氛围中感受到温暖，接受来自同学的关爱。同时，大家一起过生日，也避免了强化小梅“我与别人不一样”的认知。

五、效果和专业反思

（一）效果

一是小梅的生活照顾问题得到解决。由堂哥进行监护，堂哥一家进行照顾，民政局每月发放360元孤儿生活费，深圳慈善基金会每月资助小梅600元生活费。小梅堂哥一家的生活费一时间达到当地最高水平。

二是社会工作者定期对小梅进行家访，通过与小梅二嫂交流，得知小梅960元生活费的花销情况，也观察到小梅在堂哥家生活得较为开心。

三是社会工作者定期与小梅班主任沟通，了解小梅在班级的情况，除了学习成绩差以外，其他方面无特殊情况。

四是社会工作者定期与小梅单独交流，了解其在堂哥家生活的情况和感受，交流学校生活的情况和感受，小梅自身抗逆力较为突出，未出现严重适应不良的情况。

小梅的照顾问题、生活问题、回校问题、心理状况问题都得到了解决。

（二）专业反思

1. 社会工作服务应避免先入为主的思维模式

社会工作者在未与服务对象接触时，通过收集到的资料就对服务对象状况进行了初步预估，因而带着很深的沉重感去帮助服务对象。在此案例中，社会工作者已首先将小梅想象成为一个悲惨至极、心理创伤极其严重的对象。好在见到小梅时她正在快乐地玩耍，否则社会工作者自身的情感代入将会感染到小梅。

2. 不是所有的需求都需要给予回应

社会工作者与小梅班主任老师的交流被班主任老师带着节奏，主要围绕着班主任对小梅的学业压力展开，对于小梅心理适应的问题探讨较少。社会工作者首先关注的是小梅的基本生活、生存问题、心理状况，其次才是学业情况。社会工作者无法去回应小梅的学业辅导需求，也无法回应班主任老师解决小梅学业压力的需求。但是沟通过程中，社会工作者容易受到老师压力的影响，跟着老师的压力去想解决小梅学业问题的办法。这对社会工作者而言，项目太多，回应有难度。

3. 资源不是越多越好

小梅有了民政局和慈善基金会的生活资助后，生活水平得到了极大提高。但慈善基金会的资助是慈善基金会链接的个人对个人的资助，资助多久、资助多少钱，都无法固定。若以后慈善基金会因故停止了资助，势必给小梅堂哥一家带来极大失落感。另外，因为照顾小梅，堂哥一家每月多得 960 元钱，在当地不是一笔小数目，势必令人眼红。若家族里其他家庭想要争夺小梅的监护权，则又会给小梅带来新的问题。社会工作者应当在链接资源之初就想到这些问题，可与慈善基金会商量，减少一次性救助的金额，但可以增加资助的次数。

扶贫扶智　一路“童”行

——“三区三州”困境家庭儿童精准帮扶

王娅婷　许宇宁　施冬慧　田晓宁　苏　悦　邓忠迪①

指导教师：刘婷

一、背景介绍

2015年11月，《中共中央　国务院关于打赢脱贫攻坚战的决定》，明确提出“实施扶贫志愿者行动计划和社会工作专业人才服务贫困地区计划”②。《国务院关于印发“十三五”脱贫攻坚规划的通知》指出“制定出台支持专业社会工作和志愿服务力量参与脱贫攻坚专项政策，实施社会工作专业人才服务贫困地区系列行动计划”。③ 2017年8月，《民政部　财政部　国务院扶贫办关于支持社会工作专业力量参与脱贫攻坚的指导意见》，明确了社会工作参与脱贫攻坚的主要内容，提出社会工作专业力量根据贫困人口的不同需求分类提供专业服务④。同期，各高校也启动实施了“社会工作教育对口扶贫计划”。2021年2月25日，习近平总书记在全国脱贫攻坚总结表彰大会上庄严宣告：“经过全党全国各族人民共同努力，在迎来中国共产党成立一百周年的重要时刻，我国脱贫攻坚战取得了全面胜利，现行标准下9899万农村贫困人口全部脱贫，832个贫困县全部摘帽，12.8万个贫困村全部出列，区域性整体贫困得到解决，完成了消除绝对贫困的艰巨任务，创造了又一个彪炳史册的人间奇迹！”截至2021年底，全国18.6万名驻村第一书记、56.3万名工

① 王娅婷、许宇宁、田晓宁，云南师范大学法学与社会学学院MSW教育中心2020级社会工作硕士研究生。苏悦、邓忠迪，云南师范大学法学与社会学学院MSW教育中心2021级社会工作硕士研究生。施冬慧，云南民族大学2021级社会工作硕士研究生。

② 中共中央 国务院关于打赢脱贫攻坚战的决定，http：//www.gov.cn/xinwen/2015-12/07/content_5020963.htm.

③ 国务院关于印发“十三五”脱贫攻坚规划的通知，http：//www.gov.cn/zhengce/content/2016-12/02/content_5142197.htm.

④ 三部门印发意见支持社会工作专业力量参与脱贫攻坚，http：//www.gov.cn/xinwen/2017-08/20/content_5219007.htm.

作队员全部选派到位，160 个国家乡村振兴重点帮扶县确定，中央确定的主要衔接政策全部出台，脱贫攻坚向乡村振兴平稳过渡①。

三区三州的“三区”是指西藏自治区和青海、四川、甘肃、云南四省藏区及南疆的和田地区、阿克苏地区、喀什地区、克孜勒苏柯尔克孜自治州四地区；“三州”是指四川凉山州、云南怒江州、甘肃临夏州。三区三州是国家层面的深度贫困地区，是国家全面建成小康社会最难啃的“硬骨头”，生存环境恶劣，基础设施薄弱，社会工作服务缺口大。本项目以云南省怒江州为主阵地，综合运用社会工作机构（服务）+高校（专业）+政府（保障）“三位一体”的地区发展模式开展社会工作服务。通过进学校、走社区、访家庭的形式，了解当地群众的需求，采用社区工作、小组工作和个案工作的方法提供服务。其中贫困家庭困境儿童小廷就是项目组当时精准扶贫的服务对象之一。社会工作实践中，社会工作者以“赋权增能、助人自助”的理念和宗旨，将扶贫与扶志、扶智相结合，目的在于提升扶贫对象的志气、信心，以及素质和能力，以使其成为未来乡村振兴的主力军。

个案的基本情况：小廷，男，13 岁，小学六年级学生。家庭是建档立卡户，极度贫困。父亲年龄较大，眼睛失明，有严重的酗酒行为，丧失基本的劳动能力。母亲是家庭的主要劳动力，靠种地获得基本经济收入。哥哥在外打工多年，很少回来，与家庭的联系较少。由于父亲长期丧失劳动能力，没有经济收入，全家的经济负担就落在母亲一个人身上。母亲性格暴躁，日常生活中经常打骂父亲，家庭环境充满暴力。小廷与爸爸很少说话，与母亲之间存在严重的沟通障碍。

在学校里，小廷与同学交往不多，老师对他的关注较少，学习成绩在班上基本上处于中等偏下。关系紧密的同学是和他一起长大的同村孩子，学习成绩也属于中等偏下。小廷跟社会工作者反映，由于要升初中了，担心考不上初中，尤其是马上要期末考试了，压力很大。近期，父母经常吵架，自己感到无能为力，存在深深的无奈和焦虑感。

二、分析预估

（一）问题分析

社会工作者通过与服务对象接触，走访服务对象所在的学校、社区及周围邻居，

① 新华社论习近平总书记在全国脱贫攻坚总结表彰大会重要讲话，http：//www. xinhuanet. com/nzzt/139/index. htm.

并进行了多次入户家访，收集到了比较详尽的信息资料。总体来看，服务对象面临的问题主要有以下几个方面。

1. 家庭贫困

服务对象家庭中共有四口人，分别是父亲、母亲以及哥哥。服务对象的父亲年龄较大，身体残疾，基本丧失劳动能力；哥哥在外务工多年且与家中父母关系紧张，已经多年未曾回过家；母亲是家庭中主要的劳动力，全家的收入主要依靠耕田种地获得，全年家庭总收入为8000元左右，无其他的收入来源，家庭整体经济收入水平较低，服务开展时被确立为本村建档立卡户。

2. 亲子关系不良

母亲在家里时常打骂父亲，受此影响，小廷有时情绪激动会动手打母亲，不听家长的话，经常与母亲唱反调。小廷与母亲之间存在不良的沟通关系，亲子关系比较紧张，母亲经常抱怨孩子“不听话，比较懒，在家不干活”，认为其全身都是缺点，看不到其优点。而服务对象则认为母亲不了解自己，从不会对母亲讲自己在学校里的事情，基本很少沟通。父亲由于身体的原因，经常酗酒，很少关心孩子，与服务对象的关系十分淡漠。

3. 学习成绩不佳

服务对象处于小学升初中的重要时间节点。服务对象的学习成绩属于班里的中等偏下水平，语文成绩较好，数学和英语较差，偏科问题严重。在初期的交流中，服务对象认为自己有提升学习成绩方面的需求，希望通过开展服务来提高自己的学习成绩。

4. 情绪问题

小廷生活在贫困家庭中，父亲残疾，全家主要靠母亲种地为生。由于父母心情不好，经常打闹，对于家庭环境的不安全感，让服务对象表现得较为焦虑。再加上父亲的冷漠，母亲经常责骂孩子，多种因素综合给服务对象的情绪带来了很大影响，使得服务对象长期处于一种无助、委屈的状态，导致服务对象经常情绪紧张，失眠多梦，严重时甚至有轻微的抑郁倾向。

（二）需求评估

1. 改善家庭关系

服务对象与父母的日常沟通较少，在沟通过程中缺乏正确有效的交流方式，家庭的沟通氛围有待改善；由于父亲身体残疾、母亲性格强势，导致父母双方经常产生争吵或家暴的行为，给孩子营造了不良的成长环境；父母双方和父母与孩子之间缺少理解与包容，家庭关系有待改善。

2. 提升学习成绩

小廷是个懂事且自律的孩子，渴望通过知识改变命运。平时学习也自觉，据他自述，学习上遇到难题，由于父母文化程度低不能给予及时的辅导；学习偏科，成绩在班里属于中等偏下水平，担心跟不上今后的初中学习生活。服务对象表达了希望能掌握学习方法，形成良好的学习习惯，增强学习的内生动力的愿望。

3. 心理情绪疏导

长期处于父母关系紧张的环境下，让小廷感到十分压抑，加上来自升学考试的压力，导致服务对象容易出现情绪不稳定、心理焦虑压抑等各种问题，不利于日常生活的人际交往，因此服务对象有心理情绪疏导的需要。

（三）资源评估

1. 家庭

小廷拥有完整的家庭结构，虽然贫困，但能发挥家庭保障、情感支持等功能。父亲虽然身体残疾但比较明事理，服务对象小时候经常会与父亲谈心，而父亲也能及时准确地给予服务对象鼓励。母亲虽性格暴躁，但还是很疼爱孩子，吃苦耐劳，家庭的基本收入均由母亲一人负担。社会工作者在开展服务过程中可以适当引导服务对象的父亲多表达自己对于小廷的关爱。

2. 学校

小廷所就读的学校位于云南省怒江州泸水市某乡镇的中心小学，与周边其他更为偏僻的村庄小学相比拥有更加便利的交通条件和更加良好的师资力量。学校老师对于小廷的评价多为积极正向的，鼓励服务对象多和老师进行交流沟通，有利于更快提高服务对象的学习成绩，在学校里和同学朋友建立良好的人际交往关系，朋辈群体之间的相互影响也有助于小廷的健康成长。

3. 政府

在“三区三州”政策背景的支持下，服务对象作为帮扶对象中的重点家庭被评为建档立卡户，政府给予的经济支持能在一定程度上帮助服务对象一家解决很多生活上的难处。除此之外，小廷所在社区的工作人员也会定期向所在地村民进行需求评估，及时帮助小廷一家了解最新的国家救助政策，及时提供帮助。

4. 机构

小廷家所在的乡镇作为社会工作机构的项目执行点，不同时间段都会有不同的机构到此开展专业服务。社会工作者通过提供个案、小组、社区等各种形式的服务，能够对小廷进行专业的服务工作，不仅有利于小廷及其家庭的成长，也帮助小廷为乡村振兴建设注入了新的力量。

三、服务计划

（一）服务目标

1. 总目标

通过开展个案工作，协助服务对象改善其面临的家庭关系、学习、心理情绪等方面的困境，提升服务对象的亲子沟通能力，让其学会正确对待家庭中发生的冲突；协助服务对象提升学习技巧，帮助服务对象缓解学习压力，调整心态迎接考试；运用构造化联想法（Structured Association Technique，SAT）对服务对象的紧张心理进行疏导，提升服务对象应对困境的能力，协助服务对象了解并发挥自身潜能，以达到“助人自助”的目的。

2. 具体目标

（1）利用“儿童之家”进行学习辅导，联动学校老师加强关注，通过学习经验分享，拓宽服务对象的学习视野，掌握学习方法，增强学习内生动力。

（2）提高沟通的技巧，引导服务对象与父母双向沟通和理解，缓解家庭矛盾和冲突。

（3）协助服务对象建立社交网络，优化社交能力；帮助舒缓紧张情绪，进行心理疏导。

（二）服务策略

1. 优势视角

在开展社会工作服务过程中，改变传统的以问题为导向的视角，采用优势视角。优势视角理论强调社会工作者不应该孤立地或者把全部焦点都聚集于服务对象的问题上，而是强调要看到服务对象的内在潜力和可能性，在服务对象遇到困难或者处于痛苦状态时帮助服务对象寻找希望，相信服务对象能得到改变并帮助服务对象将希望变成行动，最终帮助服务对象走出困境。优势视角理论还强调在帮助服务对象个人的同时要给予他们信心，让服务对象知道现在的遭遇和经历都是暂时的，一切都会变好，给予他们鼓励，尊重他们，让他们得到成长。运用优势视角理论开展服务时，应该尊重小廷的想法，坚持相信小廷会变好的理念，在每一次的服务过程中，社会工作者将会留心观察服务对象的变化，及时给予他们鼓励。同时，在开展服务时社会工作者还应该挖掘小廷自身的优势，在提高服务对象自信心的同时，也需要协助服务对象学会挖掘自己的优势来吸引自己的同伴。

2. 理论依据——生态系统理论

生态系统理论强调系统由要素或子系统构成，系统内部各子系统之间，系统与环境之间相互作用、相互依存、相互关系。该理论认为个体发展的生态系统分为微观系统、中观系统、外系统和宏观系统。生态系统理论要求在处理服务对象的问题时，利用系统与功能间的相互关系，提高系统的整体功能。

通过绘制服务对象的“生态图”（见下图），有助于我们更了解这个原则，因生态图能确认系统中影响个人生活的关键点，并且呈现个人生活中的冲突与支持的部分。小廷的家庭结构看似完整，实则多方面存在缺失，亲子关系沟通不良且家庭环境充满暴力，亲属的支持作用因自身困境难以发挥；与周围环境的互动缺失，其家庭的社会支持较弱。社会工作者以生态系统理论为指导，分析服务对象小廷所处的

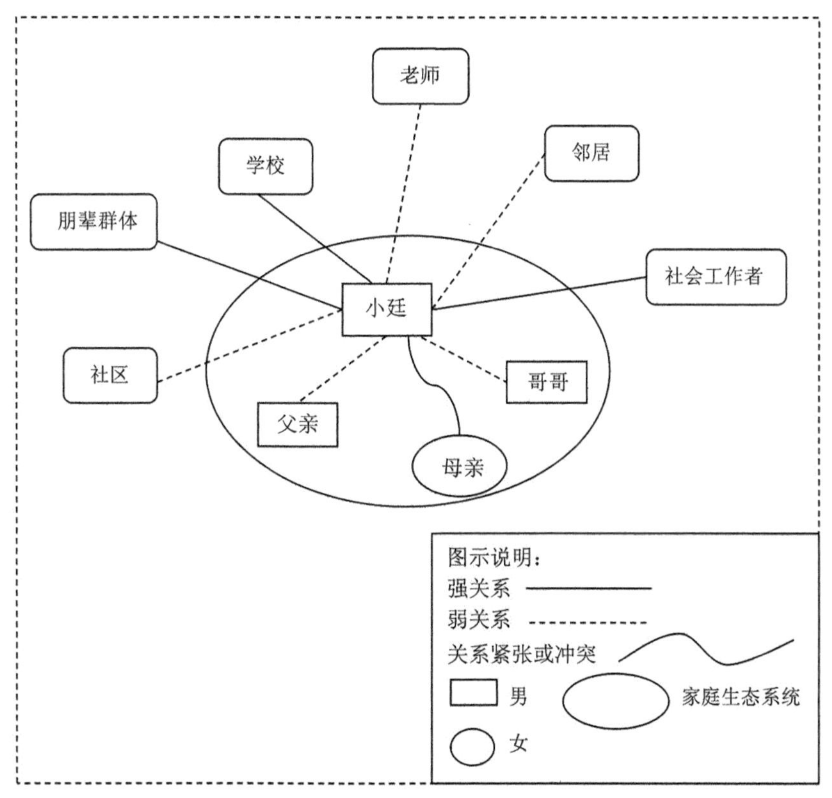

图 1　服务对象小廷的社会生态系统图

社会生态系统，评估在小廷成长的环境中有哪些可以让服务对象利用的有效资源，积极帮助小廷梳理有用的社会资源。在对小廷的服务中最关键的是协助其建立起家庭支持系统，让其感觉到安全和被爱，因此社会工作者需要充分利用自身拥有的内外部资源，重构起社会支持网络。

（三）服务程序

1. 准备阶段

（1）接案。在学校开展小组工作的过程中，学校老师将小廷推荐给社会工作者做个案。社会工作者先是在学校与小廷初步接触，建立专业关系。

（2）收集资料。通过访谈和参与式观察收集资料，了解服务对象的基本信息，包括家庭成员及其关系、同辈群体之间的关系，了解近期的学习生活状态以及近期遇到的困难和需要的帮助，初步梳理服务对象面临的问题。

（3）预估与制定目标。将服务对象的需求按照需求强弱程度和解决难易程度进行优先排序，然后与服务对象共同协商，明确服务目标、介入理论、服务内容和服务手法等，分析在整个服务过程中所需要动用的资源，并对服务过程中可能遇到的问题进行澄清。

（4）制订服务计划书。根据所收集到的资料和对服务对象的评估，以实现服务目标为目的，制订合适的服务计划书。

2. 实施阶段

（1）服务时间：2020 年 7—8 月。

（2）服务次数：8 次会谈。

（3）社会工作者角色：运用倾听、专注、鼓励等会谈技巧，引导服务对象进行更多表达，使之呈现的信息更加清晰具体。在整个服务的过程中，社会工作者主要扮演陪伴者、经验分享者、潜能激发者、资源协助者和引路人的角色。

3. 结案阶段

服务结束后需要进行后续跟进，评估服务成效，巩固服务对象已有的改变，处理好离别情绪，在双方条件允许的情况下适当给予支持和陪伴。

四、服务计划实施过程

在开展个案工作实务过程中，根据既定的目标，采用会谈、游戏等多种方式，分 4 阶段 8 次介入，具体过程如下。

（一）第一阶段：建立专业关系，做好需求评估，共同制订服务计划

在与小廷接触时，社会工作者发现小廷比较内向，不愿讲话。社会工作者适时使用自我披露进行引导，通过一起做游戏“月亮船”，帮助服务对象缓解压力并鼓励其勇敢追求梦想；了解他对于家庭的期待，帮助澄清对父母的行为、想法和态度。将小廷的需求按照强弱程度和解决难易程度进行优先排序，然后与服务对象共同协商，明确服务目标、服务内容。在初期，小廷表现得比较被动，基本上处于一问一答的状态。小廷在班级中能获得的支持不多，谈话过程中表现出一些对于交友的困惑，但是困惑来源于自身家庭的贫困；小廷对于自己日后的规划是迷茫的，不知道自己是否想要上大学，但是想要了解大学的生活。此外，服务对象懂事自律，在家里能够帮父母做力所能及的事情，会把家务放在比较靠前的位置。社会工作者在看到服务对象问题的同时也看到他自身的潜能，服务对象不是问题的集合，服务过程中要更多地看到服务对象身上的优势。

在这个阶段，社会工作者扮演的角色主要是陪伴者、引导者和使能者。

（二）第二阶段：进行 SAT 疗法，对服务对象的紧张心理进行疏导

SAT 疗法注重的是服务对象心理自我疏导能力的培养，使他们能够勇于表达自己的观点和看法，慢慢地，压力就会降低。社会工作者首先认真倾听服务对象的情绪表达，努力从他的表达中查找情绪产生的原因，然后分析其中哪些属于非理性情绪。持续关注服务对象考前的心理情况，了解服务对象的需求，提供持续性的帮助，除此之外还可以询问服务对象假期的安排，给予一些意见和建议，以及了解服务对象对于初中的期待和想法。关于家庭中的冲突和矛盾，社会工作者可以引导服务对象转换角度，对于家庭的和谐能够有更积极的作用，通过服务对象来介入服务对象的家庭，为服务对象提供一个良好的生活环境。在 SAT 放松训练疗法中，虽然当前面对的是来自考试的压力，但是问到服务对象面临的想要解决的问题时，服务对象回答更多的是关于家庭的问题。可以看出，服务对象对于家庭中的矛盾，有着特别想要解决的想法，但是自己又无能为力。在很多情况下，解决服务对象的问题不是改变发生的事件本身而是改变服务对象对事件的看法，因为产生问题的根源是服务对象对问题的认识和看法。所以社会工作者在和服务对象沟通的过程中，与服务对象谈到的不是让其难受的事件本身，更多的是服务对象的感受、态度和看法，在谈这些感受时，能感受到服务对象的真诚和袒荡，了解服务对象对于事件真实的想法。

（三）第三阶段：走访学校、家庭，链接资源，构建并扩大支持网络系统

社会工作者走访学校，希望小廷的老师能多关注孩子的学习，运用倾听、专注、鼓励等会谈技巧，引导服务对象与父母进行更多的表达。社会工作者在会谈过程中发现，父亲尽管有很多的无奈，但对于孩子的教育和成长较为重视，在今后的干预中，来自父亲的支持很重要。母亲劳动强度大，一个人支撑家庭不容易，爱唠叨，存在家庭暴力行为等。因此社会工作者引导小廷正确地看待自己的家庭和父母，培养抗逆力。

（四）第四阶段：巩固服务效果，做好结案和后期跟进工作

由于暑假结束，个案工作不得不结束。在最后一次活动中，社会工作者主要是与服务对象回顾整个服务过程，对服务对象的成长与改变给予肯定和支持，总结服务开展的成效。在个案服务中，服务对象与社会工作者建立了较为密切的关系，面对与这种信任感和依托感的分离，服务对象表现出不舍的情绪。社会工作者告诉服务对象，结案并不等于一切画上句号，他们还会做后期进一步跟进工作。

表 1　服务实施过程

序号	时间	形式	目标	内容
1	7 月 14 日	会谈	接案：相互认识，建立专业关系	与服务对象初步建立信任关系，通过聊天对服务对象有简单了解，为后续服务开展做准备
2	7 月 18 日	游戏“月亮船”、会谈	帮助服务对象打开心扉，舒缓压力；了解服务对象对于家庭成员的看法及期待	1. 服务对象在约定时间内到达，与社会工作者一起完成游戏“月亮船”，通过游戏帮助服务对象缓解压力并鼓励服务对象勇敢追求梦想；2. 了解服务对象对于家庭的期待，帮助澄清其父母的行为和想法
3	7 月 21 日	辅导作业、会谈	培养服务对象的学习习惯，尝试介入服务对象家庭	1. 辅导服务对象完成部分家庭作业，共同制订了有规律的学习计划时间表，服务对象表示愿意按照时间表去尝试执行；2. 社会工作者进行自我披露，引导服务对象理解父母的不易，并约定时间进行家访
4	8 月 1 日	游戏“房树人”、会谈	培养学习能力，鼓励服务对象与朋辈群体共同学习，建立良好的人际关系	1. 探讨上次制订的学习时间表是否科学合理，修改新的学习计划表；2. 通过服务对象的表达，社会工作者帮助梳理了服务对象对于人际交往的需要，鼓励服务对象多交朋友

续表

序号	时间	形式	目标	内容
5	8月7日	SAT 疗法、会谈	对服务对象的焦虑情绪进行疏导	服务对象比约定时间提前到达，与社会工作者一起进行了 SAT 放松训练，服务对象真情流露，引导服务对象转换看待问题的角度
6	8月20日	会谈	与服务对象父母一起探讨家庭中存在的问题，共同制订作出改变的计划	1. 与服务对象的母亲进行面对面交流，深入了解服务对象的真实家庭状况，与母亲的不合理理念进行对质；2. 鼓励引导服务对象表达其对于母亲和家庭的期待，社会工作者作为调解人帮助孩子和母亲建立起良性健康的沟通方式
7	8月28日	会谈	尝试与父亲建立起良好的沟通方式，获得精神支持	1. 与服务对象的父亲进行交流，协助孩子与父亲了解双方内心的真实想法，引导双方相互理解对方；2. 社会工作者扮演“成长向导”的角色，继续给予服务对象学习和精神上的支持
8	8月30日	会谈	巩固服务对象已有的改变	1. 对于服务对象母亲的不合理信念再次进行辩论，让服务对象尝试自己调解家庭中的矛盾；2. 给服务对象及其家庭送出祝福，告知 8 次服务已经结束，互赠小礼物

五、总结评估

在对困境家庭儿童小廷开展精准帮扶的服务过程中，社会工作者与小廷建立了良好的专业关系，通过游戏、家访等形式，了解了家庭、朋辈群体、学校等基本情况，发现服务对象及其家庭存在的问题，进行需求评估，然后采用优势视角，以生态系统理论作为指导进行干预，共进行了 8 次会谈，服务效果良好。

一是社会工作者在个案会谈的过程中，充分运用倾听、同理心、鼓励、支持等技巧，取得了服务对象的信任，并建立起良好的专业关系。在陪伴服务对象的过程中，社会工作者以姐姐和大学生的身份，辅导学业，介绍学习的经验和方法，培养和提升服务对象学习的内生动力。

二是通过 SAT 放松训练疗法，较好地缓解了服务对象的压力和紧张情绪。

三是引导服务对象与父母以对话的形式，让家庭成员彼此理解。并教授服务对象如何对待家庭冲突、如何加强沟通的技能，改善家庭成员的关系，缓解家庭矛盾。

四是采用优势视角，发现服务对象的优势，并加以充分肯定与鼓励。引导服务对象走出错误的认知，打消顾虑，帮助挖掘自身的潜能，对未来充满希望与向上的力量。

五是问题的产生不只在于个人，也有环境因素。个案开展过程中，社会工作者以生态系统理论为指导，通过链接资源，构建和扩大社会支持系统，实现家庭—学校—社区—机构多方联动。

六、专业反思

在 8 次个案会谈中，社会工作者较多地进行服务对象的问题发现与需求评估，关注和回应服务对象在学习和心理及情绪方面的问题与需求。服务对象的问题其实大多主要来自家庭，但是由于社会工作者自身对于服务对象母亲强势这一特点，不能真正做到同理、接纳和尊重，因而，在对于家庭成员如何形成更好的沟通交流模式，更多地发现彼此的优点与优势，减少矛盾的发生方面，专业性不够。

“三区三州”是我国深度贫困地区，自然环境恶劣，基础设施薄弱，贫困面积大。服务对象小廷是贫困家庭困境儿童，是建档立卡户，全家收入来源仅仅依靠母亲务农的微薄收入，父亲身体疾病也因为经济原因得不到及时医治。尽管有政府和社会提供物质帮助，但是依旧困难。对此社会工作者也感到无力，没有链接到更多的资源去帮助服务对象家庭缓解经济上的困难与母亲的压力。

此外，该个案缺乏后续跟进。限于项目周期的原因，社会工作者离开以后，对小廷的服务也就中断，后续服务的跟进方面做得不够。

"体验—适应—成长"青少年历奇辅导小组

董　彤[1]　指导教师：尤伟琼

一、小组背景

昆明市J中学创办于1981年9月7日，是隶属于昆明市教育局，昆明市公安局、共青团昆明市委协办的一所特殊教育学校，也称专门学校，是目前云南省唯一的一所专门招收学习偏常、心理偏常、品德行为偏常、普通学校难以教育、家长难以管教的学生的特殊教育学校。

J中学初三（4）班为男生班，全班共有10位同学，皆是本学期刚转入该校。社会工作者通过与班主任及各位同学访谈了解到他们大多存在打架、抽烟、网瘾、与父母关系不融洽、学业差、学业压力大等问题。且由于大多数同学是非自愿进入学校，主要为家长哄骗、原学校教师转介等，他们入学后发现学校的学习方式、环境等与家长、教师所描述的截然不同，巨大的心理落差及对校园生活的严重不适应，也导致开学数月同学们彼此关系疏远，了解不深入。基于前期初步了解，社会工作者针对该班全体男生存在的问题与需求开展小组服务。表1为社会工作者基于前期会谈及观察所整理的关于组员的基本特征情况。

表1　组员基本特征表

姓名	年龄	组员特征
LLH	14岁	性格内向，缺乏自信心，只喜欢与自己信任的人交流，不喜欢现在的环境，不喜欢身边的同学
LHR	14岁	性格内向，缺乏自信心，不想待在这个学校，非常不愿表现自己
WWH	16岁	性格较内向、自卑，表达能力差，讨厌所有的同学
FJO	15岁	性格较外向，敏感多疑，缺乏人际信任

① 董彤，云南师范大学法学与社会学学院MSW教育中心2021级社会工作硕士研究生。

续表

姓名	年龄	组员特征
GYF	16 岁	性格较内向、自卑，心理敏感，极度缺乏安全感，不喜欢这个学校的一切
CKY	14 岁	性格较为外向活泼，自我管理能力较差，经常打断别人说话
LRC	14 岁	平时比较霸道，到哪儿都觉得自己是老大
SY	13 岁	在这个学校里能过一天是一天，不想与任何人交流
YLW	13 岁	缺乏自信心，心理敏感，害怕别人嘲笑自己，不愿与他人交流
ZY	13 岁	性格较为外向，看不上现在学校的一切

二、小组预估

（一）小组开展条件基础

1. 学校的支持和组员参与性的把握

J 中学引入驻校社会工作者已持续 3 年，一方面学校对社会工作者的工作能很大程度上提供硬件上的支持，并根据社会工作者的反馈营造良好的校园氛围；另一方面，驻校社会工作者与各班主任建立良好的合作关系，各班主任对社会工作者的工作开展能及时提供有用的信息、资源等。总的来看，学校的支持力度为社会工作者工作的开展奠定了坚实的基础。此外，驻校期间，社会工作者积极与同学们进行交流，前期建立了良好的关系。学生们在大多数人眼中被贴上了“问题学生”的标签，往往被忽视、被指责，而社会工作者的介入能让他们感到被重视、被尊重，参与活动的积极性得以保证。

2. 对学校和学生需要有针对性的介入

从本质上来看，J 中学学生和普通学校学生有着明显的差异，据驻校社会工作者在探访及开展常规活动中对学校学生的了解，大多数学生的共同点是从小未与父母居住在一起，亲子关系疏远，缺乏父母关爱和重视，以致该类学生或嚣张跋扈，或沉默寡言与世隔绝。基于此，在与组员建立良好关系的同时，更注重通过朋友式的关心与爱护让组员感受到自己的价值与独特，从而为后续的历奇辅导小组奠定基础。通过开展历奇小组活动，帮助服务对象在一个新的环境中进行体验式学习，全面丰富困境组员生活，适应新学校，改善同辈交往关系，提升交往能力。

（二）问题分析

1. 无法适应新的学校环境

驻校社会工作者通过与班主任及组员们的交流和访谈了解到，班里学生都是因为一些原因被动地来到J中学。以下是部分组员的陈述。

LLH："什么破学校，本来就不是情愿来的，想毕业赶紧走。那些同学我一个都不喜欢，不想跟他们说话。"

LHR："本来在之前的学校有很多玩得好的同学，就被家长骗过来这里，倒是学习压力不大，但是一点都不喜欢这个学校，还是原来的学校好。"

2. 不良习惯较多，容易发生同伴冲突

在驻校社会工作者前期的观察和访谈中发现，部分学生有不良的生活和交往习惯，如喜欢贬低别人、撒谎、遇事冲动、暴躁、喜欢用拳头解决问题等，导致他们即使有交往意愿，也基本上没有人愿意和他们玩，经常遭受同伴的拒绝。

WWH："我们班同学基本都不喜欢××，他就喜欢吹牛，还总是撒谎，他把我们都当傻子，还经常朝我们翻白眼，好像全世界只有他最聪明一样。"

LRC："××在别的时候都挺好的，对我们也很大方，但是总是一句话不对就生气了，一生气就大吼大叫，踢桌子打人，特别可怕，所以我一般都会躲着他。"

在与班主任交流中，班主任说道："有一部分学生存在一个共同问题，就是遇到事情不冷静，容易用极端的方式处理问题，打架、斗殴时常发生，并且比较难以管教，大多比较敏感，情绪自我调节的能力很差。"

3. 交友认知观念存在偏差，缺乏交往技巧

组员在社交方面面临的问题主要表现为有交友意愿但交友能力不足，如不会回应、接受他人的赞美等。J中学全部学生都为初中生，该年龄阶段的学生正值青春期，世界观、人生观、价值观均未成型，由于社会阅历和人生经验匮乏，认知观念容易产生偏差，导致做出错误的行为。除此之外，缺乏恰当的交往技巧也是部分学生丢失同伴交往机会的重要原因。驻校社会工作者在前期观察中，发现部分同学喜欢对他人呵斥、责备，不能与同伴平等相处。在访谈中，社会工作者发现有不少同学存在错误的交往认知观念，面对同伴交往中不可避免的意见不一致、矛盾、冲突等情况时难以采取正确理性的应对措施。

在与班主任交流中，班主任讲道："××虽然人品很不错，会主动帮助老师分担班级事务，但是性格却很霸道，班上的人其实都很害怕他，对他来说好像大家都必

须服从他，不仅行为上要服从，思想上也要服从。如果有人和他意见不一致他就会动手，所以别的同学其实躲着他的比较多，没有什么真正的伙伴。”

CKY：“我觉得我不需要朋友，有一句话说‘没有永远的朋友，只有永远的利益’，朋友不知道哪天就会背叛你，而且朋友还会给你添麻烦，所以交朋友没有意义。”

（三）需求分析

1. 适应新环境的需要

J中学学生年龄阶段基本处于青春期，青春期的孩子心理特征变化比较显著。比如，生理上接近成人，而心理成熟度离成人的标准还比较远；自己认为自己有了独立性，但是这种独立性又不被社会承认；对过去的依恋和对未来的迷茫等。在此阶段，他们的自我意识较强，比较关心身边人对自己的看法，尤其是同辈群体。当他们从一个熟悉的环境换到一个新的环境时，会因为各种的不适应导致情绪波动较大。

2. 服务过程形式和内容多样性的需要

在访谈过程中，多名组员提到，社会工作服务的趣味性和吸引力对他们非常重要。组员更是希望自己能有一技之长让别人夸赞自己，培养自己的自信。他们本身明白自己学习方面已经无法努力，但想通过其他方面证明自己。

同学LRC说道：“我们在这个封闭的学校里整体都太无聊了，如果这个（社会工作服务）也像上课那么无聊，我真的提不起兴趣参加。”

同学ZY说道：“之前学校开展过人际关系讲座，好像还请了心理学的博士，但是讲座太无趣了，我们好多人都是在下面睡觉，如果服务能有趣一点，好玩一点，我们的参与积极性肯定会高一点，效果也就好一点。”

由此可见，社会工作者在开展服务过程中需要考虑服务形式和内容的趣味性与吸引力，避免“讲座式”“传授式”的服务方式。

3. 帮助挖掘组员潜能，增强自信心，提升同辈交往能力

通过前期访谈，社会工作者发现组员中有大部分学生缺乏自信心，害怕同伴的否定和嘲笑，不能正确、正向地认识自己，从而导致同伴交往焦虑，不能迈出与同伴交往的第一步。在前期访谈中，多名服务对象表现出自信心不足（如WWH、FJO、GYF），这些学生大多性格内向，加上家庭情况、自身外形等因素的影响，加剧了这些学生的自卑心理。因此社会工作者在设计同伴关系改善服务中，需要注意

挖掘这部分学生的潜能，帮助他们发现自身优势，提升他们的自信心。

在访谈中，社会工作者发现部分服务对象有着错误的交友观念，有的服务对象认为自己不需要交朋友，朋友就意味着麻烦（CKY）；有的服务对象认为拳头才是硬道理，倾向于用暴力解决交往冲突（YLW）；因此，社会工作者在服务中，需关注到这些服务对象的需求，帮助他们树立正确、积极的交友观念，培养他们的交往技巧，改善他们在同伴交往中的不良习惯。

（四）理论基础

1. 历奇为本辅导理论

在历奇辅导领域里，历奇是一个离开个人舒适区，进入不肯定、不可知的处境，经历一些具有一定技巧难度，而且是陌生的、新鲜有趣的、具有挑战性的、与日常生活方式不同的活动过程；是通过将组员安放在一个新奇的环境中，让他们跳出生理及心理的舒适区域，互相合作，解决问题。继而通过总结经验，让组员得到成就感，并能将成功的经验转化为未来生活的参照。

在历奇辅导活动中参加者需面对成功与挫败，更要处理即时的危机和真实的处境。而在平时的课堂和生活中所有的新的人、事、游戏、活动、声音、情感等都可称之为历奇。

社会工作者开展的历奇为本的辅导成长性小组，都会涉及团队意识和合作的元素，通过社会工作者的引导，小组成员尝试一起克服困难，完成任务，达到共同成长。这种小组的存在一方面为参与者在面对挑战及危机时提供安全的环境、支持性的气氛，以及正面的榜样，以至催化个人成长，同时让组员有机会学习与人相处和沟通的技巧；另一方面，在历奇活动中的小组经验引发服务对象探索和求知的热情，深入了解及内化所学到的知识，借此模式引申，转化成成长的动力，这种历奇教育理念在青少年的健康成长中十分关键。

2. 体验式学习理论

体验式学习理论认为，作为个体的人通常会直接通过体验来建构知识，获得技能和提升自我价值，也就是指活动参与者在带领者的安排之下，体验各种学习活动，从事有意义的学习，并从活动中学习各种生活实用能力，应用到实际生活情境中。

历奇训练属于体验式学习的范畴。历奇训练是指通过一系列精心设计的历奇活动，教练循序渐进地介入，让学员处于一个既陌生新奇又充满合作气氛的环境中，经历各种不同的难题和挑战，体验解决难题、战胜挑战的成功感，将经验整理、升华、转移，应用到日常的生活实践中，达到教学与辅导目标的一套特定手法。

3. 优势视角

在运用优势视角的过程中，社会工作者要做的就是着眼于组员个人的优势，利用他们的优势，发掘潜能，帮助他们度过面临的困难或者摆脱逆境。在本次案例中，优势视角的实践要求社会工作者把眼光投向组员的可能性与自身的优势，不对他们标签化，注重在小组的过程中去挖掘他们的潜能，帮助他们自我成长。

三、服务计划

（一）服务目标

1. 总目标

帮助组员适应新的学校环境、提升同辈交往的能力。

2. 分目标

（1）在小组活动过程中，给予组员温暖，与组员形成良好的相处氛围，增强彼此的信任。

（2）通过历奇小组中团队的归属感，为组员提供支持，发掘内在能力，引导组员敢去与人交流及善于表达自己的想法，正确对待同辈交往。

（3）发掘组员的潜能，利用优势，引导他们自身认识到自己的爱好和兴趣，增加他们的勇气与自信。

（二）服务策略

一是收集组员的真正需要，开展筹备工作满足组员的需求。首先了解组员真正的需要以及比较喜欢的方向；其次是根据需要和爱好，链接相应的资源开展服务。社会工作者要考虑服务形式和内容的趣味性与吸引力，避免“讲座式”“传授式”的服务方式。

二是通过设置小组课程，为组员搭建学习交流、兴趣培养的平台。通过开展“历奇小组”，从中学习与人相处的技巧，全面丰富困境青少年生活，提升组员自身的能力。

三是挖掘周边资源，扩大组员的社会支持网络。借助小组成员之间的互动，形成同辈支持，同时，跟服务对象父母也做好及时沟通，让父母也形成一种支持力量。并在小组后期，观察小组成员的改变，跟进回访，让父母支持慢慢发展成常规课程。

四、服务实施过程

实施7次小组活动，并根据上次活动表现，完善游戏计划和活动的内容。

（一）第一节：认识你我他

1. 活动开展方式

（1）组员进入教室自己拿笔把姓名写在便利贴上，贴在自己胸前，方便大家互相认识。

（2）提前准备好心情卡片，让同学们根据今天的心情选择一张。活动开始后要让组员说出为什么选择这张卡片，观察同学们的心情状态。

（3）组员贴好自己姓名，拿好自己选择的卡片，排成圆形围坐下来。

（4）拿出一包纸巾让同学们随意地抽取，抽取数量不限。

（5）组员进行自我介绍，根据抽取的纸巾数量说出自己的爱好和为什么来到这所中学。

（6）驻校老师将提前准备的月饼切成小块，让组员自己选择其中一块，并且放在想给的那个人的嘴里，考验同学们之间的友情和亲密关系。

2. 面临的挑战与问题

（1）组员关系生疏，很多组员不爱表达，有的也很沉闷，有点躲在自己的小世界里。

（2）小组刚刚成立，组员与社会工作者、志愿者还不是很熟悉，相互信任感弱，社会工作者能明显感觉到组员的观望和猜测。

（3）组员在相互介绍自己的过程中，有的对自身的认知不是很明确，表达很不自信。

（4）活动内容设计要有高峰体验，时间的把控也要注意。

（5）活动过程中的纪律需要加强，社会工作者应及时对组员进行纪律遵守的引导。

3. 社会工作者的工作重点与采取的专业行动

（1）通过破冰游戏增加组员间的互动，从而打破尴尬气氛。

（2）社会工作者利用对服务对象的认识，点出每个人的优点和在小组中可发挥的功能，从而增强组员的自信心，激发他们的能力。社会工作者利用前期与组员建立的信任关系，通过逐个突破的办法，让每个组员都参与进来。

（3）引导组员在交流中更加清晰地认识自己，清晰了解自身的兴趣爱好。社会工作者给予组员肯定和鼓励，从优势视角出发去看待他们，充分挖掘他们每个人身上的闪光点。

4. 观察和反思

在签到环节，大家都能够顺利完成自我介绍，很积极地投入，与小组成员分享自己来到J中学的原因，对J中学的看法，最后介绍自己为什么会抽这张情绪卡时，其中有一个同学抽到了孤单的卡片，主导老师及时地对这位同学抽到的卡片进行了询问。整个小组过程非常顺利，基本完成了小组目标，组员间互相进行了了解和认识。

（二）第二节：口舌之战和选边站

1. 活动开展方式

（1）上课前，在教室地上粘上一根红色的绳子，代表满意度测量值0～10，靠近讲台的一头满意度值为0，讲台对面则代表满意度值为10。

（2）组员进入教室自己拿笔把姓名写在便利贴上，贴在自己胸前，方便大家互相认识。

（3）社会工作者准备了三个关于满意度的问题。首先以最能吸引他们注意力的话题开始互动，让有女朋友的组员站在右边，没有女朋友的组员站在左边。第一个问题是父母关系的满意度，让他们根据自己的判断站在自己觉得适合的满意度数值上，第二个问题是同辈关系的满意度，最后引出第三个问题，即对学校的满意度。

2. 面临的挑战与问题

（1）时间问题，两节小组活动的连接让每一节小组的时间弹性降低，社会工作者必须在保证每一节进度的情况下，方可顺利地在原定计划内完成小组活动目标。

（2）在活动中，社会工作者发现孩子与家长的关系很难达到平等，他们宁愿不犯错不惹父母，也不愿选择与父母多些沟通。

3. 社会工作者的工作重点在于采取专业行动

（1）社会工作者需要把握小组进度，控制时间，并对一些突发情况作更多的准备。

（2）此节活动向社会工作者传递了一个信息——亲子沟通的重要性，这对未来小组工作的开展带来指引。

（3）小组活动的目的是帮助组员调整心态，适应学校的管理制度及学习氛围。在本次活动口舌大战中，通过组员表达自己对学校的态度，社会工作者能够积极并及时地帮助组员调整心态，适应新学校的管理制度及学习氛围，学生也都能够很真实地表达出自己的意见。

4. 观察和反思

通过活动选边站，将组员分为了两个小组，一个小组即正方的观点为“所在中学还是不错的”；另一个小组即反方的观点是“所在中学一点都不好”，双方通过辩论的形式表达自己的观点。在这个活动中正方的学员能够把自己之所以能够在学校过得还不错的方法，告诉反方学员；反方学员也有自己的想法，比如：“只要不在学校就好，其实不读书也是可以的，现在可以到酒吧工作，工资还不错，也不用像现在一样在学校处处受管制，虽然未满 16 岁，但也不影响工作。老板会告诉别人是自家的亲戚，就没有人查了。这些规定都是可以规避的。”大家的发言也是比较积极的，但有 4 个同学还是发言不太多。活动选边站过程中，游戏体验和感受分享要结合起来，时间分配比例上游戏活动时间可以长一点，多给学员一些体验，再来做反思分享。第二次活动，组员之间逐渐建立起一种默契关系，开展这个小组也能够让他们的心情愉悦，在历奇小组中，大家都可以做到畅所欲言，不顾及什么，他们每周也会很期待这个小组活动的开展。

通过这次活动，社会工作者发现部分学员还是比较喜欢现在的学校，对比之前的学校现在的学校也有好的地方，例如，“学习压力不大，有时候可以不用上课，一直打球……”在这个活动中，组员对学校的态度进行了改观。例如，辩论活动中正方一辩二辩三辩的发言：别的学校学习压力大，这个学校压力小；学校还给发零食；活动也多，看电影也多，也比较注意锻炼身体；可以每天打篮球等。活动中服务对象罗列出来很多自己认为学校很有幸福感的地方，同时，社会工作者通过观察上周 LLH 的行为态度，觉得他这次的小组活动中有很大的进步和改善。上一次活动中他表现为排斥小组活动，很厌烦小组活动，想早一点结束。这次活动他很积极地参加进来了，情绪表现上有了很大的进步，人际关系也有了很大的改善。

（三）第三节：勇闯独龙潭

1. 活动开展方式

上节活动中，社会工作者发现，组员对学校的规章制度有所抱怨和不满，所以社会工作者在原有的小组活动计划上更改了游戏内容，让他们学会在遵守游戏规则的前提下通过游戏，同时也让他们明白学校有学校的规章制度，游戏有游戏的规章制度，社会有社会的规章制度。

(1) 组员进入教室自己拿笔把姓名写在便利贴上，贴在自己胸前，方便大家互相认识。

(2) 在上课前社会工作者用红绳在地上粘不规则的形状，然后拿板凳做障碍物。用红绳围出的不规则形状称为毒龙潭，而红绳两边则代表悬崖。事先用报纸裁好 A4 大小的纸张，在游戏中称为浮板，发给组员每人一张，借用浮板通过毒龙潭，目的地为前方的桃花岛，全班 10 个人全部到达桃花岛才意味着成功完成游戏。

(3) 每个人分发一张 A4 报纸，在游戏过程中称为浮板，组员要借用浮板过独龙潭。在游戏过程中若有人称为“报纸”或者“纸”之类的词就代表游戏结束，收走浮板，从头再开始游戏。同时还要注意，在借用别人浮板的时候，浮板在整个游戏过程中不能离开身体，若离开身体，浮板也会被收走。在游戏过程中，不能碰到代表悬崖边的红绳和代表危险物的板凳，若碰到也代表游戏结束。所有组员全部到达桃花岛才能代表游戏成功。

2. 面临的挑战与问题

(1) 对每组辩论时间的把控，让学员有充分的思考和讨论时间。

(2) 在整场活动中始终有一个组员不愿参加活动，蹲在角落里不和同学说话，也不愿意将自己的浮板借给同学用，后来又和同学发生矛盾冲突，跑出活动室，助教老师跟出去安抚情绪。

3. 社会工作者的工作重点与所采取的专业行动

(1) 活动过程中，社会工作者帮助组员在制定目标时将两节活动的目标融合在一起，既节省了时间，又保证了组员可以意识到制定目标的重要性。

(2) 社会工作者在了解了不愿参加活动的那位组员的情况后，在鼓励和带领该组员更深入分享的同时，也引导他思考别人分享的内容及对他的作用。另外，鼓励组员举手分享，社会工作者将分享机会惠及更多的人。

4. 观察和反思

在活动中，社会工作者要预留出充分的时间来给组员讨论商量对策，并作出反思。如在小组中有突发状况，要先保护组员的安全。在整个游戏过程中组员配合度挺高，他们在失败中反思，在遵守游戏规则的前提下，经过三次尝试，最终全班一起到达游戏终点，完成游戏，考验并培养了他们的思考能力和团队合作能力。

（四）第四节：谁是大赢家

1. 活动开展方式

（1）社会工作者提前准备好了几副扑克牌，然后拿出其中一副，每位组员发一张，组员把纸牌放在额头上，只能让别人看到自己的纸牌，自己不能看自己的牌。

（2）在游戏互动中围成一个圆圈，不能讲话，不能拉扯别人的衣服。

（3）在不知道自己纸牌的情况下，从 A 到大王按照由小到大的顺序排列成圈，纸牌数字最大的站在老师右边，并按照数字大小依次排开。

2. 面临的挑战与问题

（1）小组活动已进入中期，学员之间也有了冲突的呈现。

（2）在第二轮比赛中有组员违反游戏规则，趁乱将自己的扑克牌悄悄放到其他小组的椅子上，双方因此发生了冲突。在本次活动中，学员因为违反游戏规则而引起冲突，此时社会工作者要带领学员作出充分讨论。

（3）有的组员可能不太明白游戏规则，造成秩序混乱，社会工作者和志愿者需要在一旁协助，进行指导。

3. 社会工作者的工作重点在于采取的专业行动

（1）小组的第四节活动是服务转折期，也是小组的中期。在本节活动中，社会工作者需要注意组员之间发生的冲突。

（2）随着小组活动的进行，小组成员之间越发熟悉，成员之间学习进度不一样，组员会产生一些摩擦，这时候社会工作者要引导组员学习如何跟同辈群体交往。

4. 观察与反思

本节活动中，组员们用时 5 分 29 秒完成了游戏，在活动中充分暴露了组员违反游戏规则后引发的冲突，让组员意识到规则对个人或集体的影响。

在本次谁是大赢家活动中，虽然组员只完成了 2 轮挑战，但学员的参与度与积极性较高。在第二轮比赛中有组员违反游戏规则，趁乱将自己的扑克牌悄悄放到其他小组的椅子上，双方因此发生了冲突，以致耽误时间没有完成第三轮挑战。社会工作者也带领学员就这个问题作出了讨论和反思，让组员们意识到时间控制和管理的重要性。

（五）第五节：第一节吐槽大会，第二节心理剧

由于初三班男生出现了内部矛盾，周末约架，社会工作者采取紧急干预措施，

所以本次的历奇小组活动提前开始，开展两节课的历奇辅导。

1. 活动开展方式

（1）所有组员进门前领取姓名贴，写上名字贴在胸前。

（2）社会工作者提前把板凳围成一个圆圈，组员围坐一起像吐槽大会一样吐槽：他们为什么要群殴另一个人。

（3）社会工作者拿出提前准备好的 A4 纸分给组员，每人一张，可以写出在这个学校里或在这个班级里面最憎恨的人是谁，为什么憎恨，也可以在这个纸上随意地骂他脏话，想怎么写就怎么写，可以匿名也可以实名。如果需要社会工作者回信，可以在 A4 纸上标明需要回信。

2. 面临的挑战与问题

（1）组员里有没有参加“打人”的学生，如果有，他们会表现得很沉默。

（2）有的学生由于约架这件事的敏感性，没有在社会工作者面前表现出真正的想法。

3. 社会工作者的工作重点在于采取的专业行动

（1）在组员过于将游戏复杂的情况下，社会工作者及时地打断，并且对组员表示感谢，赞扬其想象力丰富。然后社会工作者说明这个游戏主要的目标，并且简单地带领他们进行。

（2）针对组员沉默的问题，社会工作者想到的最好办法就是通过游戏，用游戏来“惩罚”组员的沉默，还有就是写，写完之后再鼓励一些成员读出他的想法，这样就显得顺理成章了。

（3）社会工作者从人道主义角度出发引导组员增强法律意识，提高自身的法律修养。

（六）第六节：逃生游戏

1. 活动开展方式

（1）所有组员进门前领取姓名贴，写上名字贴在胸前。

（2）游戏内容：一艘载有 12 名乘客的轮船撞上了冰山，将在一个小时后沉没，轮船上只有一条救生艇，最多只能容纳 6 名乘客。乘客闻讯后纷纷找到船长要求登艇逃生。

（3）船长作出决定，让其中的 6 名乘客登上救生艇，并向其他乘客说明理由。

（4）社会工作者提前准备好了 12 个乘客角色，包括角色的背景资料和年龄等，并将1~12个数字打乱，放在盲盒里让组员随机抽取，1~12个数字代表组员在这节课扮演什么角色。

（5）为每个组员准备三张选票，代表每个人有三张投票权，选票不能投给自己，也不能同时把三张选票投给一个人。通过投票选出6个能上船的人，组员共同探讨为什么选他们。

2. 面临的挑战与问题

（1）游戏环节复杂，造成课堂秩序混乱。

（2）组员合作不够主动。小组成员间缺乏必要的人际交流和小组合作技能，不知道怎样与他人进行有效的互动。

3. 社会工作者的工作重点在于采取的专业行动

社会工作者运用鼓励、澄清等支持性技巧，调动组内气氛带动全体人员参与活动。当组员不积极应对困难时，社会工作者可尝试降低任务的难度并提供一些参考建议。

小组的第六节活动，是小组工作的末期。在本节小组活动中，社会工作者的主要任务是巩固小组成员取得的成果，处理小组成员的离别情绪。在小组中着重观察组员的行为，是否有了自己的小伙伴，与伙伴之间的沟通方式是否有所变通。社会工作者要告知组员下节小组活动过后小组就结束了，有些组员不愿意结束，于是社会工作者告知组员接下来还会有相应的周末课程，期待大家的参与。

4. 观察和反思

活动中，组员从提前准备好的12位乘客角色中随机抽取自己的身份，然后讨论谁可以上救生艇。讨论的目的在于让他们每个人都有团队意识，提升表达能力和独立思考的能力。在12个人物背景下，他们最终挑选了6位成功登上船的人物，包括：爱打架的仗义老大；赌博成瘾，航海经验丰富的船长；爱嫖娼的外科医生；某跨国企业IT工程师；统筹能力超强的瘾君子；性格孤僻的科学家。组员给出的选这6个人理由是：如果船坏了工程师可以进行修理；统筹能力强的可以统筹大局；科学家物理化学知识丰富，生存就需要有知识渊博的人，对这个世界也会有贡献；仗义的人可以进行团队指挥；等等。之所以这6个人能登船，社会工作者总结，不管在哪一个方面他们都有一个突出的特长在里面。例如省长的儿子，因为他没有一个突出的特长。他的爸爸虽然是省长，但是是他爸爸厉害，而他自己没有突出的特长，不管你是一个怎么样的人，你都要具备一项个人特长，有特殊的能力才能有获胜的资本，才能说服别人，才可能生存下去。社会工作者通过这个游戏对组员进行侧面的教育，引导组员认识到自己要有一技之长，才可以生存。

小组活动中，社会工作者要组织组员将游戏体验和感受分享结合起来一起讨论，包括时间分配比例，游戏活动时间可以长一点，多给学员一些体验，然后再做反思分享。

（七）第七节：贩卖价值观

1. 活动开展方式

由于第五节活动中的“周末约架事件”，本次活动以树立正确价值观为主线，引导组员树立正确的价值观。

（1）所有组员进门前领取姓名贴，写上名字贴在胸前。

（2）组员从社会工作者事先准备好的 21 个价值观里选出 10 个价值观，例如健康、财富、情绪、权力等。

（3）组员将自己选好的 10 个价值观划去 5 个，留下 5 个。

（4）组员从 5 个价值观里面再划掉 3 个，只留 2 个。

（5）组员从仅剩的 2 个价值观里面再划掉 1 个，最终只留 1 个。

（6）社会工作者与组员一起探讨为什么选它。

2. 面临的挑战与问题

（1）面对离别，有的组员情绪明显很失落。

（2）有一个组员非常活跃和主动，但问题是他抢了别人参与的机会，把话题扯得太远或是不能分享到点子上，不能分享得更深入一些，有时还把组内气氛带得很沉闷。

3. 社会工作者的工作重点在于采取专业行动

（1）面对组员的离别情绪，社会工作者安抚并告知他们，如果有需要会一直在。

（2）社会工作者一方面要调动小组成员的情绪，鼓励他们将内心的感受充分表达出来；另一方面要让成员认识到小组结束的正面、积极的意义，从而引导其对离组后的生活充满希望，增强下一次面对结束的能力。

（3）在后期离组准备上，社会工作者应将部分精力放在对目标达成情况的评估上。鼓励成员提高独立解决问题的能力，减少他们对小组的依赖。

4. 观察和反思

活动最后，社会工作者组织组员填写意见反馈表及和小组合影。意见反馈表中，组员提出的意见获得了大多数组员的同感和认可。在最后的谈话当中，组员希望下学期这个活动还有“续集”，固定时间和地点，方便参加活动。

五、总结评估

（一）过程评估

1. 工作人员的表现

通过社会工作者自评、小组总结会、督导评估等方式，综合评估社会工作者在活动中的表现，发现活动过程之中存在的不足等，引导社会工作者进行反思。总体上，社会工作在开展小组的过程中可以运用发展模式以及优势视角去关注小组成员自身的特点，帮助组员在小组中发掘优势，促进成长。需要注意的是要关注到个别成员的沟通行为，发现内在的原因，帮助组员形成良好的社交行为，以更好地发现自身的优点及兴趣所在。

2. 工作目标的实现

在开展小组活动的过程中，通过引导组员学习沟通技巧，小组成员在小组中也结交了小伙伴，提升了自身的社交能力，同时帮助组员发掘自身优势。此外，通过小组的归属感，为组员提供了情感支持，增强了他们的勇气与自信，更易获得成就感。

（二）成效评估

通过前后测评估组员的改变。具体成效主要体现在以下几方面。

（1）通过历奇小组活动，丰富了组员的学习生活，从优势视角出发，组员们在小组过程中增加了自信，找到了自己的兴趣爱好。在评估时，有的孩子会对家长说：“还挺喜欢现在的学校，会开设各种各样的活动课，学校生活比较丰富多彩。”

（2）提高了组员的沟通能力和同辈交往能力。社会工作者在课堂上引导组员锻炼自己的表达能力，帮助他们进行简单的表达，在让别人能听懂自己话的同时，也学会从别人的表达中理解重要的信息。

（3）提升了组员的团队意识。通过几次小组活动，引导小组成员增强“我们是一个团队”的意识，锻炼了组员的勇气与自信心，使他们能更好地融入社会。

六、专业反思

社会工作者在开展活动的时候要能关注到一些细节，例如有的小组成员之间发生了争吵，一个小组成员说是另外一个组员打他了，但是在去问另一个组员的时候，他说是因为想打招呼。此时，社会工作者在调解完冲突后应对他们的行为开展直接指导，应根据组员的需要及时调整服务计划，从而更好地开展服务。

七、反思与讨论

（一）小组工作覆盖的知识点

在整个小组过程中，社会工作者运用了历奇理论和优势视角，但并没有局限于这两种理论，而是根据实际小组活动加以其他理论辅助。

本次小组采用的方法技巧包括同理、真诚、温暖、积极回应、示范等。

所谓同理就是一种设身处地的态度，是一种能够站在别人的立场来理解他人的行为与感受的能力。对于小组社会工作者来说，在小组的早期阶段，同理心是建立关系和收集资料的技巧。同理心使小组社会工作者能够与小组成员产生共鸣，协助成员发展开放和信任的关系，也有助于协助成员分享个人的经验和对问题的看法。

例如，在小组初次聚会期间，组员无疑希望能够感受到友善、安全和使人放松的氛围，所以社会工作者要协助组员体验满足、接纳、欢迎和包容的感觉，并协助组员把焦点放在个人与小组的需要上。因此，社会工作者就要以示范作为引导，尝试表现一些行为让组员去模仿，如体验满足感、提问的技巧以及给予回馈的方式等。

（二）服务思路

案例来源于 2021—2022 年上半学期，在昆明市盘龙区专门学校 J 中学驻校社会工作者开展的历奇辅导小组。由于未成年人犯罪问题严峻，社会各界都非常重视未成年人的犯罪预防工作，社会力量也参与未成年人犯罪预防工作。工读学校在未成年人犯罪预防方面积累了丰富经验，但随着时代的变迁，工读学校也面临着管理方式僵化、教学方式单一等问题。这些困境以及社会工作与未成年人犯罪预防工作的契合性为社会工作介入工读学校开展未成年人犯罪预防服务创造了空间。但是当前对于社会工作者在工读学校中开展的未成年人犯罪预防服务的研究多是微观的，没有从整体性的视角对服务的开展情况进行审视。同时，随着经济的快速发展，很多青少年不能适应环境的快速改变，青少年问题频发。因此，如何预防和矫正青少年的问题行为，使其顺利地完成社会化，是全社会必须关注的问题。工读教育作为中国特色社会主义教育体系的组成部分，承担着教育转化“问题学生”的社会职责。对于已经出现不良行为和社会适应不良的工读学生来说，与同伴人际关系的处理不当已经给他们带来太多的不良后果，这时需要给予他们必要的指导和帮助，引导他们树立正确的交友观，改善他们的同伴关系。但在进行前期工作时，社会工作者发现同伴关系虽然是 J 中学现在最主要的问题，但在现阶段 J 中学有很多刚转来的学生，出现了如何适应新学校、新环境等问题。加上此学校一直有驻校社会工作者每学期开展活动，所以本项目中，社会工作者针对现存主要矛盾，运用一些社会工作科学的理论和方法开展本学期的学校社会工作。

（三）对理论的分析

1. 历奇小组在青少年小组中有一定的适用性

历奇辅导的过程与青少年发展阶段的一些特征相呼应，满足了这个阶段青少年的好奇性和探索性等特征，联同或协助参加者进行反思及整理经验，从而使参加者从经历中有所发现及体会，促使他们提升自信心、自尊感、自我形象、自我概念、人际沟通技巧及团队合作技巧，最后达到个人成长。

2. 利用优势视角去发现组员自身的优势

社会工作者在开展活动的过程中需要发现组员的优势，同时也要发现自己的优势，助人的同时也要学会自助。社会工作者在活动中要发现自己的优势，不要一味地否定自己，而要不断看到自己的长处，同时这样也能更好地利用自己的优势帮助组员。

（四）方法分析

在本次小组过程中，社会工作者综合运用了小组工作的方法和技巧，例如积极回应，社会工作者在组员发言后，以同理心角度，对发言者表示重视，并积极回应。真诚，真诚包括诚实与开放的心胸。这种真诚在小组工作过程中，小组成员会通过以下三点感觉到：第一，小组成员会感到与这样的社会工作者互动不仅是简单而率直的，而且是合宜的。第二，小组成员会感到社会工作者没有扮演任何专家或权威的角色。第三，小组成员会感到这个社会工作者是看得见的，而且在传达坚忍和诚信的感觉。

及时进行小结。对组员发言中散乱的信息进行小结。社会工作者要及时帮助小结，简明扼要复述组员发言中的主要观点和重要信息。

提醒组员相互倾听、鼓励组员表达、帮助组员相互理解、促进组员互相回馈；社会工作者注意现场安静，及时提醒组员仔细倾听对方的发言。社会工作者要鼓励组员积极表达自己的感受，接纳他人的感受。组员发言后，社会工作者应鼓励组员之间分享与给予回馈。

（五）做小组工作所需要的能力

1. 理论联系实际的能力

社会工作者应熟知社会工作小组工作的相关理论、小组工作中的各种方法和技巧，合理安排小组活动内容，在科学理论指导下行动。在实操过程中，不但要求社会工作者有理论联系实际的能力，而且要有根据情况的变化，合理运用工作方法与技巧的能力。社会工作者要以社会工作理论为基础，积极参与实务过程，不断充实自己，理论应用于实践，才能更好地为服务对象提供服务。

2. 资源整合的能力

资源整合能力在社会工作实务中起着关键性作用，它不仅需要社会工作者的理论基础扎实，还要求实践能力强，比如社会工作者需要了解资源，并确定这个资源是否可以提供帮助。社会工作者需要很好地沟通技巧去整合资源，并为组员提供更好的服务。

3. 同理心

同理心是社会工作者的基本素质，是能否与服务对象建立信任关系的关键点，也是沟通会谈的主要技巧，是做好社会工作的前提。同理心是一种设身处地的态度，能够站在他人的立场来理解其行为与感受。例如面对专门学校的学生，如何站在他们的处境下思考问题。在某种程度上，同理的程度越高，社会工作者与组员之间的心理距离越近，彼此的信任关系就越强，工作就越富有成效。

4. 处理突发情况的能力

在开展小组活动时，会有一些突发的情况，一般是在事先没有通知、预兆的情况下突然发生的、有一定的破坏力和影响力的事件，具有明显的不确定性。社会工作中的突发性事件主要是在助人过程中遇到的意外问题，此时，社会工作者需要理性冷静地处理，并引导组员按照预期计划开展相关工作。例如本次小组活动开展时，组员之间突然起冲突。面对这种情况，一是要沉着冷静，细致敏锐地察觉出问题所在，并有效加以处理；二是要稳定自己的情绪和行为；三是懂得焦点回归，推动小组成员自己解决问题。

（六）小组工作的局限性

1. 无法及时应对个体问题和突发情况

校内虽有驻校社会工作者在开展服务，但因小组活动不能兼顾所有组员的个体问题，加上社会工作人员有限、精力有限，不能及时精准评估每个组员的需求、及时处理一些突发情况。

2. 活动设计重游戏轻分享

目前很多小组活动中，游戏成了主角，大多数小组经常开展简单、重复的游戏。此外，社会工作者会把组员的开心当成小组目标的达成和小组服务成效的表现，由于时间有限，没能让组员及时分享活动感受，小组的实际功能在组员身上大打折扣。

3. 前测和后测没有达到真实性

在整个小组工作过程中，由于学校有驻校社会工作者，开展活动的要求按照学校课程的安排来进行，导致社会工作者不能严格按照小组活动前测后测的标准进行，组员的需求也都是按照专门学校学生的一般性需求来开展活动，后测以访谈的形式对后测结果进行总结。若使用量表或者问卷，从以往开展经验来看，组员也会胡乱填，所以在这个过程中前测和后测并没有一定的真实性。

（七）思考题及回应

在类似专门学校做实践时，如何避免上面所述的前测和后测的困难，去做好前测和后测，达到结果的准确性？

由于专门学校的特殊性，所有的组员心理和生理都需要关心，在今后的实践中，如何照顾到所有组员在小组过程中发生的意外状况并跟进？

社会工作者是否有反思过开展小组服务需要注意的事项呢？比如当确定小组主题之时，是否考虑过小组聚焦的服务对象是谁？当你在苦恼组员招募之时，是否思考过服务需求把握精准？

针对上述问题，结合本次项目经验，主要开展以下几方面的延伸思考。

第一，小组的需求把握要有针对性和准确性。

众所周知，开展社工服务的第一步就是要做需求调研，收集服务对象需求。在制定整个项目的年度发展方向和计划时，社会工作者会做总体的需求把握。在设计单个小组的时候，我们也需要做小组前的需求把握。

小组需求把握可以在平时跟目标服务群体接触的时候进行非正式的访问，社会工作者可针对在本领域年度总体需求评估中得出的较为明显的需求主题进行访谈（如青少年服务需求程度较高的项目要有志愿者参与，要包括人际交往和情绪管理等内容；家庭服务需求程度较高的项目要有亲子服务、家庭沟通等内容）。

社会工作者在做小组的宣传和招募时可针对目标群体做详细的主题解释，让目标群体进行主题选择，可以直接询问服务对象以上几类小组（应对上面提及的主题）最想参加哪类，多问一些目标群体，这样可以扩大覆盖面，得出的需求会更精准，然后从访谈中分析出最受欢迎的主题，在这个过程中还能推动组员招募的进度。

第二，在小组服务中增加有意义的游戏。

游戏人人都爱，人人都有过童年游戏的经历。社会工作者相信人人都喜欢玩游戏，任何年龄阶段的人群都爱玩游戏。例如和婴儿玩游戏，当你用手遮住眼睛再移开手，婴儿会被逗笑，和幼儿玩一些奔跑追逐的游戏，他们笑得很爽朗，玩游戏是人类与生俱来的一种特质。在小组活动中，社会工作者会适当地设置游戏环节，除了破冰游戏外，可设计与小组主题相关的游戏，如以促进组员沟通为目标，可设计语言沟通、非语言沟通的游戏，如“传递句子”（不能说话，只能以动作的方式来传达，让其他人猜句子的内容）、“词语猜猜猜”这类游戏在综艺节目里经常出现，而且不会乏味，每次玩都有不一样的乐趣。

开展认识自我的游戏，则推荐玩“优点座椅”：准备一张椅子，邀请每个组员坐在椅子上，其他的成员每个人说说坐在椅子上的组员有什么优点，让组员们认真观察。组员可以表达某某的自我介绍很大方，某某的笑容很温暖。注意这些称赞是通过观察发自内心得出的。大家轮流坐在这张神奇的座椅上，感受来自大家的称赞。这样引导组员发现自己平日没发现的优点，从而进一步地加深组员对自我及互相的认识，同时提升小组的凝聚力。

社会工作者在小组活动设计中增加与主题关联的游戏，能够增加小组流程的互动性，提升小组的专业度。

第三，关注小组中的领袖及其作用的发挥。

在一个专业小组中，有经验的社会工作者能敏锐地发现小组中的关键性人物，关注他们在小组中的带动作用。社会工作者需要发现这样的领袖，并引导小组领袖在小组中发挥积极带领作用。社会工作者可设计一些分享环节，设置相应的话题（如组内感受、想法、收获等），让小组领袖直接带领分享，社会工作者作为观察者了解每个人的发言及想法。

有时小组领袖的引导发言效果会比社会工作者带领的更好，组员与小组领袖的同质性会让组员的分享热情更高涨，小组气氛在领袖的带领下更活跃。这样既分担了社会工作者的工作量，又成功达到了小组分享的成效。

第四，积极发挥社会工作者的专才优势，在小组中输入社工元素。

一个小组是否具备社工元素、是否具备专业性，很大程度上取决于社会工作者对小组需求的把握、小组流程的设计、小组带领的过程、小组引导组员分享、整个小组经验总结等多方面的用心程度。比如，在小组活动的开展中，社会工作者是否有把握服务对象的真实需求；是否通过游戏、互动、分享等环节带动组员的参与；是否利用积极的领袖力量促成小组动力推动小组的发展；是否在小组结束之后，组员之间的互动仍旧是在非小组的平台上保持的；是否小组的作用发挥对组员产生了积极正面的影响；是否小组对社会工作者本人的实务能力有促进和提升。

以上问题都值得我们去不断思考、不断提升、不断成长。

最后，鼓励新手社会工作者要多学习社会工作理论，多在实践中积累经验，社会工作就是要去“做”，只有多做才能有话语权，才有个人专业优势可言。一个小组的开展有调研、设计、开展、总结各个环节，整个过程都有社会工作者的参与，社会工作者最了解小组的过程，社会工作者需要在实际的操作中反思自己的实践经验，在带领小组的过程中逐渐积累经验，带领更多的具备社工元素的专业小组活动。

发现内在的力量
——复元理论在精神障碍患者个案中的应用

王　璐[①]

一、案例背景

精神康复是专业人员运用现有的设施和手段，尽量改善精神疾病患者的精神症状，最大限度地恢复其社会功能的活动。近年来，精神疾病服务模式从以减轻病症为目标的医疗医学模式逐步转向于复康模式甚至是复元模式。本案例中，社会工作者基于社会工作的视野，以一名精神分裂症患者为服务对象，在复元理念的导向下对其开展个案服务，包括协助情绪宣泄、提升疾病管理、运用优势视角促进能力发挥、规划未来、建立资源清单、处理疾病的污名、促使患者在起伏中成长等。通过分析本案例的复元历程，探讨复元理论在精神障碍患者个案中的应用。

（一）个案基本信息

小新（以下称服务对象），女，16 岁，精神分裂症患者，现为某校高一学生。小新的母亲张某，在参加了社会工作者开展的家长讲座活动后，主动找到社会工作者求助。小新为转校复读高一的学生，转入新的学校不到半学期，出现了严重的适应不良情况。小新认为“全班人都在议论她，不喜欢她”，因而产生了退缩、不想与人交往、不想来学校上学的想法。

（二）个案背景资料

1. 引发事件

小新的母亲张某，在参加了社会工作者开展的家长讲座活动后，主动找到社会

① 王璐，高级社会工作师、深圳市温馨社工服务中心副总干事，云南师范大学法学与社会学学院 MSW 教育中心校外导师。

工作者求助。张某担心女儿的情况，认为一直转学不是解决问题的方法。社会工作者建议张某鼓励及劝说小新主动求助，在母亲的支持下，小新主动与社会工作者见面，社会工作者在初步评估后提供服务。

2. 曾作出的调适及成效

服务对象曾在另一所高中就读高一，因发现“其他同学都在关注她头发少，议论她”，而与班级同学发生矛盾，后续关系持续恶化，引发服务对象长时间情绪低落。因此，张某出于对孩子的保护，将孩子转学至现学校。在张某陪同服务对象与社会工作者接触后，社会工作者初期采用理性情绪治疗法，协助处理小新的非理性信念，但服务对象情况反复，成效不稳定。直至有一次面谈时，服务对象表示，“嘘，门外有人偷听我们说话。”社会工作者听后发觉前期初步的分析评估可能存在偏差，故在与服务对象及其母亲沟通后，鼓励和陪伴其寻求精神科医生的支持和建议。

3. 情绪认知行为表现

服务对象表现出情绪低落和沮丧，认为“同学喜欢议论她，大家都不喜欢她”。自我评价较低，认为自己没有优点，没有价值。逃避与其他同学相处，逃避上学。曾表达：“真希望可以一觉睡过去再也不醒来了。”

4. 支持系统

服务对象的父亲在小新 6 岁时，因抑郁症自杀。服务对象现与母亲生活在一起，母女关系密切，相依为命，服务对象日常生活非常依赖母亲。而家庭的经济来源主要依靠母亲的会计工作。服务对象的问题出现后，其母亲表现出一定的压力，有时候会采用指责的姿态与小新沟通，认为孩子不够坚强。母女之间的矛盾偶有爆发。服务对象朋友较少，有一名好友目前就读于现学校的高二，但因不同年级及班级，日常可相处的时间较少。日常学习中，服务对象与班级其他同学基本没有交流。

5. 健康评估

服务对象在社会工作者及其母亲的陪同下，先后前往深圳市中医院及康宁医院开展进一步评估。评估结果显示服务对象存在精神分裂症以及中度的抑郁症。因此前文提及的“听到有人偷听讲话”“班级同学都在大声议论我”以及后续表示“家中被安装了窃听器”“很多人在微博中讨论我”等反应，主要为其精神分裂症导致的幻听和妄想。

6. 暴力倾向

服务对象无暴力行为和暴力倾向。

二、案例分析（预估）

（一）理论支持

复元是一个精神康复的概念，目标是促进精神康复者的全人健康，超脱精神疾病所带来的各种负面影响，并重新掌控自己的生活。它不只衡量康复者是否回到原来的状况，更着重的是个人的经历与成长。部分学者把复元定义为一个让康复者在患病的经历中重新认识自己、建立正面的自我形象，并在受精神疾病的限制下重建有意义的生活过程。同时，康复者了解患病的起伏过程，明白在康复过程中的责任及参与治疗的重要性也是复元很重要的内容。康复者作为复元历程的中心，在医疗团队、家人、朋辈及公众尊重的支持下，他们可以全面发展，获得有尊严的对待，并活出病患以外而有希望的人生。复元概念可分为三个范畴：个人范畴、支援范畴、普及范畴。

1. 个人范畴

（1）自主自决与选择。

康复者是自己生命的主角，他们有权决定自己的复元路向，并选择合适的服务及支援网络；他们有权在康复过程中为自己作决定，并有责任承担选择的结果，促进康复者的自主和独立能力，以及对实际的掌握和运用，肯定自己生命的意义。

（2）责任。

康复者有责任照顾自己及参与自己的复元过程，在衡量事情的利弊后，他们为自己作出决定，并愿意为所作的决定承担其中的风险。康复者、社会工作者与家人是一个团队，大家有责任共同推动复元过程。

（3）个人化。

每位康复者都有他们独特的优势和抗逆力，也有不同的个人希望、需要、喜好及经验，所以每位康复者的复元旅程都是独一无二的，康复者的复元计划应因其独特性、长处及能力而设计。

（4）康复者参与。

康复者在自己复元过程中的参与是非常重要的。康复者有权利参与有关的决定，包括对个人的复元计划及服务的资源分配和发展提出意见。

2. 支援范畴

(1) 朋辈支援。

康复者之间不但可以分享人的复元经验和生活技能，朋辈的成功更可成为榜样，鼓励彼此仿效及勇敢作出尝试。朋辈的互相支持和凝聚力量增强了康复者复元的信心，可以促进他们对复元过程的希望及加强充权的态度。

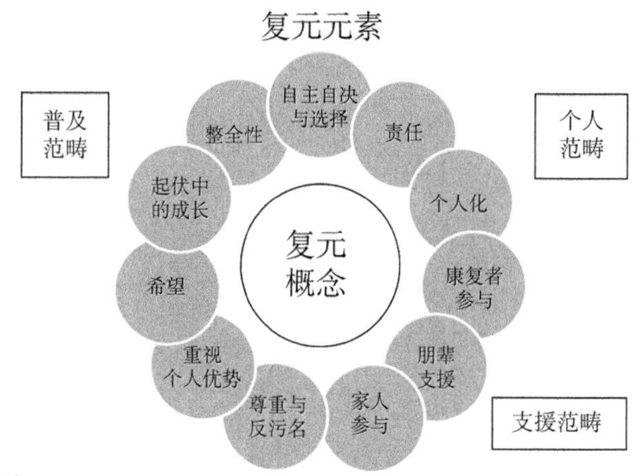

(2) 家人参与。

家人的了解、接纳和生活上各方面的支持对康复者的复元过程甚为重要。家人的参与并非等同家人主导。康复者、社会工作者与家人应经常保持沟通，一起讨论和订立复元目标和计划。

(3) 尊重与反污名。

社会的尊重和接纳能让康复者投入社区生活，参与各范畴的活动及事务，促进复元过程。我们尊重每一位康复者的价值及独特性。社区也必须消除对康复者的污名，即负面的标签与歧视，放下对精神病人的有色眼镜。服务机构可协助康复者接纳自己，并提倡应有的权利，帮助他们投入生活。

(4) 重视个人优势。

在康复过程中学习欣赏个人价值及认识自己内在的多种优势和能力是不可或缺的。社会工作者应提高对康复者个人优势的重视程度，促进他们认识、发掘和建立个人的优势，重拾自信，在复元过程中担任主导的角色，以期全面投入生活。

3. 普及范畴

(1) 希望。

希望是对未来的盼望，也是复元过程的推动力，能够启动整个过程，使其延续。康复者、社会工作者和家人都应对复元心存希望，不受精神状况的稳定性影响。朋友、家人和社会工作者的支持，能增加康复者对生活的希望和动力，促进康复者克服所面对的障碍和困难。

（2）起伏中成长。

复元是一个有起伏的过程，亦是一个成长的过程。在复元过程中，康复者有机会遇到挫折或经历复发，重要的是我们从经验中学习，明白及相信将来会有成长的机会。

（3）整全性。

复元强调整全的生活，而精神疾病只是生命的一部分，不是生命的全部。康复者在其生命当中有不同的角色和责任。复元不局限于消解病症、稳定病情，而是着重身、心、灵和社会的参与，并涵盖生活的各个范畴。

综上所述，复元概念包括11个元素：个人化、自主抉择与选择、责任、康复者参与、家人参与、朋辈支援、重视个人优势、尊重与反污名、整全性、起伏中成长，以及希望。社会工作者可从个人层面、支援层面及普及层面出发，在个人层面，尊重服务对象独特的优势和抗逆力，根据服务对象的需要和经验制订其复元计划。尊重服务对象自主作出的选择，作出适合当下情况的决定。在支援层面，促进家庭成员之间的沟通，缓解家庭矛盾；利用社会资源，积极寻找朋辈支持；社会工作者应协助服务对象看到自身的优势，认识到已经存在的和可以利用的外部资源，并以此来面对精神疾病；通过教育活动的开展，让公众意识到精神障碍患者的康复需要大众的尊重和关怀。在普及层面，协助服务对象看待自己的精神康复历程，让服务对象对目前的情况有个整体把握，并促进其自我接纳，以全新的姿态面对今后的生活。

（二）问题分析

阻碍患者复元的困境主要分为内在因素和外在因素。内在不良因素主要为疾病症状干扰、社交封闭、对未来感到茫然等。而外在环境的限制主要为家庭及亲友支持不足、公众对精神病人士的否认、社会支持网络薄弱等。且由于服务对象病情的反复性和起伏性，导致其后续复元之路有很多阻碍。

本案例中，在个人范畴上，服务对象因其自卑的性格，以及以往逃避式的应对方法，从而缺乏对自身康复的责任感和自主决策。在支援层面，服务对象家属在康复进程中支援作用发挥不足，同时服务对象亦缺乏朋辈支援。此外，由于服务对象及家属对精神疾病的认识偏差，导致其拥有较强的羞耻感，对学校环境等存在躲避以及担心被排斥等情况。在普及层面，服务对象和家属对精神疾病的认识较为片面，重视消解病症而忽略个人和社会角色的整全性，且由于服务对象病情的反复性和起伏性，导致其对于康复缺乏信心。

故本案例计划运用复元理念，并分别从个人范畴、支援范畴、普及范畴三个角度，开展一些针对性的工作，协助服务对象在尊重和支持下，恢复元气，重建有意义的人生。

三、服务计划

（一）服务目标

社会工作者运用复元理论及社会工作的方法介入，使服务对象能正确处理自己的精神康复问题，能发现并发展自己的支持网络，逐渐走向康复，追求全新的生活。

1. 个人层面

（1）服务对象对自我复元过程负起个人责任。

（2）服务对象全面参与针对自身特点的个性化的复元计划和进程。

2. 支援层面

（1）增强服务对象家庭支援能力。

（2）增强服务对象朋辈支援力量。

3. 普及层面

（1）服务对象对复元整全性理解加深，无须等待病症完全消解，重拾个人和社会角色。

（2）服务对象在起伏中获得持续性成长，重建自身价值，对未来充满希望。

（二）服务策略

介入角度	介入目标	达到目标的具体方法
个人层面	降低个人危机风险	通过危机介入的面谈技巧，协助服务对象输入希望，积极应对
	服务对象对自我复元过程负起个人责任	1. 陪同就医 2. 开展复元知识教育 3. 进行复元优势评估
	服务对象全面参与针对自身特点的个性化的复元计划和进程	1. 面对服务对象家庭开展疾病教育和药物教育 2. 召开家庭会议，共同讨论复元计划

续表

介入角度	介入目标	达到目标的具体方法
支援层面	增强服务对象家庭支援能力	1. 通过免费服药、监护补助政策减轻服务对象与家属的经济压力 2. 通过家庭雕塑的方法，协助服务对象与母亲之间构建连接，强化彼此之间的支援 3. 为母亲张某提供辅导及支援服务，舒缓其压力
	增强服务对象朋辈支援力量	1. 引导服务对象在住院期间，与康复中的病友建立联系，树立其朋辈榜样 2. 教授服务对象好友以知识和技巧，提升其陪伴质量和水平 3. 教育及倡导服务对象所在班级，在班级营造接纳的氛围
普及层面	服务对象对复元整全性理解加深，无须等待病症完全消解，重拾个人和社会角色	1. 鼓励服务对象参与志愿者服务，协助其发挥个人优势 2. 鼓励其重返校园，协助其制订可实现的校园生活计划并陪伴其执行
	服务对象在起伏中获得持续性成长，重建自身价值，对未来充满希望	定期检视并总结其阶段经历中个人的优势和价值，构建积极的自我评价

四、实施过程

（一）第一阶段：复元计划制订

1. 介入目标

降低服务对象危机风险，协助服务对象对自我复元过程负起个人责任，促进服务对象全面参与针对自身特点的个性化的复元计划和进程。

2. 介入重点

个人化、自主抉择与选择、责任、康复者参与、个人复元计划。

3. 介入过程

首先，因服务对象较为依赖他人，因此社会工作者较快地与服务对象建立了信任关系。社会工作者在个案初期发现服务对象表现出一定的低落、无价值感的情绪和行为，曾表示自己有过自杀的念头，经过精神健康评估后确认服务对象为中度抑郁。基于此，社会工作者评估到服务对象有一定的自杀危机风险，并运用心理危机干预六步法，即确定问题、保证求助者安全、给予支持、提出可变通的应对方式、制订计划和得到承诺，立即开展服务，降低其自杀风险。

其次，社会工作者运用个案面谈技巧，让服务对象认识到“自己是直接面对问题的主体，因此整体的个案服务计划关键的人是自己，社会工作者愿意陪伴、支持服务对象，但关键是她自己愿意迈出每一步”。因此服务对象对自我复元过程肩负个人责任。

最后，通过对服务对象及其母亲开展疾病教育、药物教育，消除不正确的认知，让其认识到患有精神疾病确实是一个不幸的经历，但其如同感冒、发烧等疾病一样，当今社会也有较高的发病率。通过坚持治疗，精神疾病患者也可以像正常人一样工作、生活。并在此基础上，引导服务对象及其母亲运用家庭会议讨论并制订具有个性化的复元计划。

4. 介入效果

本阶段中，服务对象的个人自杀危机风险降低，服务对象表示愿意积极复元。也因为服务对象面对较大的困境，而困境对服务对象造成的影响，也给予了服务对象很大的改变动力，加之社会工作者的引导和陪伴，服务对象逐渐从消极逃避的状态转向了积极应对。

（二）第二阶段：支持体系构建

1. 介入目标

增强服务对象家庭支援能力，增强服务对象朋辈支援力量。

2. 介入重点

家人参与、朋辈支援、尊重与反污名、重视个人优势。

3. 介入过程

首先，服务对象因其治疗需求，需入院治疗一个月。该阶段治疗花费较高，对服务对象母亲而言有一定的经济和照顾压力。因此，社会工作者要链接免费服药、监护补助政策资源，减轻服务对象母亲的经济压力。

其次，在住院期间，社会工作者鼓励服务对象结交了共同康复中的病友，并在朋辈的鼓励中获得支持，同时有1~2名康复情况较好的朋辈作为榜样，激励服务对象对自己的康复更有信心。

再次，服务对象母亲因承担了巨大的压力，欠缺支持渠道，有时会对服务对象表达出抱怨的情绪。尤其是当治疗过程中服务对象的病情出现反复时，母亲表现出焦虑情绪，偶有指责服务对象不够坚强、增添麻烦等，并将服务对象康复的责任和希望转嫁到社会工作者身上，这在一定程度上会干扰和影响服务对象的复元进程。社会工作者处理母女的沟通问题时，察觉到造成母亲行为的深层次的原因是母亲承担了较大的压力，其内在动机还是渴望“孩子每天都能开开心心的”，但作为母亲的角色，却感到深深的无力和挫败感。因此社会工作者运用神经语言程序学（Neuro-Linguistic Programming，NLP）的沟通技术，同理到母亲深层次的感受以及期望，并引导其看到自己对做一个好妈妈的内在渴望以及孩子此时对她的需要。后续通过家庭雕塑的方法，让双方看到对方对自己的需要，从而协助服务对象与母亲之间构建连接，强化彼此之间的支援，形成稳固的家庭支持体系。

最后，社会工作者积极联系服务对象所在班级的老师，讨论服务对象的情况，并对后续服务对象返回班级的安排作出讨论，积极在班级营造接纳关怀的氛围，为其返校做准备。与此同时，对服务对象家人、好友展开培训，提升其对精神疾病的认识，教授其照顾和支持的技巧，提高支持系统的陪伴质量。

4. 介入效果

本阶段中，服务对象积极根据复元计划展开复元，但因对药物了解不充分，见症状好转后就私下停药，导致病情出现了反复。后续经过社会工作者的及时介入和引导，情况逐渐稳定。

病情反复过程中，母亲亦曾有一些压力反应，但所幸通过社会工作者开展的家庭辅导服务，强化了母女之间的连接，家庭成员之间提供给彼此更加坚厚的力量和支持。同时，因社会工作者提前对服务对象回归班级作了安排，服务对象在后续回归课堂后担心的污名化等被去除，营造了较好的支持环境。服务对象也在复元过程中，看到自己内在的勇气、力量和潜能，从这段“面对疾病”的经历中，学会了欣赏面对疾病，积极的、有勇气的、有韧性的自己。

（三）第三阶段：重塑个人价值

1. 介入目标

促进服务对象对复元整全性理解加深，无须等待病症完全消解，重拾个人和社会角色；促进服务对象在起伏中获得持续性成长，重建自身价值，对未来充满希望。

2. 介入重点

整全性、起伏中成长、希望。

3. 介入过程

此阶段中，社会工作者鼓励服务对象参与志愿者服务，协助其发挥个人优势，让其体验在一个正面团队中获得支持和接纳的感觉，收获与他人相处的新的正面经验。同时，在过程中看到自己也可以为他人、社会贡献力量，自己也可以和其他人一样生活、学习，是有价值的。在初步评估服务对象逐步在复元过程中收获自信，以及获得对周围事物的把握感后，社会工作者鼓励其重返校园，并协助其制订可实现的校园生活计划。而这些计划中的目标并不一定是宏大的，而是服务对象可以通过努力，一步一个脚印达成的，如返回课堂、认识 2~3 名同学、拓展 1 个爱好等。社会工作者支持服务对象并陪伴其执行，在过程中，定期检视并总结其阶段经历中个人的优势和价值，让服务对象看到每一步改变下自己付出的努力，以及拥有的力量和资源，并构建积极的自我评价。

4. 介入效果

本阶段中，服务对象在社会工作者的鼓励下参与了志愿者服务，收获了支持和友情，构建了新的支持系统。在社会工作者的支持下，服务对象重新返回学校，并在校园生活计划指引下，与几名班级同学成为好友。而服务对象自己，也从最初对自我的否定，到可以做到欣赏自己，面对困难亦可以冷静地思考解决方法，从个人形象、沟通等方面，明显感觉到其内在价值和自信心的提升。

五、案例评估

（一）评估方法

1. 量表情况

社会工作者根据精神科医生提供的简明精神病评定量表（Brief Psychiatric Rating Scale，BPRS）和日常生活能力量表（Activities of Daily Living，ADL）的前后测试结果进行分析，服务对象大部分精神症状均已消失，日常生活能力不存在障碍，康复情况良好。

2. 观察法

社会工作者从精神健康、学业表现、日常生活、人际关系、身体状况、家居环境等其他方面对服务对象进行评估，结果表示服务对象可积极应对精神疾病，清晰地知晓自己可以运用何种资源和何种方法应对复发，对于人际交往和校园生活不再逃避；可以正常回归校园、与班级同学建立关系、培养个人兴趣等，个人的自信心和自尊感亦有显著提升。后续跟踪显示，服务对象恢复学业且顺利考取大学，情况较为稳定。

（二）介入目标达成的情况

1. 目标一

服务对象自测目标一实现程度为 8 分（满分 10 分），服务对象认为其在个人层面自主参与了个性化的复元计划，发挥了个人作用。

2. 目标二

服务对象自测目标二实现程度为 8 分（满分 10 分），服务对象表达在支援层面获得了成长，自身优势、家属支援、朋辈支援均得到了增强。

3. 目标三

服务对象自测目标三实现程度为 9 分（满分 10 分），服务对象认可在普及层面重新找回了个人价值和希望，恢复了社会角色，获得了持续性成长。

六、专业反思

（一）复元理论是精神康复者复元的有效实践模型

与传统的治疗取向、康复取向不同，复元理论就是一种特别适合精神康复者回归正常生活的理论。复元理论并不把康复者单纯当成一个疾病患者去治疗，更着重康复者的自我接纳，个人的经历与成长的过程。这个理论不论从视角上还是方法上，都符合社会工作的理念和价值，也对精神康复服务实践具有重要的指导意义。当然，随着实务的实践探索，也必然会丰富和发展复元理论的工具、具体步骤，使之成为一个更具操作化的理论模式。

（二）跨领域的基础知识是社会工作者所需的知识储备

本案例初期，社会工作者并未发觉服务对象可能存在精神健康问题，直到开展几次面谈辅导后开始觉察，后续通过专业评估后再重新调整了个案服务计划。从这点来看，对于社会工作者而言，跨领域的一些知识学习显得尤为重要，可避免在个案评估中出现错误，导致服务计划和个案实际问题无法贴合，从而耽误服务对象问题的解决。这也从另一个角度启发社会工作教育的探索，可逐步完善跨专业、跨领域的学习，以便社会工作者可应对各类多元的挑战。

（三）服务对象内在力量的激发是个案工作中的核心要点

案例中，社会工作者最为惊讶的是服务对象的改变，甚至服务对象应对疾病的复元过程，也启发到社会工作者本人，让社会工作者看到“苦难固然不行，但是苦难中的人们，往往也有的被激发了特别的生命力”。因此作为社会工作者，需要看到每一个服务对象都有内在的能量和资源，社会工作者的角色亦是让服务对象看到自己的力量、欣赏自己的力量、善用自己的力量。从这点看，社会工作的理念和价值发挥了重要的作用。

（四）社会大众的接纳仍是未来精神康复领域需关注的重点

不可否认的是，在社会大众越发关注个人身心健康的同时，社会对精神康复者的接纳度也在不断提升。对于社会工作者，如何持续有效地开展社会公众教育、开展无障碍友好环境的倡导，依然是一个重要的议题。社会工作者有责任去开展更多的社会倡导和教育工作，营造更加友好的社会环境。相信在我们的共同努力下，这个社会会越发友好，而每个人都在为了美好生活的向往而努力。

第四部分

家庭社会工作

焦点解决短期治疗技术在处理婆媳关系中的运用

冯恩健[①]　指导教师：莫关耀

一、案例背景

（一）基本资料

姓名：容婆婆（化名）。

性别：女。

年龄：71 岁。

学历：小学五年级。

健康状况：患有高血压、糖尿病等慢性疾病。

（二）服务对象背景资料

背景情况：容婆婆（以下统称服务对象）与丈夫离婚，育有两个儿子。大儿子辰子（化名），成家后搬出去住；二儿子阿坤（化名），一家和服务对象同住。目前，服务对象居住的房屋系前夫留下的一套面积 40 平方米的自置物业。离婚时，法院判决服务对象没有房产权，但有居住权。阿坤一家和服务对象各自使用一半的面积，中间使用一块挡板隔开。某天早上，服务对象打开家门出去晾晒衣服的时候小孙子醒了，二媳妇雯雯（化名）随即和服务对象发生争执，认为小孙子是被服务对象开门的声音给惊醒的。服务对象过去看了，认为那时候小孙子还没有醒，是二媳妇雯雯去拍挡板，小孙子才惊醒过来的。双方在争执和拉扯中将家中的门锁也弄坏了。后来在大儿子辰子过来以后，服务对象一家决定将此事报警处理。

家庭系统：服务对象与其前夫关系恶化，离婚后已经没有了联系；大儿子辰子

---

① 冯恩健，云南师范大学法学与社会学学院 MSW 教育中心 2021 级社会工作硕士研究生，曾在深圳市龙岗区春暖社工服务中心从事禁毒社会工作三年。

成家搬出去住后与服务对象联系减少，一般是家里起矛盾的时候，服务对象会让其过来帮忙处理；服务对象与二儿子阿坤关系良好，阿坤是由服务对象从小抚养长大，自小反应比较愚钝，曾经做过智商测试，显示智商较低，也曾经有犯法和坐牢的经历，因此服务对象在各方面都比较照顾他；阿坤夫妻经常吵架，婚姻不美满。结婚后妻子雯雯经常以智力低下为事由来责骂他，称阿坤为低能儿、死囚犯；同时，服务对象与二媳妇雯雯的婆媳关系也一直处得不好，总是不间断地发生争吵，曾因为婆媳的争吵闹到了居委会。服务对象向居委会投诉二媳妇雯雯不让她见小孙子，和小孙子说不要跟老妖婆讲话。服务对象也曾经对别人说，二媳妇雯雯在婚后和别人发生了性关系，并且强迫二儿子阿坤承认。

曾作出的调适及成效：在小孙子满月酒的时候，服务对象送了一个银镯子给孙子，与其二媳妇的婆媳关系在那段时间好了几个星期。

支持网络：无论是家庭支持网络还是社会支持网络都十分薄弱。

接案原因：服务对象和二媳妇雯雯发生争执时，雯雯会敲打房屋中间的挡板，此举对其造成惊吓，服务对象希望得到安全的保障。社会工作者在澄清工作性质、明确双方的权利与义务等相关守则后，服务对象表示愿意接受社会工作者接下来的辅导。

二、案例分析

（一）问题及需求分析

1. 问题分析

（1）服务对象家中的门锁坏了，带来安全隐患。

（2）服务对象在与二媳妇雯雯相处时表现出怨骂、不满的情绪，可能做出过激的行为，易产生自损和损人的行为。

（3）服务对象与其二媳妇一家在同一间房屋居住，中间隔了一块挡板，二媳妇与其发生争执时会敲打中间的挡板，此举对服务对象造成惊吓。服务对象希望得到安全的保障，若不解决可能产生危及服务对象健康安全的潜在隐患。

（4）服务对象的家庭支持网络薄弱，服务对象未能找到保障人身安全的办法，可能造成服务对象丧失对生活空间的掌控能力和自信心，不能发挥其正常的社会功能。

2. 需求分析

（1）社会工作者协助服务对象获取修锁匠的联络信息。

（2）调解服务对象婆媳之间的矛盾。

（3）服务对象需要避免受到惊吓。

（4）服务对象需要宣泄愤怒和不满情绪。

（5）增强服务对象的家庭支持网络。

（二）理论支持

焦点解决短期治疗（Solution-focused Brief Therapy）是后现代主义治疗领域的一种治疗模式。这种心理治疗模式基于短程心理治疗和后现代主义哲学观的影响，将来访者视作健康而充满能力的人，来访者有能力为自己的问题找出解决方案，从而提高生活质量。焦点解决短期治疗重点探讨如何解决问题，认为事出并非定有因。探究原因是不必要的，重要的是问题解决的过程，不当的解决方法常是问题的所在。焦点解决短期治疗主要有七大技巧，包括开场技巧、关系建立与目标架构技巧、六大问句技巧、赞美技巧、通用技巧、布置家庭作业技巧和再次咨询技巧。这些技巧能够引导与催化来访者保持正向叙说，从而促进来访者在心态和行为方面发生积极正向的改变。社会工作者和服务对象接触后发现，服务对象的宣泄欲十分强烈，期望得到问题的解决。考虑到服务对象谈到家庭问题的因果关系很难确定，而服务对象的问题也需要得到快速解决。社会工作者采用焦点解决短期治疗技术，从积极正向的观点出发，引发服务对象成功的例外经验，唤起其对未来的期望，鼓励服务对象自身促成问题的解决，从而进行改变。

三、服务计划

（一）服务目标

一是帮助服务对象更换门锁。

二是帮助服务对象宣泄了愤怒和不满情绪，维护其心理健康。

三是提高服务对象的自助能力（注意避免受到惊吓，改善和维护婆媳关系）。

四是增强服务对象的家庭支持网络。

（二）服务策略

一是社会工作者倾听服务对象的故事，感受服务对象在此情此景下的心情，向服务对象提供情绪疏导和支持服务，让服务对象很好地宣泄其愤怒和不满情绪。待服务对象心情平复后，与服务对象一起探讨当前主要解决的问题是什么、服务对象有没有成功解决的经验，引导、协助服务对象对问题进行梳理和解决。

二是和服务对象约定每两天会谈一次。在会谈过程中，运用焦点解决短期治疗的技巧，协助服务对象探寻成功经验和解决问题的方法，了解服务对象对成功例外经验的态度、看法，挖掘服务对象的潜能与资源，树立起对未来生活的信心。

三是引导服务对象制定正向、切实可行的目标，作出改善行为的决定，并完成每次的家庭作业。

四是邀请服务对象一起对服务进行总结反馈，评估服务过程中所取得的进步。

四、介入过程

（一）第一阶段：聚焦解决（解决架构）——有希望

在与服务对象的初次面谈过程中，服务对象一直抱怨二媳妇雯雯，如洗完澡身上没干就躺在床上、洗澡不关门等。社会工作者给予服务对象一些自由谈论问题的时间，这是正式进入焦点解决短期治疗的一个开端。通过倾听服务对象的故事，适时向服务对象提供情绪疏导和支持服务，提供机会让服务对象宣泄自己内心的愤怒和不满情绪，以便减缓服务对象的心理压力。在与服务对象一起分析“负面事件”和作评价时，社会工作者不会去询问发生问题的可能原因，偶尔会询问较少的细节，更多的是细心倾听服务对象倾诉问题并思考一些方法把谈话转移到寻找问题的解决方式上去。如：当服务对象陈述在这个家庭环境生活多么困难时，社会工作者用“是什么一直支持你挺到现在”找出服务对象的支持；用“如果这种情况继续下去，你怎样做才能让自己生活得更好些”将服务对象从过去的不愉快建构到现实的行动思考中。

（二）第二阶段：聚焦现在与未来（目标架构）——有方向

社会工作者尝试了解服务对象对问题的主观诠释、问题对服务对象的影响、服务对象如何处理问题等个人与问题之间的互动，着重找出其生活中哪些方面对建构解决问题的方法有所帮助，挖掘服务对象的潜能与资源。当服务对象描述自己产生困扰的过程时，社会工作者提出“如果困难改善了，情况会是怎么样的”，服务对象描述了自己很多美好的生活设想。为引导服务对象思考，确立行动目标，社会工作者运用赞美、一般化、应对问句等技巧，结合起来探讨并确认“与生活满意度最有关系的三个方面”。服务对象选择了人身安全、婆媳关系及情绪，作为自己生活满意度的主要支撑点。社会工作者利用问句形式将服务对象的思考具象化。比如，邀请服务对象就目前的生活综合满意度、人身安全、婆媳关系及情绪四方面进行打分，询问服务对象：“如果用从 0 到 10 的分数来评价，10 是你最理想的状况，0 是最不理想的状况，你目前是几分？”由此，让服务对象想象再提高 1 分后与现在的不同，以及“若要提升 1 分，你可以做什么”。服务对象自评分见下表。

表 1　服务对象自评分表

	综合生活满意度	人身安全	婆媳关系	情绪
现状分值	3	2	3	4

（三）第三阶段：聚焦成功经验（例外架构）——有成就感

在帮助服务对象进入受助角色、促进服务对象对理想及现状的思考后，着眼构建行动框架。社会工作者让服务对象关注现在脚下的路，探讨从哪些方面可以先一步步向期望的理想状态中迈进。对于具体的某方面的改进，当服务对象说出自己的行动目标时，社会工作者在及时赞赏后，并以“还有呢”来穷尽其思考。通过此次辅导，服务对象已明确自己的目标：先把家中的门锁修好，保障居家的安全，自己注意避免受到惊吓，然后再处理家庭的关系。平时也要控制好情绪，让情绪良好，生活才能处处祥和。这体现了服务对象主动的、具体可行的和个人能力意愿所及的行动步骤。围绕服务对象的需求和行动步骤，结合服务对象自身优势、能力及资源，社会工作者与服务对象共同订立了更换门锁、宣泄负面情绪、提高自助能力（改善和维护婆媳关系、使自身免受惊吓）和增强其家庭支持网络四方面的服务目标。在与服务对象共同订立了服务目标以后，社会工作者引导服务对象去探讨与过去相关的小小成功经验、各种资源及优势力量，寻找到服务对象身上的成功例外和改变。当社会工作者问到“你做了什么让自己感觉到舒缓压力”，服务对象回应：“在交锋得比较激烈的时候，我尽量避开与雯雯直接接触。”“有时候会到辰子家里去帮忙，感觉身上的负担少了。”“多和辰子沟通，减缓心理压力和焦虑情绪。”社会工作者询问服务对象：“有没有一些情况，二媳妇雯雯的表现令你感到满意？是什么表现？”服务对象回忆起她和雯雯曾经和睦相处的时间，“我在做一些家务的时候，她跟着一起做。”社会工作者给予赞赏，赞赏服务对象曾经作出的有效努力，并协助服务对象把成功的经验进行归纳。同时，社会工作者搜集和整理了“如何处理好婆媳关系”的资讯，给服务对象作参考，引导服务对象在接下来的生活中明白哪些可以再继续多做。

（四）第四阶段：聚焦一小步的行动（行动是根本）——有勇气

总结反馈是焦点解决短期治疗模式中很重要的要求之一，反馈设计是用来“提醒服务对象期待的未来愿景，做什么可以使服务对象更好”，探索成功例外经验，以及“帮助服务对象能够感受到成功及自己是有能力的”。在这个案例中，双方都能按照制订的计划面谈，面谈后休息 3 分钟。社会工作者会让服务对象思考并小结“今天她做得好的地方在哪里”“今天面谈的焦点在哪里”“注意观察些什么，做些什么会有助于解决问题”。社会工作者总结整个面谈内容，小结当天的面谈目标。布置家庭作业，发现服务对象做得好的地方给予赞美，等等。在整个面谈过程中，及时总结反馈可以让服务对象和社会工作者都明确面谈的目标，鼓励服务对象去执行认为做得好的、有效的事情，尝试开始下一步的计划，朝着所期望的未来实施每一小步的行动，帮助服务对象意识到对于自己的问题，她拥有比想象中要大得多的控制力，她的所作所为肯定会有意义。

（五）第五阶段：聚焦解决模式的应用（强化服务对象已有的改变）——有策略

接受方案后，社会工作者运用刻度化提问技术评估服务对象进步。在每次谈话的时候都让服务对象评估他们此刻的状态可以评多少分，然后引导服务对象思考“何以能在这个分数，而不是更低的分数”，以及“发生了什么改变使自己的评分可以从 2 到 4”。在面谈结束时，社会工作者小结与服务对象的收获、整体的意义与影响，探讨如何将服务对象在项目进展或应付困境中习得的经验、优势、力量与方法，持续应用在面谈结束后的生活中。包括如何继续维持目前的进展，如何承受继续存在的痛苦、可能面对的未来挑战及可继续努力的目标等，促进服务对象更能掌握面谈所得，并于面谈结束后更有信心、动力与希望去继续自助地稳定发展。

五、案例评估

（一）对方案本身的评估

在本案例中，服务对象的问题是在和二媳妇雯雯的长期交往中形成和发展起来的，考虑到服务对象谈到家庭问题的因果关系很难确定，服务对象的问题也需要得到快速解决，而且有些问题常常总是人对所在情境的主观反应，受个人认知建构与理解的支配，是“庸人自扰”的结果。常规治疗模式重点倾向于当前问题的解决，而焦点解决短期治疗模式基于非病态视角帮助服务对象认识到同一事件的不同层面，从而帮助服务对象解决问题，提高生活质量。这种模式具备较强的融合性和实践性。

（二）目标达成情况

1. 服务对象自评：（1~10 分，10 分为最高分）

表 2　服务对象自评表

	综合生活满意度	人身安全	婆媳关系	情绪
接受方案前之情况	3	2	3	4
接受方案后之情况	7	6	7	8

2. 来自服务对象的问卷调查：（1~10 分，10 分为最高分）

（1）您对社会工作者的表现满意吗：10 分（非常满意）。

（2）总体而言，服务能否协助你面对/解决你的困难：10 分（完全能）。

（3）自接受本中心服务后，你的情况改善程度：9 分。

（4）与社会工作者接触时，你对解决困难的积极性如何：10 分（非常积极）。

3. 社工观察

接受服务后，服务对象的改变总体还是比较明显的，主要有以下几个方面的改变。

（1）服务对象的情绪恢复到比较平稳的状态。

（2）服务对象停止了与二媳妇雯雯的口角，在与雯雯沟通的过程中形成一些解决问题的策略。如在雯雯说话、做事的时候不加意见，同时在交锋得比较激烈的时候，避开了大家一起出行的时间。

（3）服务对象的家庭支持网络得到了增强。如服务对象愿意将自己的一些想法和计划与辰子沟通，同时辰子给服务对象提供情绪支持和建议。

（4）服务对象的自助能力提高，能够依据自身的视角处理问题，减少危及服务对象安全的潜在隐患。

（三）社会工作者所扮演的角色

社会工作者在本案例中发挥了支持者和使能者的角色。在与服务对象接触的过程中，社会工作者通过专业的工作技巧和价值观，对服务对象的困难予以心理上的理解和支持，以平等的姿态保持和服务对象的合作。通过正向的引导，聚焦服务对象解决的问题，寻找到服务对象身上的成功例外和改变，进而强化已有的改变，提升其解决自身问题的能力、意识和信心。

六、专业反思

（一）“凡事皆有例外”，引导服务对象找出在坏情况下的例外

“焦点解决短期治疗”相信个案有解决自身问题的能力，不关注问题产生原因，“挑对原则”而非传统的“挑错原则”，焦点放在朝向目标导向的谈话过程。探讨例外能让服务对象找到自信，发现问题中存在的例外，进行正向的、积极的架构。可从个案在乎的关键点入手。如本案例中服务对象在乎的是和二媳妇雯雯的婆媳关系问题。可以先抓住这个关键点，从这个点中寻找例外，着重找出例外背后服务对象做了什么，挖掘个案自身存在的资源，利用这些现有资源和潜能，重新架构个案目标，引发其想要达到的目标，再付诸实践。遵循“目标—例外——小步”的大方向，让个案从目标出发、发现例外，从负面变正面、抽象变具体。把目标具体化，朝着正面、积极的方向出发，一步步去实践，最终实现目标。

（二）“服务对象是解决自己问题的专家”，协助服务对象走出自我封闭的困境

社会工作者在协助服务对象解决问题过程中，需要建立起“服务对象是解决自己问题的专家”的视角。服务对象认为重要有价值的部分，为社会工作者接下来的工作提供了重要线索，这是服务对象作为自己生命的专家认为有价值的点。焦点解决短期治疗强调服务对象具有正向力量、成功经验和可能性，相信服务对象本身就拥有资源、力量和解决问题的能力。关键在于社会工作者和服务对象开展合作式的对话，在关系中应该分享权利，鼓励、支持服务对象从事有效的行动策略。

缓减残疾儿童家庭照顾者压力的社会工作实务研究[①]

赵海丽[②]　指导教师：刘婷

一、案例背景

当前，我国残疾儿童的数量不可小觑，残疾类型也呈现多样化，如何有效促进他们的身心发展，让其融入社会，像健全儿童一样健康成长，成为政府需要解决的问题。截至 2017 年末，我国残疾儿童总数达 854.7 万，其中 0~6 岁残疾儿童约 141 万人，2018 年增加了 27 万人，达到了 168 万人[③]。基于此，2018 年 12 月 31 日，民政部设立儿童福利司，统筹各方资源，在儿童福利、儿童救助保护方面发挥作用，致力于实现儿童利益最大化。同时，为了促进残疾儿童能够像健全儿童一样有机会学习新知识、结交新朋友，为将来融入社会正常生活和发展，越来越多的人开始关注残疾儿童，并尝试采取各种手段和措施去帮助他们。

家庭作为儿童在成长过程中体验爱、关怀、尊重、亲密和安全等情感最直接、最传统和最持久的场所，无论是关于孩子康复治疗还是日常生活照料，家庭都是其他场域不可替代的一种环境。特别是作为残疾儿童的家庭照顾者，他们在陪伴孩子成长、学习、康复过程中扮演着非常重要的角色，照顾者的一言一行都会影响孩子的健康成长。因此，作为残疾儿童成长的重要支持力量，家庭照顾者的需求和服务直接影响残疾儿童的生存和发展。家庭照顾者把自己的精力和时间都投入孩子身上，与正常家庭相比，他们承受着来自生理、心理、经济及社会各方面的压力。长时间的繁重、复杂的照顾工作使得残疾儿童照顾者的心理状态和健康状况都受到影响，甚至出现由于压力过大家庭照顾者带着残疾儿童自杀或抛弃残疾儿童等悲剧现象。

---

① 本案例被评为云南师范大学 2022 年校级优秀硕士论文。

② 赵海丽，云南师范大学法学与社会学学院 MSW 教育中心 2019 级社会工作硕士研究生。

③ 陈霞．残疾儿童家长社会支持小组的实务研究［D］．南京：南京师范大学，2020.

二、理论依据

社会支持理论最早源于 20 世纪 70 年代，社会支持网络是指一组由个人之间的接触，通过这些接触，个人得以维持社会身份并且获得情绪支持、物质援助、服务和新的社会接触。[①] 社会支持网络理论认为一个人所拥有的社会支持网络越强大，也就是说一个人如果在生活中拥有很多人的支持，就能够更好地应对生活中的困难。社会网络干预的目的在于挖掘和拓展个人的社会资源，让个人在面临问题时能够拥有更多的社会资源和支持，并具备利用和安排自己拥有社会资源的能力，以此增强他们自己的社会资源整合度，协助解决生活中的问题。以社会支持为理论导向的社会工作，一方面帮助服务对象链接可利用的资源和支持，扩大服务对象的社会资源网络，不再让他们觉得自己是一个人在拼搏，还有身边人在陪伴他们；另一方面，帮助服务对象提高其利用社会网络的能力，最重要的是培育他们主动寻求资源和帮助的能力，将身边所能利用的资源整合起来，让其和自己一起解决问题。这才是社会支持理论的最终目的，即提升服务对象解决问题的能力[②]。其中，正式支持包括社区、学校、政府以及社会组织等正式组织所提供的支持；而非正式支持是指如家庭、亲友和邻居等提供的支持。

社会支持最早运用于探求生活压力研究，社会支持能够帮助个体自己与外部的社会环境建立起联系，进而提高他们应对外部环境挑战的能力。这样，就能够缓解个体在应对压力或者一些生活挫折时的紧张的心理状态，并且能够合理地寻求帮助从而解决自己面临的问题，有效缓解所面对的压力。本文依据社会支持理论对残疾儿童家庭照顾者进行干预服务，从正式与非正式的帮助出发，促进家庭照顾者开拓他们的社会支持网络，为家庭照顾者舒缓压力，提高他们应对压力的能力。通过理论支撑，帮助家庭照顾者建立互助小组联系，通过组员相互之间的社交，经验和信息资源的分享交换，使他们在情感和情绪上获得非正式支持。同时，通过社会工作者链接专业人士为家庭照顾者讲解康复训练的技能和照顾技巧，使家长掌握并实践运用社会所能提供的正式支持。通过以上行为，最终帮助家庭照顾者利用已有的资源解决照顾中所面临的压力问题，为家庭照顾者的压力缓解提供多元化的社会支持、倡导与建议。

---

① 宋海啸，辛一山．中国社会工作理论［J］．社会福利（理论版），2014（1）：65.

② 范明林．社会工作理论与实务［M］．上海：上海大学出版社，2007（1）：122-124.

三、服务对象面临的问题与需求分析

社会工作者以Z机构所承接的“筑爱”残疾儿童社区融合项目为载体，在为Y残疾人康复中心接受康复治疗的30名残疾儿童提供服务时，与残疾儿童的照顾者进行了密切接触，对他们所遇到的困境和需求有了较深入的了解。在Y中心接受康复治疗培训的30名残疾儿童中有14名男性残疾儿童、16名女性残疾儿童，主要包括智力残疾和肢体残疾两大残疾类型，其家庭照顾者以女性为主，主要是患儿母亲和祖父母或外祖父母。通过半结构式访谈进行分析和需求评估后，社会工作者发现面对孩子残疾这一事件，家庭照顾者普遍面临高昂的医药费用支出、生活开销及收入来源不稳定的经济负担、长期照顾的身体无力与治疗无效的厌倦、社会支持的缺失与社会的偏见等问题所带来的经济、生理、社会及心理方面的压力，使得他们容易对生活失去信心，感到心酸与无奈。

基于此，社会工作者制订了“伴你同行”小组服务方案，为残疾儿童家庭照顾者开展有效的社会工作服务。通过小组前期的宣传与招募，确定了11名符合条件（自觉压力比较大，且希望有所改善的；自愿参与小组，且愿意接受问卷调查及访谈）的残疾儿童家庭照顾者作为本次小组活动的成员。他们年龄在28~65周岁，女性照顾者居多，且长期照顾孩子，都有获取支持、减压的共性需求。11名服务对象的基本情况如下：

（1）性别构成：1名男性，10名女性。

（2）年龄构成：年龄最大的是65岁，最小的是26岁，平均年龄45岁。

（3）受教育状况：未上学的有2人，占比为18.1%；小学文化程度的有3人，占比为27.3%；有4人是初中文化程度，占比为36.3%；1人是高中文化程度，占比为9.1%；中专及以上文化程度也只有1人，占比为9.1%。

（4）职业状况：3人在职，占比为27.3%；8人无业，占比为72.7%。

（5）婚姻状况：9人已婚，占比为81.8%；1人离婚，占比为9.1%；1人丧偶，占比为9.1%。

（6）身体状况：有4名占比为36.4%的小组成员的健康状态为健康；另外5名成员的身体健康状态为一般，占比为45.5%；还有2名成员表示身体较差，占比为18.2%。

（7）与被照顾者的关系：照顾者为残疾儿童父母的有6人，占比为54.5%；照顾者为祖父母或外祖父母的有5人，占比为45.5%。

（8）每天的照顾时间：所有小组成员每天的照顾时间均超过 12 小时，基本全天照顾。

四、核心问题确认及介入目标

（一）核心问题的确认

为了更加清楚地了解残疾儿童家庭照顾者所面临的照顾压力，便于制订相应方案帮助服务对象解决问题，达到服务目标，社会工作者在服务开展前对其进行问卷调查、观察和访谈。其中访谈提纲中的第一部分主要是调查和收集残疾儿童及照顾者的基本情况。第二部分主要是围绕残疾儿童家庭照顾者的压力现状进行了解。同时，为了对服务的干预效果进行评估，文中采用杨廷忠教授修订的中文版压力知觉量表（Chinese Perceived Stress Scale，CPSS）对残疾儿童家庭照顾者压力状况进行前后测量，将小组服务前后的压力值进行对比，以评估本次小组社会工作的介入成效。

CPSS 共计 14 道题目，使用 5 点计分法，按照等级从 0~4 分计分，其中 4、5、6、7、9、10 和 13 题采用反向评分，理论分数为 0~56 分，测试的最终得分越高说明被试者的心理压力水平越高。其中，0~28 分为正常范围，29~42 分则代表压力较大，43~56 分为压力过大。对小组成员压力的测评结果如下：

表 1　小组成员压力测评前测结果

组员	得分	组员	得分
张妈妈	30	陈奶奶	29
李妈妈	41	徐姥姥	36
赵奶奶	32	陆妈妈	34
杨爸爸	33	王妈妈	43
沈妈妈	32	李奶奶	36
徐奶奶	28		

由表 1 的数据可知，11 名小组成员中有 10 人的知觉压力分达到 28 分以上，11 名小组成员中最高 43 分，最低 28 分，测试平均分为 34 分。从以上数据可以看出残疾儿童家庭照顾者的知觉压力值普遍高于正常范围，存在着较大的照顾压力。

结合前述残疾儿童家庭照顾者面临的问题和对小组成员需求的深入访谈可得知，

家庭照顾者面临的巨大的照顾压力来源于经济上收入较低，康复开销大，生理上长期照顾造成的身体负担过重，社会支持薄弱甚至有被排斥的现象，多重因素导致他们在照顾孩子的过程中产生严重的心理困扰，负面情绪明显增多，对未来生活没有信心，以致不能正确看待孩子的残疾问题。在社会互动上，由于异样的标签使得他们不会轻易表达自己的难处和需求，也缺乏机会认识新朋友和获取信息的途径，因此，难以获得有效的正式支持与非正式的社会支持。另外，这部分家庭照顾者日常生活单一，很多时间和精力都放在孩子的照顾问题上，日常积累的压抑情绪没有途径释放。长时间照顾，但康复效果不尽如人意，也使得家庭照顾者产生了较大的无力感，他们急需照顾技巧的学习，而不是日复一日做无用功。

表 2 “伴你同行”小组成员基本情况

序号	姓名	年龄	职业	孩子年龄	孩子残疾类型	小组成员基本需求分析
1	张妈妈	30 岁	无业	3 岁	肢体三级	1. 自己居家照顾两个孩子，无人分担照顾事宜，生活单一 2. 学习康复护理知识和照顾技巧、建立互助关系的需要
2	李妈妈	28 岁	无业	6 岁	智力三级	1. 家庭收入低，受不了外界的冷言冷语，情绪低落、负能量多 2. 舒缓情绪、提升自信的需要
3	赵奶奶	65 岁	无业	7 岁	肢体三级	1. 自己全天照看孩子，身体有气无力 2. 想找人诉苦，获取同辈情感支持的需要
4	杨爸爸	38 岁	企业员工	7 岁	智力三级	1. 有空偶尔去打零工，感觉自己好累，不知道自己还能撑多久 2. 获取更多社会资源、建立互助关系网络的需要
5	沈妈妈	35 岁	无业	7 岁	智力四级	1. 整天要照看孩子，感觉一天天的自己什么也做不了 2. 改变生活态度、重新认识自己和孩子、增强自信的需要
6	徐奶奶	50 岁	超市兼职	8 岁	肢体二级	1. 自己身体不好，照顾得很累，也没人能真正理解我们 2. 有人分担照顾孩子、稳定的人际关系，能够陪伴和支持的需要

续表

序号	姓名	年龄	职业	孩子年龄	孩子残疾类型	小组成员基本需求分析
7	陈奶奶	57 岁	无业	6 岁	肢体一级	1. 主要精力投入孩子身上，与社会的交往联系相对少 2. 获得信息和资讯的需求
8	徐姥姥	55 岁	无业	5 岁	肢体四级	1. 天天照顾他陪他做康复训练，害怕自己就要这样过剩下的日子到老去 2. 压力宣泄和情感交流、正确认识残疾，树立生活信心的需要
9	陆妈妈	40 岁	打零工	6 岁	肢体二级	1. 自己和丈夫都没有稳定的工作，经济压力繁重，有政策也不知道该怎么去申请 2. 拓宽信息渠道、关注社会政策、增强主动寻求支持的需要
10	王妈妈	26 岁	无业	4 岁	智力一级	1. 家里靠丈夫打工维持生计，自己很少跟外面的人相处，受人排挤，担心未来 2. 就业维持生活，缓解压力的需求
11	李奶奶	65 岁	无业	7 岁	智力三级	1. 自己年纪大了，每天照看两个孩子，身体会疲惫，为了孩子，没有怨言 2. 学习和掌握康复和家庭照顾技巧的需求

通过表 2 的情况分析可以得出，11 名参与小组的家庭照顾者的最大需求在于资源信息、情绪缓解以及情感支持三大方面。他们之所以面临巨大的照顾压力，缘于资源信息的缺乏、情绪无处宣泄，没有得到亲友及社会的情感及其他方面的支持。为帮助小组成员缓解照顾压力，社会工作者组建了残疾儿童家庭照顾者互助小组，提供支持性服务。

（二）介入目标

1. 总目标

为家庭照顾者提供社会支持，协助他们克服在照顾残疾儿童的过程中遭遇的各种困难；为家庭照顾者建立比较广泛可持续的支持网络，增强家庭照顾者的各种自我能力和生活信心，从而提升被照顾残疾儿童的照顾质量。

2. 具体目标

（1）通过小组互动建立同伴支持网络，使家长意识到自己的闪光点，增强对生活的信心和未来的希望。

（2）通过互动分享，促进家长对残疾的认知，接受孩子残疾的事实，放下过往，更好生活。

（3）协助家庭照顾者相互倾诉烦恼，疏导和缓解压抑的情绪，学会科学有效的自我管理情绪和减压的方法。

（4）引导组员分享照顾中的困难与经验，形成稳定的相互帮扶、相互支持的人际关系网。

（5）促使组员充分认识自身资源，合理运用社会支持，并学习和掌握康复知识和照顾技巧。

五、介入策略与服务实施过程

（一）介入策略

残疾儿童家庭照顾者在照顾残疾儿童过程中会因经济紧张、社会歧视、长期照顾等原因面临巨大的照顾压力，而自己无法应对这些压力。通过访谈，社会工作者发现很多照顾者拥有的社会资源很少，他们在面对压力时没有寻求支持的地方，也没办法自己应对。大多数照顾者表示别人不懂我们的生活压力，觉得就只是一个孩子，没什么大问题，所以在这样的情况下不愿意将自己的遭遇分享出去，因为没有人懂。即便是在中心接受康复训练的儿童的照顾者之间也很少交流，大家都是各自管好自己的孩子，不会将精力分散给自己认为无关紧要的人，身边也因此缺乏能够支持自己的人。为缓解残疾儿童家庭照顾者的照顾压力，社会工作者采用小组工作方法，从改变自我认知、情绪宣泄、同伴支持和照顾技巧学习入手开展工作。具体而言，即帮助家庭照顾者建立积极的自我认识和对残疾的认识，学会科学有效的自我管理情绪和减压的方法，形成互助支持网络，增强与同伴群体的交往和互助，学习掌握康复知识和照顾技巧，据此制订小组工作计划，为家庭照顾者提供服务，从而有效帮助他们缓解在心理、社会等方面的照顾压力。

（二）服务实施过程

1. 小组服务简介

本次开展的小组活动的名称是“伴你同行”残疾儿童家庭照顾者互助小组，小组的性质是互助支持性小组。社会工作者从社会支持理论的观点出发，注重残疾儿童照顾者个人资源的挖掘和社会资源的链接，设计了7节小组服务活动，每次90分钟，分为四个阶段，帮助他们建构和拓宽个人关系网络。小组成员在小组中，可以敞开心扉和其他人沟通、倾诉，在彼此身上找到鼓励和支持，挖掘自己的优势，认可自己。同时，学习一些专业照顾技巧，提升自己的照料能力，并认识更多专业人士和同伴群体，从而构建新的社会支持网络，缓解照顾压力。

表3　小组活动计划简表

节数	活动时间	活动名称	活动安排	活动目的
第一节	2021年7月16日 16：00—17：30	认识你我他	1. 开场介绍；2. 破冰游戏；3. 制定小组规范；4. 心愿收集；5. 表达感受	破冰并建立小组关系
第二节	2021年7月23日 16：00—17：30	情聚你我	1. 回顾内容；2. 热身活动；3. 互相夸赞：优点大爆炸；4. 社会工作者观察记录；5. 总结与评价	建立同伴支持和积极的自我认识
第三节	2021年7月30日 16：00—17：30	我们都一样	1. 回顾内容；2. 热身活动：你比我猜；3. “找叶子”拼图；4. 引导组员思考和讨论；分享对残疾的认识；5. 总结与评价	正确认识残疾和建立理性信念
第四节	2021年8月6日 16：00—17：30	释放和悦纳自我	1. 回顾开场；2. 主题活动：压力气球认识压力；3. 座谈会：头脑风暴；4. 挤压气球，体验减压快乐；5. 感受分享，社会工作者总结	压力宣泄和减压技巧学习
第五节	2021年8月13日 16：00—17：30	互助不分你我她	1. 热身游戏：“找东西”；2. 播放影片；3. 分享经验和困难；4. 主题活动：集思广益；5. 感受与总结	分享经验构建互助大家庭

续表

节数	活动时间	活动名称	活动安排	活动目的
第六节	2021 年 8 月 20 日 16：00—17：30	汇聚超能量	1. 回顾开场；2. 绘制社会支持网络图；3. 学习残疾儿童康复知识和照顾技巧；4. 活动总结，并布置作业	康复知识和照顾技巧学习
第七节	2021 年 8 月 27 日 16：00—17：30	携手向明天	1. 热身游戏：打破沉闷氛围；2. 画画畅想未来；3. 视频回顾小组历程；4. 以祝福墙和礼物寄离愁；5. 结束小组	回顾过去展望未来

2. 小组服务过程记录和总结

在小组服务开展过程中社会工作者的主要作用是促进组员之间的互动分享，在必要时，提供信息支持并帮助链接一些资源。小组开始阶段，组员破冰并建立信任关系；通过成功经验的分享，发现自身优势，树立信心，认识自己和他人。小组发展阶段，组员认识残疾并学习缓减压力的方法；通过“找叶子”促进组员对残疾的认知，再结合压力气球，使其识别自己的压力并合理宣泄压力情绪，形成一定规模的组内互助网。小组成熟阶段，挖掘组员自己的优势，帮助组员识别自己身边可利用的资源，大家互帮互助，分享经验和困难，集思广益，帮助同伴解决问题；并通过绘制社会支持网络图识别和扩大自己的支持网络。小组结束阶段，社会工作者帮助组员回顾过往，以视频形成回顾小组历程，分享活动印象深刻部分，社会工作者可以观察到小组成员在活动以后的改变，同时可以强化小组成员的印象，巩固服务效果，并以祝福墙和礼物寄离愁的形式带领组员展望未来。

本次小组服务基于家庭照顾者面临的实际问题和需求而开展。在活动过程中，除了个别组员外，其他组员的参与积极性非常高，他们放下了一开始的戒备心和不安，融入这个互助群体中。活动结束以后，组员们互相留了联系方式，并建立了家庭照顾者“伴你同行”互助小组微信群。他们表示，在以后的生活当中有困难会向同伴们求助，自己有好的信息和资源，包括照顾经验，也会继续分享给其他照顾者，彼此支持，一起陪伴孩子成长。

六、介入成效评估和反思

（一）介入成效评估

1. 小组服务干预能够缓解残疾儿童家庭照顾者照顾压力

通过量表测量、访谈和观察可以得出，残疾儿童家庭照顾者普遍存在照顾压力。基于前后测问卷的分析，在服务干预开始之前，用知觉压力量表测量组员在未接受服务前的压力状况。组员在参加完“伴你同行”互助小组 7 次小组服务活动后，再次测量，结果显示组员们的知觉压力值都有不同程度的降低。一开始小组成员的知觉压力得分平均值为 34 分，在干预过后其压力得分平均值为 30 分，压力平均值降了 4 分，压力明显下降，具体如表 4 所示。

表 4　小组成员压力测评前后结果对照

组员	得分（前测）	得分（后测）	组员	得分（前测）	得分（后测）
张妈妈	30	27	陈奶奶	29	27
李妈妈	41	35	徐姥姥	36	32
赵奶奶	32	28	陆妈妈	34	28
杨爸爸	33	30	王妈妈	43	36
沈妈妈	32	31	李奶奶	36	30
徐奶奶	28	26			

压力量表测量结果显示，在小组工作服务开展之后，小组成员能感知到的照顾压力有所降低，说明小组服务在帮助缓解残疾儿童家庭照顾者照顾压力方面起到了作用。

2. 小组服务干预能够帮助家庭照顾者建立同伴支持系统

在实践中，社会工作者以社会支持理论为支撑，采用小组工作方法，对残疾儿童家庭照顾者的照顾压力进行干预。服务的开展为这些照顾者之间的沟通和互动提供了良好的平台，也为释放残疾儿童家庭照顾者的压力提供了机会。照顾者之间的聚焦，不仅有助于减轻他们的照顾压力，而且还可以学习其他照顾者是如何有效地解决面临的问题和困难的，并从他们那里获得有效的情感和信息支持。小组服务的干预为残疾儿童的家庭照顾者建立了一个互帮互助的大家庭，让他们通过这个家庭，相互支持与鼓励，彼此分享与合作，共同激发自己的潜能，开发自身能力，发挥应有的社会性功能。小组前后测压力测量结果显示，组员们发生了显著的改变。社会工作者运用同理、真诚的专业技巧与组员初步建立了信任的专业关系，开展了与照顾压力相关的服务活动，帮助小组组员了解自己的压力来源，通过学习缓解压力的技巧和照顾技巧，识别自己的支持系统等一系列活动，帮助组员提升自助与互助的能力，实现自我减压的目标。小组工作的介入，可以帮助组员在以后的生活中能够识别和释放自己的压力，帮助组员建立互助支持，改善人际关系，确保小组目标如期完成。

（二）服务反思

1. 残疾儿童家庭照顾者需要可持续的互助支持

社会工作者采取小组工作的实务方法对康复中心的 11 位残疾儿童家庭照顾者进行了介入，前后测结果显示小组组员的压力均有不同程度的缓解。但是，仅靠几次的服务活动无法完全实现减轻残疾儿童家庭照顾者照顾压力的终极目标。残疾儿童的康复是一个艰难且漫长的过程，而 Y 中心缺乏对照顾者情绪和心理方面的关注，也未建立家庭照顾者互助支持的体系，仅仅靠社会工作者开展的短期小组工作难以帮助康复中心内的残疾儿童照顾者解决所有的困难和问题。在小组活动过程中，成员之间互相鼓励和支持，他们在和谐温馨的群体氛围中打开自己内心深处的枷锁，抛出内心那一段痛苦的经历，再和其他组员一起学习和分享放松和关怀技巧。在这个过程中，组员是自愿主动的。活动结束后，他们建立了微信群，他们说以后的联系不会断，还必须要加强联系。但小组干预的效果可能只是阶段性的，无法长期维持，无法保证这些照顾者持续接触的概率。一旦干预服务结束，社会工作者不再介入，他们之间的接触就有可能变少，甚至断了。所以，在服务结束后，互助小组的作用是否还会继续存在，不得而知。因此，为了给残疾儿童照顾者更多的支持和帮助，我们需要思考如何在干预后为残疾儿童的家庭照顾者提供可持续的相互支持。

2. 社会工作者在服务过程中需关注到每个个体成员

社会工作者开展的首次关于这类特殊群体的服务是非常缺乏专业性和针对性的。在这个小组工作中，虽然成员有一定的同质性，但成员之间的差异不容忽视。对个别成员的社会支持和帮助需要区别对待，但小组活动中强调群体的目标，所以，很难有针对性地解决每个成员的问题。社会工作者通过访谈了解整体照顾者的家庭状况和他们面临的问题，却没有考虑到个别成员的社会关系，忽视了部分成员的个性化需求。此外，社会工作者只根据小组的总体和具体目标开展小组工作，不考虑每个成员的个人特点和不同年龄阶段的期望。虽然目标是由社会工作者和小组成员共同制定的，但大约一半的小组成员在发表对小组服务的意见时，只是随便一提，跟随了社会工作者和其他小组成员的节奏。因此，在未来的服务过程中，社会工作者不仅要捕捉小组的整体进步，还要关注每个个体成员。在残疾儿童家庭照顾者的心理减压和社会支持过程中，除了小组工作的方法，使用个案社会工作和社区社会工作等方法，也是非常必要的。

3. 社会工作者专业能力有待提高

虽然督导机构和学校督导教师在服务实践中都会给予服务指导，但在每一次服务活动之后，社会工作者都会对其服务进行总结和反思。然而，由于提供服务的社会工作者的专业性不高，服务能力不强，专业技能在实践活动中的运用不熟练，导致社会工作理论与实践的结合运用不够合理。无论是开展小组工作活动，还是访谈环节，都对社会工作者的专业性有很高的要求。由于小组组员的特殊性，组员在叙述自己的不幸遭遇时很容易陷入悲伤，或者在分享和讨论时出现偏离小组讨论主题的突发状况，这些情况都需要社会工作者运用阻止、对焦、摘要、总结等专业的技巧进行引导，以实现小组活动的预期目标。但实际操作中，由于社会工作者实务经验的欠缺，在具体服务过程中遇到有组员在活动过程中控制不住自己的情绪，开始痛哭，社会工作者除了安慰，只能等组员自己平静下来，才能继续开始下一环节的活动。因此，社会工作者需要在以后的工作中注重积累，不断学习，提高自身理论知识的积累与专业服务能力的实践，才能为服务对象提供有效的服务。

构建多层次支持网络
——易地扶贫搬迁社区残疾个案服务案例

吴大先① 指导教师：曹丽

一、案例背景

2015 年底，脱贫攻坚战打响以来，为贯彻落实习近平总书记关于易地搬迁工作的重要指示批示精神，按照党中央、国务院部署，国家发展和改革委员会联合国务院扶贫开发领导小组办公室、财政部等有关部门，与 22 个有搬迁任务的省份一道，全力推进此项工作，这是继土地改革和实行家庭联产承包责任制后，在我国贫困农村地区发生的一次伟大而深刻的历史性变革，堪称人类迁徙史和世界减贫史上的伟大壮举。易地扶贫搬迁，是指贫困群众在政府统一组织下，搬迁到生活和生产条件较好的地区进行易地安置。搬迁对象离开了原来熟悉的生活环境，转移到新的环境中，面临着文化习俗、生产生活方式不同和身份、心理状态改变及社会融入等问题。而对于一些特殊的家庭及个体，更需要专业人员、社区、社会等外部力量提供必要的支持，从而促进易地扶贫搬迁对象从“搬得出”“稳得住”转向“能发展”“可致富”阶段。

WF 社区是贵州省安龙县的一处易地扶贫搬迁地区，该社区于 2018 年建设完成，搬迁居民分别来自 SY 镇、DS 镇、LS 镇、PT 镇、ZD 街道的贫困户，截至 2020 年 9 月，WF 社区有 1842 户共 8595 名易地扶贫搬迁群众。由于社区离县城约 20 千米，就业机会鲜少，青壮年群体常年在外务工，故形成了“留守老人+留守儿童”驻守社区现象。

该个案服务对象为 WF 社区的居民，是社会工作者在外展服务过程中所接触到的。当时服务对象的情绪较为低沉，社会工作者主动进行交谈，初步了解情况后，社会工作者与服务对象约定日期进行家访，并通过社区、邻里了解情况。

① 吴大先，云南师范大学法学与社会学学院 MSW 教育中心 2021 级社会工作硕士研究生。

（一）个案基本信息

1. 姓名：朱英（化名）。
2. 性别：女。
3. 年龄：56 岁。
4. 文化程度：文盲。
5. 婚姻状况：已婚。

（二）个案背景资料

1. 服务对象家庭资料

服务对象搬迁至现住所近两年，老家房屋已拆除，自搬迁后均居住于此。家中户籍人口 3 人，即服务对象和丈夫、女儿（小惠）。实际常住人口为 5 人，其儿子（已分户）的两个女儿自小与服务对象一起居住。服务对象的丈夫今年 82 岁，有轻微阿尔茨海默病，平日均是由服务对象照料，最近服务对象丈夫常出现神志不清的情况，以致发生一些危险状况，如在房间吸烟导致屋内着火。服务对象女儿今年考上某大学，其两个孙女在附近小学分别就读四年级（悠悠）、五年级（朵朵），儿子儿媳常年外出务工。

2. 服务对象健康状况

服务对象 2 岁时生病，由于就医不当，导致从小肢体二级残疾，无法直立行走，在家中、外出均需要借助代步车，且依靠代步车完成日常饮食起居等，无其他疾病。

3. 服务对象心理、情绪状况

服务对象自述由于自小对女儿要求严格，导致与女儿关系长期僵化。随着女儿考上大学将要外出读书，与女儿的不良关系状态成为服务对象的一块心病；服务对象表示两个孙女的学习基础较差，需要人监督。其女儿外出读书后，家中没有人能够辅导两个孙女的课业，对她们今后的学业状况表示担忧；现阶段其丈夫的神志时常错乱。在与服务对象接触的过程中，服务对象会较为顾忌自己是残疾人，怕给他人添麻烦，常对社会工作者表达“很感谢你们不嫌弃”之类的话语。

4. 服务对象人际关系

在搬迁之前的村里服务对象有经常一起聊天的邻居，搬迁至此后几乎没再联系。服务对象现在对周围的邻居都不是很熟悉，渴望能和邻里相熟识，但该社区楼层都较高，每次用手和后背的力量靠着墙壁爬到二楼家中都很费时费劲，串门对于服务对象而言更是遥不可及。由于自己的残疾，服务对象心里总怕别人看不起自己，平日出行几乎都是自己一人，大多数时间都是在家中看电视、做饭，偶尔做些手工，表示生活很无聊；服务对象与女儿的关系淡漠，两人极少交流；儿子儿媳常年在外务工，两三年会回家过一次年，每两三个月打一次电话询问家里的情况，关系较为疏远。

5. 服务对象家庭经济状况

服务对象家庭经济主要来源于政府救济（低保），搬迁后土地均被征收，不能继续种植水稻、蔬菜等农作物，也没有多余的空间养殖家禽，在饮食上支出项目增加；儿子儿媳主要负责两个孙女日常生活学习上的费用；如今女儿考上大学，服务对象担心无法负担女儿的学费和生活费等。

二、案例分析

（一）理论基础

1. 社会支持理论

社会支持指的是一组个人之间的接触，通过这些接触，个人得以维持社会身份并且获得情绪支持、物质援助和服务、信息与新的社会接触。正式支持指政府、正式组织的制度性支持，非正式支持指家庭、亲友、邻里和非正式组织提供的支持。依据社会支持理论的观点，一个人所拥有的社会支持网络越强大，就能够越好地应对各种来自环境的挑战。以社会支持理论取向的社会工作，强调通过干预个人的社会网络来改变其在个人生活中的作用。

对于个案中的服务对象而言，服务对象与社区周围邻居的关系非常疏远，其非正式的社会支持主要为家人。但服务对象与女儿的关系淡漠，因儿子儿媳常年外出务工，关系也较为疏远。且由于服务对象的丈夫年龄较大有轻微阿尔茨海默病，与服务对象的沟通交流有限。整体评估而言，服务对象的非正式支持网络较为薄弱。因此，改善服务对象与其家人尤其是女儿的关系是构建服务对象非正式支持网络的关键点。此外，基于服务对象的表述，社会工作者澄清其渴望建立起社交圈。服务对象自搬迁来该社区后，原有的社交网络被打破，在该社区没有联系亲密的好友。结合服务对象的需求，社会工作者有必要为服务对象搭建与其他社区居民沟通交流的平台，扩展服务对象的人际交往圈子，构建服务对象的非正式支持网络，丰富其闲暇生活。最后，服务对象家庭经济来源较为单一，加上其女儿考上大学，家庭开销随之增加，因此，社会工作者应注重提高服务对象利用社会网络的能力，与服务对象一同梳理其家庭所拥有的资源，围绕服务对象的社区支持来丰富和扩大她的社会网络资源，搭建服务对象家庭的正式社会支持网络。最终，构建起服务对象的家庭—社交—社区三层次网络，以满足服务对象需要。

2. 生命模式

1979年，美国学者布朗芬布伦纳提出“行为生态系统理论模型”。社会生态系统理论强调“人在情境中”，个人生存环境被视为一个完整的生态系统体系。随着生态理论开始发展，1980年卡雷尔·杰曼和亚历克斯·吉特曼发展出生命模式。杰曼和吉特曼的社会工作实务的生命模式是生态系统理论的主要理论架构，其功能和任务在于加强个人的应对方式，使个人的适应需要和潜力与其所处环境的质量更好地匹配。基于生命模式，针对该个案的介入主要有3个阶段。一是开始阶段：社会工作者营造被接纳和被支持的环境氛围，让服务对象信任社会工作者；社会工作者陪同服务对象探讨所面临的处境，梳理自身资源，并澄清各自的角色和职责，达成一致意见。二是发展阶段：针对个人或家庭，社会工作者的角色主要是赋能者、教育者和推动者，提升服务对象调控情绪、改善现状的能力；针对所在社区，社会工作者的角色主要是中介者、资源链接者，为服务对象及其家庭链接资源，为服务对象提供社交平台，通过小组、社区活动的参与提升服务对象的自信心，拓展人际圈子。三是结束阶段：社会工作者需要改善效果并结案，妥善处理服务对象结案前后的“心理断乳”的分离情绪。

3. 优势视角理论

优势视角的基本理念聚焦于个体的优势，而不是个体的不足和局限。优势视角在社会工作领域中运用时强调社会工作者在实践过程中要对服务对象所具有的优势和资源的聚焦，从而发掘和培养服务对象的潜在能力，最终达到助人自助的目的。在本个案中，服务对象虽然腿脚不便，造成其一定程度的自卑心理，优势视角指导社会工作者针对该个案不能只看到服务对象的问题和弱点，而要强调服务对象的长处。即服务对象擅长手工，身边有着社区、社会工作者所能提供的资源，且渴望丰富自己的闲暇生活，这些都是可以给服务对象带来正向改变的优势和动力，在与服务对象相处和进行小组或社区活动中，社会工作者发挥服务对象的优势，促进服务目标的达成。

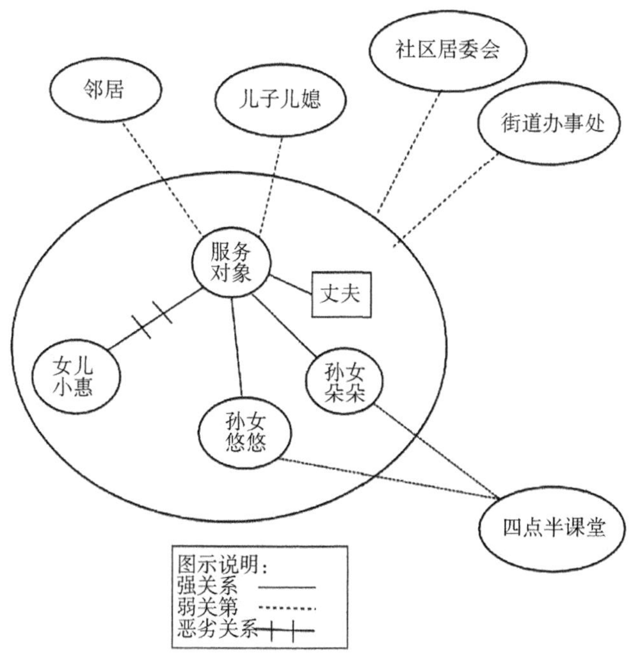

图 1 服务对象生态系统图

（二）服务对象面临的问题分析

1. 家庭经济压力大

服务对象系肢体二级残疾，其丈夫年龄较大且患有轻微阿尔茨海默病，两人均无劳动能力，家庭主要经济来源于政府补贴。现其女儿考上海南某大学，需要学费、生活费、路费等，支出增加，家庭难以承受该笔费用，此状况造成服务对象产生担忧、焦虑情绪。

2. 孙女学业无人辅导

其两个孙女的课业之前一直由女儿进行辅导，由于其女儿考上大学后将会外出继续学习，家中无其他人能辅导孙女们的课业，担忧两个孙女的课业问题。

3. 家庭支持系统薄弱

服务对象与女儿的关系淡漠，几乎不交流；且由于儿子儿媳常年在外务工，与服务对象及家人联系周期间隔长，情感支持力度低。

4. 社交支持系统匮乏

服务对象会因为自己是残疾人有明显的自卑倾向，担心别人看不起自己，以及自己会给他人添麻烦。且自搬迁后服务对象以往的社交网络被打破，在该社区的社会参与度较低，与邻居的关系陌生，总认为邻居会因为其是残疾人而歧视她，平日的生活较为单调、乏味。

（三）需求预估

1. 缓解家庭经济压力的需求

因服务对象家中收入主要来源于低保，且其女儿考上大学需要更多的费用，家庭经济压力较大，服务对象希望能够了解并申请到其女儿读大学的相关补贴，以缓解家庭经济压力。

2. 服务对象孙女学业状况稳定的需求

因服务对象女儿考上某大学后需外出继续学业，且服务对象及其丈夫文化水平有限，无法辅导两个孙女的课业，服务对象希望两个孙女的学业不会落后。

3. 缓解与女儿关系的需求

服务对象与女儿的关系淡漠，两人几乎不交流，服务对象希望能够缓和彼此的关系。

4. 丰富日常生活、扩大社交网络的需求

服务对象因腿脚不便，平日的生活较为乏味、单调、枯燥。在与他人交流过程中时常表现得不自信，所认识的街坊四邻也较少，希望能和邻里建立良好的关系，打发闲散时间。

三、服务计划

（一）服务目标

1. 总目标

协助服务对象建立、强化正式及非正式支持网络，帮助其应对困境，增强其自我效能感，提高自我生活质量。

2. 具体目标

（1）缓解服务对象的担忧、焦虑情绪；从社区、网络等多渠道整合其女儿读大学所享有的政策补贴，为服务对象提供政策咨询，并尽可能链接相关资源，争取经济支援及物质保障，缓解服务对象家庭的经济压力；为服务对象两个孙女链接课业辅导资源，并留意其学业状况。

（2）鼓励并支持服务对象参与社区活动、小组活动并表达自己，帮助其树立自信心，在活动中展现服务对象擅长做手工、会唱山歌等优点，在活动过程中建立起服务对象与其他组员的关系，拓展服务对象的社交网络，丰富其闲暇生活。

（3）邀请服务对象女儿作为社会工作站志愿者协助开展活动，搭建服务对象与女儿相互了解的平台；与服务对象共同探讨、演练和女儿进行沟通的技巧，及时与其女儿进行沟通交流，缓和服务对象与其女儿的关系；增加服务对象和儿子儿媳沟通的频率。

（二）服务策略

一是积极与服务对象进行沟通，了解其内心想法，社会工作者定期上门探访，关注关心服务对象生活起居，协助服务对象解决一些力所能及的事情，与其建立信任的专业关系。

二是从社区、网络等多渠道了解其女儿读大学所享有的政策补贴，为服务对象提供政策咨询，并尽可能链接相关资源，获取经济支援及物质保障，缓解经济压力。

三是邀请服务对象的孙女参加“四点半课堂”，由社会工作者及志愿者为其孙女进行课业辅导，并留意其学业状况。

四是与服务对象探讨与女儿沟通的方式；邀请服务对象女儿作为社会工作者所组织小组和社区活动的志愿者，及时与其女儿进行沟通交流，以缓解双方的关系。

五是在确保安全的情况下，邀请服务对象参与社区、小组等活动。社会工作者要给予服务对象鼓励和支持，帮助其树立自信心，在活动过程中建立起服务对象与其他组员的关系，扩大服务对象的社会支持网络。

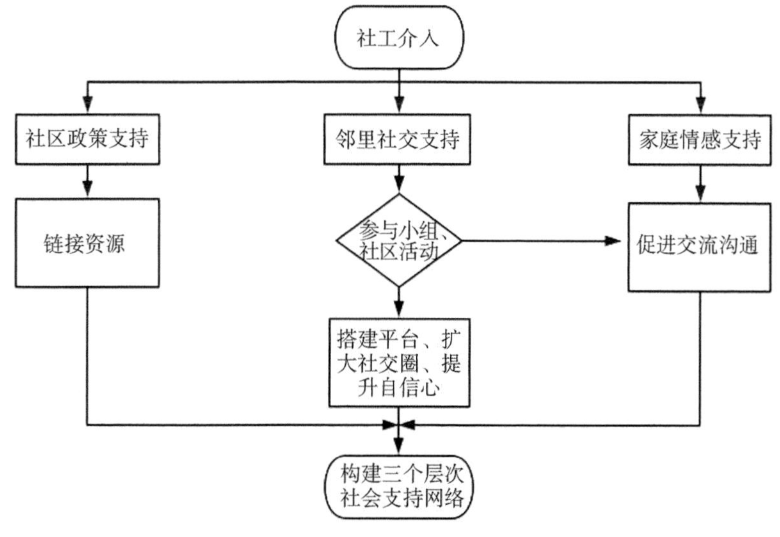

图2　个案服务策略图

四、介入过程

与服务对象一同商讨并制订个案服务计划后，社会工作者开展为期 3 个月，共计 6 次的个案服务。

（一）第一次服务

1. 服务目标

回应服务对象所咨询的问题，建立良好的专业关系，获取服务对象的信任。

2. 服务过程

前期家访结束后，社会工作者通过实地、电访及线上的方式向街道办事处、政务大厅、拟录取学校等相关部门咨询相关政策，链接资源。

社会工作者到服务对象家中时，询问服务对象女儿是否在家中，有些政策、资源需要和其女儿说明。

服务对象朝着其女儿房门大声喊道："你快点出来，姐姐们有事和你说。"

其女儿没回应。约一分钟后服务对象再次吼道："喊你快点出来，一天天宅屋里干啥子?"

社会工作者见状说道："没事的阿姨，小惠可能在睡觉呢，先让她休息吧，待会儿我们再和她说。"

服务对象说道："唉，等下你们和她说吧。"

社会工作者："阿姨待会儿我们再来聊聊这个话题，相信一定会有解决办法的，别想太多哦。"

随后，社会工作者将所获取的信息逐一细致地告诉服务对象，并简要阐述"习酒·我的大学"逐梦奖学金、国家生源地助学贷款的申请流程。说完社会工作者补充道："对了，阿姨，我们咨询过小惠学校的补贴政策，因为您家庭享有低保，所以每个月都会有 400 元补贴打到小惠卡上，而且小惠的学费是减免的。可以先贷款交上书本费，后期国家会将贷款的数额返回，小惠也可以用作生活费。加上其他的一些奖学金、助学金，这样算下来您就不用担心小惠的学费和生活费了。"

服务对象："太感谢你们了，不然我这还得一天到晚都在想着这个钱的事。你们帮我查查像我们这样的家庭，还有没有其他一些补贴啊？小惠读书的钱不愁了，但是家里用钱的地方也多，现在菜价、油价、米价这些都涨了。"

听完服务对象的诉求后，社会工作者与服务对象一起梳理了家中已有的补助，告知服务对象下次服务告知其结果。紧接着，社会工作者与服务对象一起讨论后期其两个孙女课业辅导问题，社会工作者向服务对象表示社区有“四点半课堂”的资源，可由社会工作者及志愿者辅导课业，服务对象表示会考虑社会工作者的建议。随后，社会工作者与服务对象简单地聊了一会儿有关服务对象与其女儿的事宜。

社会工作者：“阿姨，您上次说过和小惠的关系从小就不好，那你们平时在家也没有交流吗?”

服务对象：“她是不会和我主动说话的，平时吃完饭就往房间里去。有时候问她还有钱吗？要买啥不？这些话她会简单回复一下。”

社会工作者：“阿姨，您有没有想过除了你从小管小惠比较严格外，您觉得还有什么原因导致你们之间的关系变成这样?”

服务对象：“我想想……应该就是小时候管得严了，经常打她，吼她，后面慢慢长大了，就不愿意亲近我了。而且，我自己还是这么个情况，她可能也觉得丢人吧。”

社会工作者：“阿姨，不会的，小惠是个懂事的孩子，她不会这样想的，待会儿我们和她聊聊，顺便和她说一下学费申请的事儿。”

随后，社会工作者敲小惠的门发现迟迟没人回应，服务对象打开门发现小惠没在家中，便与服务对象商议下次服务时再单独找小惠。

最后，社会工作者告知服务对象家中墙皮脱落问题的处理方式（上次家访时，服务对象无意提及了一句家中墙皮脱落，每天都需要打扫。下雨还会漏水，但不知道应该找社区的哪个负责人处理）。

3. 成效与反思

社会工作者及时地回应了服务对象女儿读大学所需费用、其孙女们的课业辅导、家中墙皮脱落这些令服务对象苦恼的问题，充当着资源链接者的角色。此外，服务对象向社会工作者表达新的诉求，同时社会工作者了解到服务对象与其女儿之间的问题，为后续的服务展开指明方向。平时外展工作时，社会工作者会经常看见服务对象在家里的阳台上坐着，碰到直接面对面的机会，社会工作者都积极主动与服务对象打招呼，嘘寒问暖，很快就与服务对象建立了信任关系。

（二）第二次服务

1. 服务目标

回应服务对象上次服务中所咨询的问题；服务对象能够掌握与女儿积极沟通交

流的技巧。

2. 服务过程

上次服务结束后，社会工作者依据服务对象的家庭情况与现有政策，通过实地考察了解到其家庭可链接的资源有服务对象残疾补贴、其老伴的高龄补贴。在此次服务中，社会工作者为服务对象送去残疾补贴申请表和其丈夫高龄补贴的申请表，同时告知服务对象及其女儿相关的申请流程、注意事项、所需材料。

服务对象对社会工作者说道："谢谢你们了，我想问一下你们，也就是这两天我了解到邻居家领取了大米和食用油。那像我们这样的家庭情况，能够申请到吗？"

社会工作者回应服务对象关于邻居免费领取大米的事情，是根据其家中情况国家所给予的一定补贴，并不是所有人都有。后面社会工作者会去询问有关工作人员关于物资发放的标准，下次服务进行回应。最后，社会工作者与服务对象一起探讨改善与其女儿关系的策略。

社会工作者："阿姨，第一次来家里时您就说很希望和小惠好好沟通的，通过之前了解我们发现您在和小惠沟通的时候语气是比较强硬的，但和我们说话就很温和，不知道您是否发现了？"

服务对象："好像是这样的，有时候两个孙女也这样跟我说，我对小惠太凶了。"

社会工作者："是呢，您是在意小惠的，只是没注意到方式有些不妥当。您换个角度想想，小惠现在对谁态度都好，但是偏偏把您当作空气一样，您心里肯定是不好受的。"

服务对象："是啊，对哪个都好，就我是个大恶人。"

社会工作者："阿姨，慢慢来。"

随后社会工作者与服务对象模拟与小惠沟通的话题、语气、声调等并进行演练，服务对象最后决定尝试以申请补助为由和女儿进行简单对话，社会工作者给予鼓励。

与服务对象结束会谈后，社会工作者单独与服务对象的女儿小惠进行了面谈。社会工作者首先告知小惠关于"习酒·我的大学"逐梦奖学金、国家生源地助学贷款、学校图书馆以及餐厅勤工助学、国家励志奖学金、国家助学金的申请流程及相应补贴等。

小惠回应道："我也了解并打算申请国家生源地助学贷款，关于你们说的奖学金那些，我最近会去申请试试，谢谢你们给我说的这些补贴，后面我都会去了解的。"

紧接着，社会工作者邀请小惠作为社会工作站的志愿者，小惠在了解了社会工作站的基本情况、常规活动以及志愿者的职责后，出于提升锻炼自己的考量，同意成为社会工作站的志愿者。

3. 成效与反思

本次服务中，社会工作者继续发挥资源链接者角色，为服务对象家庭链接了高龄补贴、残疾补贴，通过实际行动去关注关心服务对象日常生活；社会工作者通过与服务对象一起演练与女儿沟通的方法、技巧，并邀请女儿成为社会工作站的志愿者，为改善亲子关系奠定基础。

（三）第三次服务

1. 服务目标

了解所链接的资源进度情况；巩固服务对象与女儿交流的技巧；邀请服务对象参加小组活动。

2. 服务过程

社会工作者来到服务对象家中时，服务对象很热情地招呼社会工作者。社会工作者对服务对象说明此次来意之后，告知服务对象其上次咨询的免费领取大米的对象为社区退役老兵，服务对象家庭不在发放的范畴。

服务对象向社会工作者说道："那有些邻居他们好像不是退役家庭，但也经常收到社区的米、油、洗衣粉等。我们以前在老家还偶尔收到过，但自打搬到这儿就从来没有收到过了，也不知道是不是社区把我们家庭遗漏了。我特别想让你们帮忙问问。"

社会工作者表示之后会去社区居委会、街道办事处核实清楚，并向服务对象表示会留意其他渠道的资源。随后，社会工作者询问服务对象有关残疾补贴及高龄补贴的申请进度。

服务对象说道："那天我按你们和我演练的和小惠说了几句话。小惠填好申请表后第二天一早拿去交了，回来后我问了她怎么样，她给我说已经交了，但是具体什么时候发放补贴我也没有问。"

社会工作者："阿姨听你这样说，现在可以确定的是这个表格是已经交上去了，那你觉得你在和小惠交谈的时候她是什么语气呢？"

服务对象："比以前多说了几句话，口气也没之前那么爱答不理的。但是我担心再问下去她不愿意说，我也就没往下问了。"

社会工作者："挺好的阿姨，我感觉到在你们交流的过程中，小惠是比以前态度好很多的。那接下来我们再进行演练，后面就由您来问小惠关于补助申请的情况。”

社会工作者与服务对象交流过程中，引导服务对象关注其女儿这个年龄阶段的特点，并促使服务对象从生活细节中发现女儿的性格、爱好等。针对女儿的特性，服务对象与社会工作者反复进行对话。

最后，社会工作者邀请服务对象参加由社会工作者主持的“巧手——活出耆彩”小组活动，服务对象表示一定会去参加。

在本次服务前一天，社会工作者与服务对象的女儿小惠在社会工作站进行了会谈，社会工作者询问她在此做志愿者是否适应。

小惠回应道：“挺适应的，每天给这些小朋友们讲讲作业，和来这参加活动的老人聊聊天，感觉很充实。”

社会工作者：“是呢，我觉得你在这里很有活力，脸上很多笑容。感觉和你在家的状态不太一样。”

小惠：“是有点不太一样。”

社会工作者：“能和我说说是为什么吗?”

小惠：“也许是和我妈的关系有点僵吧!”

社会工作者：“其实呢，你妈妈也说过，她认为是小时候管你过于严格，总是吼你，所以造成这样的关系。你觉得你和妈妈的关系这个样子是因为什么呢?”

小惠：“她自己从小没接受过什么教育，说女生不好好读书以后吃亏的是自己，所以从我记事起就对我非常严格。很多小事情堆积起来，关系就闹僵了。”

社会工作者：“这些小事中，让你和你妈妈的关系降到冰点的是哪一件呢?”

小惠：“初三的时候我比较叛逆，在学校经常半夜溜出去玩，我妈知道后就到学校来，当着很多人的面打我。大家都对我指指点点的，反正挺丢人的。”

社会工作者：“这件事之后，你和妈妈的关系就更僵化了。那你有没有想过和妈妈关系缓和一些呢?”

小惠：“后面慢慢懂事了，好多事情也早就忘记了。我其实挺感谢她对我的严格，不然我早就像之前那些伙伴一样出去打工结婚了。不过我和她都不会服软，都不会说好话，所以也就一直这样了。”

社会工作者：“在我们第一次见到你妈妈的时候，她看起来情绪非常低沉，主要是因为担心你的学费那些问题。但是和她聊起你的时候，能感觉出来她很开心你考上个好的大学，而且她很希望能够和你好好交流沟通。”

小惠：“我感觉她最近和我说话的语气变好了，是有很大的变化。”

3. 成效与反思

服务对象会主动向社会工作者表达自己的诉求。服务对象愿意参与小组活动，成为拓展自己社交网络的契机。针对缓和服务对象与女儿关系的问题，社会工作者从服务对象及其女儿双方进行介入，了解问题的根源及当事人的态度，避免出现单方面沟通无效。

（四）第四次服务

1. 服务目标

服务对象与女儿一起参与小组活动；服务对象在小组活动中带领其他组员共同完成作品。

2. 服务过程

上次服务结束后，社会工作者通过询问楼栋长、居委会工作人员及街道办事处负责人关于服务对象家庭自搬迁至此没有收到过物资的情况，社区居委会工作人员核对后告知社会工作者，由于搬迁至此的居民太多，大多数时候帮助的都是那些更贫困和更有需要的家庭。经过协调，居委会工作人员决定择日到服务对象家中核实情况，重新评估是否需要将服务对象家庭纳入重度需帮扶的家庭。

此次服务基于“巧手——活出耆彩”手工兴趣小组而进行。在小组过程中，服务对象的女儿作为志愿者协助社会工作者开展活动。在制作丝网玫瑰花的环节，服务对象制作的花很独特，其作品引得其他组员赞叹。社会工作者邀请服务对象来为大家讲解其制作丝网花的诀窍，并且带领大家一起完成作品。小组分享时服务对象说道：“没想到我也能带领大家一起完成丝网花，很特别的一次体验。”

小组结束后，社会工作者与服务对象进行了单独的面谈。社会工作者询问服务对象是否与女儿谈了关于补贴的事。服务对象表示女儿告诉自己提交的残疾补贴和高龄补贴下个季度开始每个月都会发放，并且已经申请到了“习酒·我的大学”逐梦奖学金，会有一次性5000元的补助。服务对象补充道：“听到这些我悬着的心总算放下来了，而且小惠难得和我说这么多话，现在睡觉都踏实多了。”

随后，社会工作者询问服务对象是否有居委会的工作人员到家中核实情况。服务对象说道：“前两天来过，问了家里一些基本情况，还看了户口本，后面就走了。”

社会工作者告知服务对象居委会家访的目的后，与服务对象说道：“阿姨，我们了解到社区需要帮助的群体很多，所以发放物资是看具体情况而来的。不能保证居委会的人来家里后一定会给您家发放物资，这个您需要清楚哦。”

服务对象：“好的，看情况来，反正他们能来看看情况就已经很好了。”

在送服务对象下楼梯的时候，社会工作者再次告知服务对象下次活动的时间，服务对象笑着答应并说道：“只要你们看得起我们残疾人，这些活动我都很乐意来参加的。”

社会工作者回应：“我们大家都一样的，没有什么看得起看不起的说法。而且我还没您厉害呢，您的手工真的太棒了。以后的活动中也非常开心有您的参与，我还要继续向您学习呢。”

在与服务对象告别后，社会工作者与小惠进行简单的交流。社会工作者询问小惠感觉今天妈妈的状态怎么样。小惠说道：“好像从没看到老妈这样开心地笑过，印象里她对我都是不苟言笑的。最近老妈主动和我说很多话，要一直这样就好了。”

社会工作者：“会的，我能感觉到阿姨她也很开心。也许你也可以尝试去了解一下她，和她多聊聊。”

小惠：“嗯。感觉父母也老了，以后在外面读书，在家的日子就更少了。”

3. 成效与反思

在充当资源链接者时，社会工作者要清楚并非所有资源都能链接成功，也需要和服务对象澄清。社会工作者所组织的小组和社区活动，服务对象都有积极参与。社会工作者在小组活动、社区活动中为服务对象提供服务，通过社会工作者的协调和组织，在活动中及时鼓励服务对象，邀请服务对象表达自己的感受。看到服务对象手巧这一外在优势和渴望与他人平等交流丰富生活这一内在优势，多样的活动对服务对象原来单调、乏味的生活产生了一定正面影响。服务对象与其他社区居民也有了个面熟，遇见会简单地寒暄。服务对象在小组过程中结识了一位与其有着相同经历的伙伴，两人经常约着一起上街、散步。此外，社会工作者了解到服务对象与其女儿都有缓和关系的意愿，社会工作者采取加强两人联系的措施，增进双方的了解。

（五）第五次服务

1. 服务目标

为服务对象家庭送上物资；巩固服务对象与女儿、家人的关系。

2. 服务过程

上次服务结束后，社会工作者前往居委会了解情况。居委会工作人员说道：

“上次去了解了一下她家的情况，虽然户籍人口只有3个，但是儿子儿媳是有劳动能力的，而且她家也有低保。不过考虑到户主年龄和他妻子的残疾问题，以后发放物资名额多的情况下，我们会优先考虑她家的。”了解清楚情况后，社会工作者向机构申请资源链接。最终，机构派发了一袋米和一桶油。

社会工作者到服务对象家中时，服务对象与其丈夫正在做饭。社会工作者递上物资（米和油）时，服务对象说道：“我正想着最近家里没米要去买呢，你们就给我们送来了，太感谢你们了。”而后社会工作者将从居委会处了解到的信息告知服务对象，服务对象表示理解与感谢。

随后，社会工作者询问服务对象与女儿的关系，服务对象表示最近和女儿关系缓和了许多。女儿两周后将要去学校了，最近在家里变着花样给女儿做好吃的。

在社会工作站，社会工作者向服务对象的女儿小惠询问最近和母亲的情况。小惠说道：“很好呀，我把之前内存比较小的智能手机拿给我老妈用，最近我还在教老妈使用智能手机，她都学会了视频，隔三岔五和我哥嫂子视频。而且最近还有其他阿姨来家里找老妈玩，老妈出去的次数都比以前多了，就感觉最近时间过得挺快的。对了，接下来我就暂时不来社会工作站了，想在家里多陪陪家人，准备一下上学的事情。”

社会工作者对服务对象女儿的现状给予肯定，并鼓励其到学校后多与家人沟通。

3. 成效与反思

通过加强服务对象与女儿的沟通交流，服务对象与女儿的关系缓和了许多，女儿通过教授服务对象智能手机的使用，同时也加强了服务对象与其儿子儿媳之间的联系，极大增强了服务对象的家庭支持网络。

（六）第六次服务及结案

1. 服务目标

回顾以往服务，巩固服务成效；与服务对象商议结案。

2. 服务过程

本次服务，社会工作者主要与服务对象商议结案有关事宜。社会工作者到服务对象家中时，询问服务对象和丈夫最近的身体状况和家庭近况，服务对象表示一切皆好。在问到服务对象女儿最近在大学怎样，是否还适应时，服务对象回答道：“前几天给我打电话，说和室友相处还蛮好的，就是上课形式和高中不一样，自己在课下要多看书。”服务对象和社会工作者聊了许多女儿在学校的趣事。随后，社会工作者问及其孙女最近课业成绩如何，服务对象表示还挺稳定的，有不懂的问题会到“四点半课堂”问老师，回家会主动做作业。最后，社会工作者与服务对象一同回顾了整个服务过程，并向服务对象商议是否结案，服务对象表示同意结案。

3. 成效与反思

在与服务对象商议是否结案之前，社会工作者耐心地与服务对象一同回顾了整个服务过程，利于服务的升华。结案后，社会工作者继续邀请服务对象来参与小组活动、社区活动，并在活动中继续了解服务对象的近况。

五、总结评估

（一）评估方法

社会工作者通过观察、回访、与服务对象面谈等方法进行评估，从目标达成情况、服务对象评估、社会工作者自评三个角度，综合各种形式的评估结果，来衡量服务成效。

（二）成效评估

1. 目标评估

个案目标基本达成。

（1）社会工作者将服务对象女儿所能享受的政策资源告知服务对象及其女儿，链接到“习酒·我的大学”逐梦助学金。此外，社会工作者为服务对象家庭链接到了高龄补助、残疾补贴及其他物资，一定程度上缓解了家庭经济压力，同时也减轻了服务对象对女儿上学费用的焦虑和担忧。

（2）服务对象女儿到学校后，服务对象的孙女经常到“四点半课堂”学习并参加儿童小组活动，但后期由于天气原因来“四点半课堂”的次数减少，只是偶尔询问不懂的题目。

（3）服务对象与女儿的关系最开始是各自忽视，不愿主动交流，社会工作者从双方进行介入，两人的关系逐渐缓和，消除了服务对象对与女儿关系的低沉情绪，现阶段服务对象沟通交流与其他家人一样正常。同时，服务对象的女儿通过教服务对象使用智能手机，加强了服务对象与其儿子儿媳的联系。总体来看，服务对象的家庭支持较以往明显更为稳固、联系更为密切。

(4) 服务对象积极参与社会工作者组织的中老年人小组活动以及社区主题活动。与社会工作者建立信任关系后，服务对象经常早早就来到活动地点，还经常带丈夫一同前来。社会工作者通过鼓励和邀请服务对象展示自己的作品等方式，很大程度上增强了服务对象的自信心。在活动中，服务对象与其他社区居民的互动也逐渐增多。总的来说，服务对象的闲暇生活较以往更为丰富，认识的邻里也在逐渐增多。

2. 服务对象评估

服务对象表示，在社会工作者的帮助下，她自己的生活有了很多的不同。参加的小组、社区活动让她的生活不再那么单调，感觉每天都很有盼头，也在活动中认识了许多社区居民，其中还和一个同她一样腿脚不便的组员成了好朋友。最重要的是自己和女儿的关系和以往完全不同，两人现在交流起来很轻松。此外，她非常感谢社会工作者对自己和家人的关心和帮助，包括给她家链接了很多资源，普及了自己不知道的政策。还有以前很多事情自己做起来很麻烦，也不想麻烦别人，比如拿重一点的快递，但社会工作者可以很用心地帮助自己。

3. 社会工作者自评

社会工作者在前期与服务对象面谈时，运用耐心和倾听的专业技巧，及时回应服务对象的需求，以细小事情为切入点，安抚服务对象的情绪，获取服务对象的信任。并根据所获取的资料和实际情况，找准服务对象的需求，与服务对象共同制订服务计划。在个案服务过程中，社会工作者始终以服务对象的需求为出发点，保持专业态度，不断给予服务对象支持和鼓励，最终和服务对象一同达成服务目标。

(三) 结案处理方式

结案后，社会工作者通过不定期电话、微信或探访的方式进行跟进服务，及时了解服务对象及其家庭的近况，以巩固工作效果。同时，虽然服务目标已基本达成，社会工作者也会继续邀请服务对象参与社区、小组活动。

六、反思与讨论

(一) 个案覆盖知识点

一是资源链接。

二是个案工作。

三是社会工作服务技巧的运用。

四是社会支持理论及其运用。

五是生命模式及其运用。

六是优势视角理论及其运用。

（二）服务思路分析

易地扶贫搬迁是实现全民小康的重要举措，“搬得出”是前篇，“稳得住”是搬迁工作产生实效的关键一环。搬迁对象离开了原来熟悉的生活环境，转移到新的环境中，面临着文化习俗、生产生活方式不同和身份、心理状态改变及社会融入等问题。而作为社会上一个特殊的人群，残疾群体往往受其身体上的残缺影响而导致容易出现自卑、孤独、敏感等心理状况。因此，对于易地扶贫搬迁地区的残疾对象所面临的社区融入等困境需要从多方面进行干预，预估服务对象的问题，整合社区资源及服务对象自身资源，构建多维度的社会支持网络，促进服务对象的发展。该个案计划运用个案工作方法和小组工作方法从个案服务和小组服务两个层面开展干预。

服务对象搬迁到社区后以往的社交系统被打破，且家庭支持系统薄弱，服务对象对社区缺乏归属感，此外家庭正面临女儿即将外出就读大学、丈夫阿尔茨海默病越发严重，陷入家庭经济压力大、家中孙女课业无人辅导的困境。因此，本个案以缓解服务对象家庭经济压力为切入点，逐步构建服务对象社区政策、邻里社交及家庭情感支持三维度社会支持网络。社会工作者通过运用个案工作的方法，以社会支持理论为指导，为服务对象链接各种社会资源，搭建社会支持网络，促进服务对象问题的解决。其一，帮助服务对象女儿链接上学相关政策资源，帮助服务对象申请丈夫的高龄补贴、残疾补贴及其他物资，很大程度上缓解了服务对象的焦虑情绪；其二，因女儿即将外出读大学，服务对象担心家中两个孙女的学业辅导问题，社会工作者为服务对象及孙女们链接社区“四点半课堂”资源；其三，为服务对象女儿链接实践资源，邀请其来社区做志愿者，并以此为关键点调解服务对象与女儿的亲子矛盾。

服务对象因自己身体残疾原因，常表现得十分自卑、不自信，搬迁至社区两年来虽渴望与他人交流却担心别人的看法以及自己会给他人带来麻烦，故对社区邻里存在陌生感，难以融入社区。基于此，为增强服务对象的自信心，扩大社交网络，社会工作者以生命模式、优势视角理论为指导，运用小组工作方法介入。其一，通过日常工作接触营造平等、尊重的氛围，引导服务对象改变自己的错误认知；其二，为服务对象提供社交平台，邀请服务对象参与所组织的手工、歌唱等小组活动，在活动中鼓励服务对象进行表达。服务对象在活动中的手工作品也赢得了其他组员的喝彩，且在小组活动中服务对象结识了多名好友；其三，通过小组平台，服务对象与女儿的关系得以缓解，家庭关系因此更为凝聚。

（三）对理论的分析

本个案以社会支持理论、生命模式及优势视角理论为指导，分析服务对象所面临的问题，找到服务对象的资源优势，制订合理的服务方案。易地扶贫搬迁群众因搬离以往居住地，获取社区资源的方式和渠道发生改变，造成服务对象在面临困境时无法凭借自身力量摆脱困扰，形成不良情绪。且搬迁后服务对象原有社交系统被打破，加之服务对象存在的自卑心理，造成其难以快速构建新的社交网络。因此，社会工作者应深入把握服务对象的需求，了解其家庭、社区、社会的系统支持，明确服务方向。同时，残疾群体因身体原因大多心理自卑，抱着不愿给他人添麻烦的心理，导致无法较好地表达自己的真实想法、参与社会活动有一定的畏难情绪。社会工作者应从优势视角出发，帮助服务对象发现自身优势，并鼓励其向他人向社会进行展示，树立起自信心，通过社会工作方法的介入，使其放下心理包袱更好地融入社会。同时，社会工作者还需要做好自我的心理调适，不受服务对象负面情绪过多的影响，减少同情的心理，更多地用认同、赞扬、鼓励的心态与服务对象接触。

（四）方法分析

该个案目标的达成并非运用单一的个案工作方法，而是结合小组、社区活动的开展，让服务对象在真实的环境中，通过自己的参与融入社区中，构建自身邻里支持平台。并在活动中增加与其女儿的会面与了解，促进关系的改善。

（五）社会工作者做该个案所需要的能力

一是了解当地现有政策，为链接资源做好准备。

二是与社区建立好关系。

三是更加灵活运用专业理论和方法，结合服务对象的实际情况，为服务对象提供更适切的服务。

四是在面谈前要有充分的准备，要有能力引导服务对象的讲话，不能由服务对象盲目引领谈话。

五是社会工作者要合理运用个案社会工作技巧，包括交流技巧、解决问题技巧。运用倾听、引导、反馈、总结、打断等沟通技巧。

六是避免刻意运用所谓的“技巧”，而缺乏与服务对象的情感联系。

（六）该个案的局限性

一是由于服务对象经常参与社会工作者所组织的小组和社区活动，易导致二者之间专业关系界限模糊，且社会工作者考虑到服务对象的特殊性，经常是能帮尽帮，存在反移情现象。

二是结案后，服务对象参与活动的过程，社会工作者会刻意减少对服务对象的关注，造成服务对象认为自己不再被重视的感觉，产生低沉情绪。

三是服务对象对于自己是残疾人的自卑心理一直存在，但是社会工作者在这方面的干预较少，局限于接纳服务对象、在活动中营造平等氛围，没有针对服务对象的心理问题进行深入的介入。

（七）思考题及回应

一是对于特殊（残疾、文化水平有限）的服务对象，在链接资源过程中如何发挥服务对象的主动性，而不是社会工作者单向地向服务对象输入信息。

回应：资源链接是社会工作者在为服务对象解决问题时，满足其多样化、层次化需求的重要专业技能和方法，也是社会工作专业服务顺利开展的重要保障。社会工作者需要怀揣的理念是即使服务对象残疾或者文化水平有限，也不能否认其自身的优势，包括具有的技能、生理以及心理的资源，服务对象是能够成为自己解决问题、走出困境的人。换句话说，服务对象自身资源是促使其从实质上发生改变的根源。所以社会工作者在链接资源过程中，充当的是中介者，而让资源充分运用的实际是服务对象本身。所以社会工作者在链接资源的过程中，即使某些环节由于服务对象自身原因限制而导致无法参与链接资源过程，社会工作者也要注重激发服务对象的主观能动性，让服务对象知道资源链接方式及渠道、应该具备条件等，以便服务对象在今后遇到类似情境可以调动自己周围的力量来解决问题，并促进服务对象有效使用资源以应对困境。

二是社会工作者如何避免服务对象过度的依赖，如向服务对象一直强调链接物资。

回应：由于服务对象对社会工作者的依赖，长此以往服务对象可能会演变成“凡事找社会工作者且不愿付出却想获得成效”的病态现象。因此，社会工作者在链接资源前，应该充分了解并辨别服务对象的问题是由于其经过自身的努力无法完成，还是由于依赖社会工作者而一味地进行求助。如果属于前者，社会工作者应积极地帮其链接资源并负责引导、跟进。但在此过程中，要避免过度地包办代替和干预，使服务对象充分地利用资源、把握资源并具有解决类似问题的能力，增强他们的独立性和自主性，启发他们用自己的意志自主决策。使求助者从“由他助”转向“自主自助”，以帮助服务对象克服缺乏内生动力、过度依赖社会工作者。

三是社会工作者与服务对象的专业关系如何界定。在服务结束后，服务对象有需要时会想到社会工作者，会经常与社会工作者分享吃的喝的，社会工作者是该划清界限，还是可以有所往来？

回应：社会工作的本质是“助人自助”，这是一个需要双方共同互动和配合的过程。而随着双方相互了解与配合，部分专业关系会“走偏”，产生移情和反移情的现象。明确专业关系界限是社会工作者的本职要求，与服务对象进行面谈时应主动交代清楚。社会工作专业原则之一就是要主动及时向服务对象澄清专业关系的界限，一是机构项目的服务内容，二是服务期限，三是社会工作者的角色。当服务对象提出跨越实务关系以外的提议和要求时，社会工作者应主动澄清并避免过多的关系，了解服务对象想法背后的原因，减少专业关系以外的复杂关系，并且评估服务对象的心理状况，减少对服务对象的伤害。当确定与服务对象建立专业关系后，应提前告知服务对象整个服务工作的流程，明确服务计划目标达成之后会结案。告知服务对象结案的存在是为了避免服务对象在实务工作中产生移情，或是过多依赖社会工作者的帮助。在服务结束后，社会工作者仍然是在社区工作，当服务对象经常与社会工作者分享吃食之类的，社会工作者在不违反社会工作者职责且不伤害服务对象及其他人的利益时，社会工作者可以和服务对象有所往来。

相见不恨晚，花开会有时

——简快重建法在新冠肺炎疫情防控中的应用[①]

吴巧敏[②]

一、背景介绍

2020年，笔者参与了由中国社会工作联合会组织的“战疫情援武汉”志愿服务工作组，由社会工作者、心理医生、医务联合服务小组介入武汉市及湖北省其他地区的居家隔离和社区工作者的心理疏导与支持，为有需要的社区居民提供线上咨询服务。笔者在咨询群里推送了“疫情期间心理健康自评量表”，该服务对象测评的得分很低，测评结果显示其心理健康状态存在较大风险。疫情对其心理健康产生较大的负面影响，需要得到重视并及时采取一定措施进行干预，于是在征得微信群管理员的同意后社会工作者添加了该服务对象的微信并进行服务的跟进。

阿迪（化名），女，32岁，湖北人，已婚，育有一子，孩子9岁，读四年级，原本一家三口在湖北省十堰市居住。年前，阿迪把孩子送到了湖北省另一城市的亲戚家，由于疫情的影响，离鄂通道已临时关闭，孩子无法回来，丈夫在老家也无法出行。阿迪一家三口分隔三地，与孩子分离已一个月。孩子在异地，去的时候只穿了一套衣服，对环境也不习惯，非常想念家人，哭着想回家见妈妈。阿迪每次与孩子视频或打电话听到孩子的哭声，就会感到很难受。她曾多次拨打防控中心电话，希望把孩子接回家团聚，求助无果，感到绝望，希望社会工作者能帮忙向相关部门反馈，帮助其与家人团聚。阿迪现住在妈妈家，由于楼里有2例确诊案例，现整栋楼已严格管控。从年前至今，阿迪没有出过一次门，天天吃不下，睡不着，没有价值感，平时喜欢做的事情也提不起兴趣，觉得度日如年，天天以泪洗面，“想死的

① 本案例获2020年中国社会工作学会社区社会工作专业委员会“全国疫情期间社区社会工作优秀案例征集活动”二等奖。

② 吴巧敏，高级社工师，深圳市社联社工服务中心副总干事，云南师范大学法学与社会学学院MSW教育中心校外导师。

心都有”，感觉是老天爷对自己的惩罚，感到非常无奈、痛苦、无助。阿迪在家里经常看网上关于疫情的信息，心情低落，不明白为什么有些人就是不愿意按要求做好隔离，大家的生命遭到威胁都是因为某个人或某些人的过错或失职，而我们都是在为他们的过错买单，觉得这些人太不负责任了，感到非常气愤。

二、分析预估

一是危机及需求评估。由于服务对象在心理健康测评量表中测评分数很低，显示其心理健康状态存在较大风险，疫情对其心理健康产生较大的负面影响，社会工作者要先与其建立关系，了解其基本信息，评估服务对象的危机程度及需求。

二是处理分离焦虑。服务对象与孩子的日常关系密切，而当时由于疫情的影响，导致一家三口分隔三地，服务对象与孩子的分离让妈妈产生自责的心理，对孩子的担忧和牵挂让其感到焦虑、痛苦和无助。

三是从小事做起，提高自我应对和心理调适能力。由于居住的整栋楼要严格管控，服务对象无法出去，在家无事可做也没有倾诉的对象，吃不下，睡不着，不知所措，胡思乱想，产生一定的抑郁心理；同时易怒和烦躁，对不遵守要求做好防护和隔离的人感到气愤。

四是通过个案管理，整合资源提供帮助。针对孩子衣物缺乏以及不适应环境等问题，社会工作者可以更多地与服务对象探讨解决的方式，通过整合资源帮助服务对象寄送衣物给孩子，联系当地的志愿者向相关部门反馈，与有关部门沟通道路通行情况，沟通人员转移的可能。

三、理论分析

面对突如其来的疫情，不少居民会出现常见的精神病理反应，包括抑郁、创伤后应激障碍、广泛性焦虑、物质滥用躯体化症状，不同类型的创伤经历可能引起的惊恐、哀伤、生活方式崩溃等综合症状，在感染较为严重的地区居民更为明显，因此心理干预工作成为越来越急迫的需要。在医疗和心理支持资源有限的条件下，针对多地严格管控的情况，越来越多的社会工作者、心理咨询师等志愿团队采用线上咨询的方式为广大居民开展心理急救、心理康复、心理社会援助、心理健康普及等工作。由于是远程咨询和辅导，需要使用更快捷简便的方式帮助服务对象解决问题。

“简快重建法”能够快速帮助到受影响的人，减少应激事件对人产生的伤害，通过帮助有需要的人迅速厘清当前问题，重新发现或获得支持资源，运用已有的或习得的较好应对方式，制订改善计划，恢复控制感，走上快速重建之路，恢复正常生活。“简”即简单易学，便于操作；“快”即干预省时，产出迅速。该模式相对用时较少、过程安全、适应面广，可运用于个别以及团体的心理咨询，在灾害及危机的各阶段均可使用。“简快重建法”的目标包括：减少混乱，看到资源，获得支持，促进重建；流程及步骤包括：呈现问题，信息传递，应对探讨，提供支持，总结提升。

四、服务目标与计划

（一）总体目标

建立安全、自由的专业关系，为服务对象提供支持，建立正向心态，提升其解决问题的能力。

（二）具体目标

一是减少服务对象负面情绪的困扰，树立正向积极的应对心态。

二是科普疫情知识，协助服务对象恢复正常的饮食与作息规律，重新掌控自己的生活。

三是发掘服务对象的优势和潜能，增强服务对象自己解决问题的能力和自信心。

（三）行动计划

一是通过“互联网+”的方式开展在线个案辅导，提供适当的倾诉及宣泄渠道，通过倾听、同理、鼓励等支持性技巧与服务对象建立良好的专业关系。

二是和服务对象共同探讨与孩子沟通互动的方法，建立与孩子的正向联结，让服务对象协助孩子学会自立，减少对母亲的依赖。同时，减轻服务对象对孩子的愧疚感，鼓励服务对象坚强面对，为孩子树立榜样。

三是开展心理疏导和压力缓解，教导简单的放松技巧，从过去、现在、未来三个角度，帮助服务对象链接内心的积极资源，减少服务对象负面情绪的困扰，建立正向积极的应对心态。

四是科普疫情知识，协助服务对象恢复饮食与作息规律，专注每一个当下，从小事做起，找回控制感。例如整理房间、整理手机相片、做家务、适当运动等，每天选择一些任务来完成。坚持一次只做一件事，每做一件事都专注其中，慢慢地重新掌控自己的生活。

五是发掘服务对象的优势和潜能，协助其发现自身所拥有的资源，建立支持系统。鼓励其进行适当的社会参与，与其共同梳理当前面临的问题和可采取解决的方法，增强服务对象自己解决问题的能力和信心。

六是通过个案管理，整合资源为服务对象提供帮助，如寄送衣物给孩子。联系当地的志愿者向相关部门反馈，与有关部门沟通道路通行情况，沟通人员转移的可能。

五、服务开展过程

（一）第一步：呈现问题

服务目的：引导服务对象呈现当前最困扰自己的问题或症状。

服务内容：社会工作者通过倾听、同理、鼓励等支持性技巧，以平等的姿态与服务对象建立联结。社会工作者同样以一名妈妈的身份与服务对象进行交流，让其感到真诚与信任，营造安全开放和接纳的咨询空间，为阿迪提供适当的倾诉及宣泄渠道。鼓励其讲述目前遇到的困难，其困扰的程度如何，身心的状况如何，有没有对日常生活造成影响。了解其是否曾接受过心理援助服务，自身曾作出何种努力等。服务对象的诉求是希望把孩子接回来，家人团聚。经了解，服务对象与其孩子在人身安全上有一定保障，阿迪有妈妈和弟弟在身边能随时得到关注，孩子在亲戚家也没有接触过其他人，感染风险较低，目前主要的困扰在于母子的分离焦虑以及居家隔离的消极心态和情绪困扰。

（二）第二步：信息传递

服务目的：将服务对象的反应和症状正常化并让其了解应激反应的一般规律，建立积极的心态。

服务内容：社会工作者向阿迪科普疫情的知识，收集各方资讯并传递有用信息，帮助其建立客观的认识，避免盲目恐慌，减少因信息过载带来的心理负担和焦虑。教导其如何筛查科学的信息，通过官方、科学的渠道了解疫情情况、健康知识，避免被谣言裹挟。告知人类面临灾难危机可能出现的反应，以及应激反应的发展、转归的规律，学会评估和判断哪些是正常范围内的，哪些是病理性的。让服务对象认识到其身心呈现的问题或症状是对特殊事件的正常反应，一般情况下症状会随着时间推移逐渐减轻和自愈，不必因此而过分担忧。社会工作者通过教授服务对象简单的身心放松技巧，如腹式深呼吸、蝴蝶拍、听音乐冥想放松等，让其得到情绪的舒缓。引导阿迪回忆在过往的生活中发生过的让自己感到快乐或者是幸福的事，并去体验那种被关爱、被信任、被理解的正向感受。

（三）第三步：应对探讨

服务目的：共同梳理自身的优势和资源，寻找更多应对困难的有效途径，并制订改善计划。

服务内容：社会工作者协助服务对象正向看待自己，建立对自我的价值感。如阿迪曾在汶川地震时为受灾人员进行义务献血，帮助有需要的人；她身边也有一些朋友，在阿迪遇到困难时愿意真心帮助她；通过自我察觉和改变，阿迪跟孩子的互动由曾经的对抗转变为现在的友好沟通等。社会工作者通过协助服务对象发现自身的优势和潜能，探讨积极的应对方式和改善计划。如恢复正常的饮食与作息规律，维持积极的生活方式，把注意力集中在自己的爱好上，如看书、画画、写字、运动等，从而转移注意力。通过积极的自我暗示，减轻焦虑症状，重新掌控自己的生活；与孩子视频时可通过讲故事等方式转移其注意力，趁此协助孩子自立，鼓励孩子坚强面对并为其树立榜样；等疫情过去后，阿迪也愿意报名参加志愿者的服务活动，加强与社会的联结，帮助有需要的人，为社会贡献力量。

（四）第四步：提供支持

服务目的：为服务对象提供更多资源支持，让其了解更多信息、途径、应对方式，协助其建立社会支持系统。

服务内容：社会工作者通过个案管理，整合资源为服务对象提供服务。由于其孩子没有可换洗的衣服，阿迪很担心。而当地的快递还没复工，社会工作者通过联系当地的志愿者协会为其提供寄送衣物的帮助（由于阿迪目前没在自己家，要等楼宇解封后才能回家打包衣物寄出）。通过向当地的相关部门反馈阿迪的情况，了解道路通行情况，沟通人员转移所要具备的条件、申请的流程等。另外，协助其建立社会支持系统。比如，与一起居住的家人共同分享心情、共同娱乐、游戏、运动；对家人或好友倾诉自己的担忧，让自己的担忧和焦虑得到一种新的表达和接纳；通过网络、电话等方式与不能见面相聚的亲朋好友远程联系和交流，互送祝福，降低单独面对疫情的焦虑和无助感。

（五）第五步：总结提升

服务目的：总结服务对象好的改变，巩固成果，给予支持和鼓励，提高对未来的信心和希望。

服务内容：社会工作者与服务对象共同回顾在应对疫情中做得好的地方，总结在咨询过程中的感悟，促进其固化成果并持续运用于日常生活中。正向看待自己与身边的人和事，增强服务对象自己解决问题的能力和自信心，坚定对未来的希望。

六、评估与结案

通过几次的线上咨询和电话沟通，阿迪的负面情绪已得到改善，解决问题的能力获得提升，建立了对未来的信心，能够理性看待本次疫情，由开始的闷闷不乐、每天以泪洗面到现在打牌娱乐、做运动、做糕点、分享朋友圈等。相见不恨晚，静待花开，相信与家人团聚的一天终将到来。现在的阿迪不仅能爱护自己，爱护家人，也具有大爱之心，积极报名参加志愿服务，为社会尽一份力，社会工作者对阿迪的改变表示赞赏。3 月中旬，服务对象所在的城市已转为低风险地区，政策允许"持湖北省健康码"即可申请通行。通过与当地志愿者对接，服务对象与其孩子于 3 月 16 日终于团聚。经评估可以结案，阿迪感谢社会工作者对其提供的帮助。

七、专业反思

相对于面对面会谈来说，线上咨询似乎更难与服务对象建立关系，这时更考验社会工作者对访谈技巧的掌握。为了构建良好的咨访关系，社会工作者不能戴着专家的面具，而是充分尊重求助者，做到无条件地接纳、足够耐心地倾听、恰到好处地同理。同时，要提高对服务对象所身处环境的敏感度，注重"人在情境中"，"如果我遇到同样的困难，我的所想所感所为是如何的"。只有设身处地地理解服务对象的处境，理解服务对象的不良情绪和情感，才能真正走进服务对象的内心，提供切实有效的支持。

社会工作者始终相信服务对象是有能力改变现状的，要协助其发现自身的优势和资源，关注服务对象可以提高的每一个因素，引导其把关注的焦点从"我失去了些什么"转向"我仍然拥有些什么"。所有抱怨的背后都是期待，所有问题的背后都是目标。要协助服务对象正向看待自我、他人和环境，减少对社会工作者的依赖，建立起自我的责任，重拾自信。

社会工作者向服务对象传递科学的信息、客观的声音，让其学会从不同的角度看待本次疫情，重新认识人类在面对应激事件时产生的症状和意义，以平和的心态应对疫情。世界上只有三类事情："本人的事""他人的事""老天的事"。老天的事（如天灾）我们没办法改变，只能坦然接受；他人的事（别人戴不戴口罩，有没有隔离），我们也管不着；但我能操控我的人生、我的未来。

社会工作者不是万能的，当服务对象的需求各式各样时，并不是所有的需求社会工作者都能满足。只有承认自己的局限，才能放下架子去寻找其他资源去帮助求助者。本案例运用个案管理的方式，借助多专业合作的志愿平台，协调当地资源，增强服务对象的社会支持网络，帮助其解决问题。

我们每个人都可能会经历心理危机，也许是急性的，也许是发展性的。在心理应激事件的处理上，有各种不同的方法，"简快重建法"只是其中的一种。危机意味着有危也有机，如果得到正向的引导，危机也可以变为成长的一部分。本次疫情虽然是一场灾难，但同时也给了社会工作者一个锻炼的契机。广大社会工作者积极参与疫情防控，在专业伦理和价值的引导下，在理论和技巧的专业体系支持下，发挥社会工作者的专业优势，通过不断探索和实践，构建出符合当下时势的角色功能和工作方向，提升社群抗击疫情的能力。

第五部分

社区社会工作

居民参与社区治理的增能实践
——昆明市 Y 社区社会工作服务案例

周照箐[①]　指导老师：蒋凌月

一、背景

社区治理是国家治理的基石。党的十九大报告指出，“加强社区治理体系建设，推动社会治理重心向基层下移，发挥社会组织作用，实现政府治理和社会调节、居民自治良性互动”，为新时代社区治理指引了前进的道路。党的十九届五中全会在十九届四中全会“建设人人有责、人人尽责、人人享有的社会治理共同体”的基础上进一步深化了对社区治理水平的要求，提出了“基层治理水平要明显提高”的战略目标。随后，中共中央、国务院印发了《关于加强基层治理体系和治理能力现代化建设的意见》，对加强基层治理体系和治理能力现代化建设作出了系统性部署。

民政部《关于大力培育发展社区社会组织的意见》提出，“培育发展社区社会组织，对加强社区治理体系建设、推动社会治理重心向基层下移、打造共建共治共享的社会治理格局，具有重要作用。要充分发挥社区社会组织在提供服务等方面的积极作用，使社区社会组织成为创新基层社会治理的有力支撑”。社区自组织具有扎根社区、贴近群众的优势，能够广泛动员社区居民参与社区公共事务，将社区居民凝聚起来，进行自我服务、自我管理、自我教育、自我监督。作为社区治理共同体中的一员，其在联动社区居民参与社区公共事务中扮演着重要角色。

为深入贯彻落实《中共中央　国务院关于加强和完善城乡社区治理的意见》，提升云南省城乡社区治理水平，《中共云南省委　云南省人民政府关于加强和完善城乡社区治理的实施意见》指出，要坚持“党的领导，以人为本，服务居民”。2020 年，云南省基本形成由基层党组织领导、基层政府领导、多方参与、共同治理

① 周照箐，云南师范大学法学与社会学学院 MSW 教育中心 2021 级硕士研究生。

的城乡社区治理体系，显著提高城乡社区治理能力。[①] 基于此，昆明市民政局要求各社会组织发挥示范、辐射和指导的作用，推动整合市、区和各街道、各社区的资源，引导建立昆明市城市社区治理指导中心、昆明市城市社区治理工作站。在昆明市推动建设覆盖广、门类全、结构好、作用凸显的社会组织体系，推动社会组织参与城市社区治理，推动昆明城市社区自治、法治以及德治有机的融合。

在昆明城市社区治理的相关政策下，昆明市官渡区大力推进社会组织的孵化以及社会组织参与社区治理，创新基层社区治理模式。在此背景下，S 社会组织扎根于昆明市官渡区 Y 社区，进行社区营造，帮助探索社区治理的新路径。

二、理论及社区分析

（一）理论分析

增能理论（Empowerment Theory）[②]，关注的重点是提高弱势群体的权利和社会参与。1976 年，美国学者巴巴拉·所罗门（Barbara Solomon）出版了名为《黑人增权：被压迫社区的社会工作》的先驱著作，从种族的议题率先提出了“增强权能”（Empowerment）这个概念。随后，增能理论为越来越多学者所关注，被广泛应用于社会学、教育学、心理学等领域。

在我国，增能理论的研究始于 21 世纪初。张时飞、陈树强将增能理论系统地引入中国。近年来，增能理论作为一个全新的视角，被广泛运用于困难群体研究中，如基于增能视角研究残疾群体、流动人口、失独家庭、农民、新生代农民工和农村贫困问题等。

基于对社区需求和资源的评估，社会工作者发现要满足社区居民的需求，光靠政府自上而下提供服务，无法长期满足社区居民的需求。对社区居民进行增能，培养参与意识，赋予其参与社区事务的能力，为居民参与社区事务提供平台，才是更重要的。因此，S 社会组织决定在 Y 社区内招募居民骨干，组成互助小组，以增能理论为指导，设计相关小组活动，帮助居民增能，使他们逐渐参与社区事务。赵维生等指出，实践“增能”原则及策略有：（1）集体参与——当事人和工作人员共同合作；（2）当事人充满改变的能力，只要给予资源、机会；（3）当事人是推动改

① 中共云南省委，云南省人民政府．关于加强和完善城乡社区治理的实施意见．

② 又译为充权、赋权、激发权能理论。

变的主角；（4）确认当事人的主体经验，当事人有“话事权”；（5）解决问题的方案具有多元性；（6）非正规支援有助于减低焦虑及提升个人能力和控制感；（7）当事人自己决定增能的目标、方法及结果；（8）意识提升十分重要，资料提供有助于改变的出现；（9）增能的过程是一个持续的能力培养和建设的过程。何雪松指出，增能可在三个层次上实施：一是个人层次，个人感觉到有能力去影响或解决问题；二是人际层次，个人与他人合作促成问题的解决并获得经验；三是政治层次，能够促成政策的改变。

参考何雪松提出的个人、人际、政治三个层次的增能途径，个人层面通过链接高校社会工作、社区治理相关领域专家资源，对社区互助小组的居民骨干进行赋能培训，激发居民的社区参与意识和自我成长动机，以此唤醒居民的社区参与意识；人际层面通过协助居民执行社区微公益项目，在微公益项目的执行过程中，通过专家的赋能培训和项目指导，参与居民不断影响着身边的其他居民，逐渐建立充分的社会支持来提升自己的能力，慢慢培养对他人或其他群体的影响力。

（二）Y 社区分析

1. Y 社区人口分析

Y 社区成立于 2016 年 6 月，正式选举完成于 2016 年 12 月份。辖区 1. 47 平方千米。辖区内包括 5 个小区，现辖区内登记入住 1142 户，约 3400 人，其中户籍人口 402 人。社区中以老年人为主，他们基本空闲在家。老年妇女们以照顾孙辈、做饭为主要的生活内容，老年男性除了参加部分文体活动、打牌之外则无所事事，因此，他们是参与社区活动的主力军。

2. Y 社区关系分析

由于 Y 社区是 2016 年才成立的新型城市社区，是一个典型的陌生人社会，社区居民年龄层次、知识水平、职业类型异质性高，社区内“陌生”氛围重，居民之间交集少，常常“相见不相识”。在社区内居民之间关系较为生疏，还没有形成熟悉的社会关系网络，居民之间的相互支持力量弱。

（三）需求评估

入驻前期，S 社会组织在社区进行了前期调查，通过问卷调查、访谈等形式，搜集居民的需求，经过对调查资料的分析，总结出该社区居民存在如下需求。

1. 打破隔阂的需求

由于该社区是 2016 年新建的城市社区，社区内居民年龄结构、职业类型异质性较高，居民之间交集少，陌生氛围感较重，居民们表示希望打破彼此之间的隔阂，让大家相互熟络起来，营造更加和谐的社区氛围。

2. 文艺服务的需求

Y 社区居民综合素质较高，有较高的文化修养和精神生活需求，渴望参与文艺活动，丰富自己的精神生活。

3. 参与社区治理的需求

Y 社区是典型的城市社区，活跃人口以老年人为主，这些人年轻时大多具有较强的工作能力，积累了较多工作经验。退休以后他们也希望用自己的力量参与社区治理，为社区作出贡献，但社区下辖范围内，尚未出现具有解决社区矛盾、增强社区凝聚力、增强公民公共意识的组织或平台。

（四）资源评估

1. 前期社区营造的资源

2018 年，S 机构申报了社区营造项目，在 Y 社区开展了部分社区服务活动，通过整合辖区多元主体资源，引入多种治理主体，满足社区不同群体的需求，一共开展了 6 类子项目，涵盖了妇女、儿童、老人等群体。前期项目培育出来的资源可为本次项目的顺利开展及后期互助会的成立提供基础。

2. 非正式组织资源

社区居民综合素质较高，有较高的文化修养和精神生活需求，在没有成立社区自组织之前，居民基于自身文娱需求自发成立了舞蹈队、旗袍队和合唱团三个非正式组织，但由于缺乏资金等因素，三个文娱队开展活动受限，活动成效也不高。这些散落的非正式组织成为本次社区服务项目开展的前期资源。

三、服务计划

（一）服务目标

1. 目的

通过项目服务拉近居民之间的关系，打破居民之间的隔阂，营造良好社区氛围；通过对热心社区公共事务的居民骨干赋能培训，引导其挖掘社区居民需求，发现社区问题，主动承担，解决社区问题，逐步参与社区治理，实现自我服务、自我管理，协同提升社区治理水平。

2. 目标

（1）通过社区营造和主题活动，打破社区居民之间互不相识的隔阂状态。

（2）通过主题沙龙活动引导社区居民发掘社区需求，培养其社区参与的意识和习惯。

（3）通过赋能培训和实践社区“微公益”项目，增强居民的社区参与能力。

（4）指导和支持骨干居民成立社区互助会自组织，搭建居民社区参与平台和体系，实现居民参与社区治理。

（二）服务策略

基于以上对社区人口状况、社区关系状况、居民存在的需求和社区现有资源的分析和预估，为了满足居民多样化的需求，让社区居民真正参与社区建设。社会工作者拟以增能理论为指导，以社区微公益创投的形式引导居民参与社区治理，提升居民自我管理、自我服务、参与社区治理的能力。通过项目运作招募社区骨干（包含社区居委会相关职能部门干部、社区中老年骨干、妇女骨干、军嫂骨干、商户代表、物业代表等群众）组成互助小组，从个人、人际两个层面为互助小组成员增能，逐渐培养其挖掘社区需求、主动带头解决社区问题的意识和能力，并最终协助其成立社区自组织，参与社区治理。

项目前期，通过举办节假日主题活动和书画、文艺类社区服务进行社区氛围营造，挖掘社区居民骨干，同时进行社区互助会成员招募，为成立社区互助小组打下基础。之后，通过对前期挖掘出的社区居民骨干进行赋能培训，培养其社区参与的意识，待居民骨干们初步具备了社区参与意识之后，驻点社工以社区微公益创投的形式发布“社区微公益大赛”，鼓励居民骨干根据自身及周边居民的需要，着手设计开展微公益参赛项目书，获取资金支持来参与社区事务，在参与和执行微公益大赛的过程中逐渐提升居民社区参与的能力，使其逐步具备参与社区治理的能力。最后，项目将这些居民骨干和在“微公益”大赛中新发掘的社区能人组织起来，协助大家发起成立社区互助会自组织，为居民参与社区治理提供平台，实现居民社区参与能力的培养和参与平台的搭建，以达到最终实现居民参与社区治理、提升社区治理水平的目标。

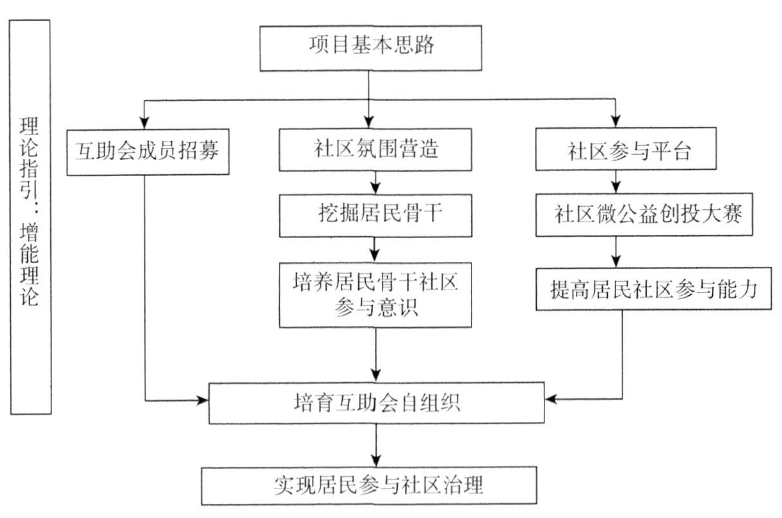

图 1　昆明市 Y 社区社会工作服务介入策略图

（三）服务计划

表 1　服务计划表

时间	主要事项	具体内容
2019 年 1—3 月	打破居民隔阂、进行社区动员	通过开展节假日主题活动的方式拉近居民之间的关系
2019 年 3—5 月	挖掘社区居民骨干	通过入户、开展服务等方式挖掘社区骨干
2019 年 5—6 月	社区居民骨干主题沙龙	邀请一线实务、理论专家进行 3～4 次社区居民骨干能力提升培训沙龙
2019 年 6—7 月	微公益大赛的发布、评审	筹备工作 2 个月，组织开展 1 个月的微公益项目发布和 1 天评审工作
2019 年 7—11 月	微公益项目的指导	主要涉及微公益项目服务对象的介入、服务对象的改善、活动的策划、专业方法、价值伦理等
	微公益项目的管理	主要涉及项目进度管理、项目资金管理、专业规范性管理、目标实现程度、社会效益等
2019 年 11—12 月	互助会自组织的成立	组织微公益运作过程中的骨干负责人牵头成立社区互助会自组织，搭建社区参与平台

四、介入行动

在增能理论的指引下，项目开展了为期一年的服务，服务设计可归纳为以下三个主要部分。

（一）前期准备——居民骨干挖掘

1. 目标

开展社区氛围营造活动，拉近居民之间的关系；进行前期社区动员，招募互助小组成员参与项目，初步挖掘社区居民骨干。

2. 服务过程

初期，项目官员通过在社区开展节假日主题活动、老年人兴趣提升班、书画艺术进社区、安全教育进社区等活动拉近了居民之间的关系，并进行了初步的社区动员和社区居民骨干挖掘。随后，组建大学生志愿者团队在社区开展了 4 次社区互助小组成员招募，招募对象包括 Y 社区居民、物业、商户、老年人、妇女、社区居委会等。共计挖掘出 25 人组成社区互助小组，后期的社区“微公益”项目也是由这 25 位居民作为主要实施者，并通过自身行动影响更多人参与进来的。

3. 成效反思

项目开展初期，社会工作者扮演着策划者、主导者的角色，在社区开展节假日主题活动中拉近了居民之间的关系，并进行了社区互助小组成员招募，初步挖掘出部分居民骨干，成为项目后期开展的主力军，为项目顺利开展打下了基础。

（二）个人层面增能——社区参与意识的唤醒

1. 目标

通过链接高校社会工作、社区治理相关领域专家资源，对社区互助小组的居民骨干进行赋能培训，激发居民的社区参与意识和自我成长动机，并协助其撰写社区微公益项目申报书，以微公益的执行为平台和契机，进行社区参与。

2. 服务过程

针对社区居民反映的需求和问题，我们发现一部分社区需求是居民可以靠自己的力量来解决的，只是长期以来，居民在社区治理中处于一种相对“无权”的状态，缺乏平台和契机来解决这些问题。居民长期处于这种状态下，逐渐对社区事务失去了信心，变得充满无力感。因此，要改变这种居民感到无力的现状，重要的一步就是激发居民的社区参与意识和自我成长动机。据此，社会工作者邀请高校社会工作领域专家共同设计了5次小组活动，通过这5次活动让小组成员相互熟悉、树立沟通意识和社区参与的意识并逐步通过微公益大赛这个平台来进行社区参与。

（1）第一次沙龙——相识相知。

本次小组活动的目的在于打破成员之间互不相识的陌生氛围，主要采用游戏破冰的方式开展。通过采用社会工作中常用的名字接龙、大风吹等游戏打破了小组成员之间拘束的状态，加深了组员之间的认识，让小组成员相互熟悉，为后期互助小组开展社区需求挖掘打下基础。

（2）第二次沙龙——沟通让社区更温暖。

本次小组活动目的在于促进小组成员间进一步熟悉及沟通交流，主要采用情景模拟的方式让组员体验了单向交流与双向交流对沟通的不同影响、了解了非语言沟通的技巧及人与人之间的差异，强调了组员间相互尊重的重要性，并说明了如何就社区事务进行沟通，提升小组成员的工作能力、沟通能力，让他们在今后的协商议事会议中能够更准确、更高效地发表自己的意见。

（3）第三次沙龙——我们是互助小分队。

本次小组活动的目的在于引导居民们以不同主题讨论社区存在的需求以及我们能为满足这些需求做些什么。在老师的引导和社会工作者的指导下，居民们提出文化娱乐、交通出行、关爱高龄老人三个主题共计10余项的社区需求。之后，大家在老师的引导下共同商量为了满足这些需求我可以做些什么。逐渐培养居民们的社区参与意识和解决社区需求的意识，使其逐渐从我“无能为力”转变为“我可以行动”。

（4）第四次沙龙——我来设计微小项目。

本次小组活动目的在于协助居民撰写社区微公益项目计划书，获取资金支持开展后期的社区微公益服务。社会工作者从需求、方案、产出、支出四个方面对项目书写作规范进行了说明，在社会工作者和邀请专家的协助下，居民围绕“社区治理”的主题，提出了环境治理、文化体育服务、手工技能培训、社区志愿服务四个板块的微公益项目。

（5）第五次沙龙——微小项目评审。

本次活动在于通过专家、社工及社区领导的现场评审，将居民们提出的优秀微小项目进行立项，让居民按照自己设计的思路执行微公益，参与社区治理。

首先由前四次沙龙孵化的6组微小项目负责人根据项目背景、项目目标、项目周期、项目活动内容、项目指标、项目预算等对项目进行详细阐述。其次，由评审专家针对每个项目进行点评并提出优化意见。最后专家合议，根据评审结果对优秀项目进行立项，极大地调动了居民服务社区的积极性。

3. 成效反思

通过以上5次层次递进的沙龙活动，打破了互助小组成员之间拘束隔阂的状态、让大家体验到了沟通和协商对于处理社区事务的重要性，让居民开始思考自己在社区需求的满足和社区问题的解决中何以可为，协助大家就部分可解决的问题设计微小项目书。以申报社区微公益项目的形式开始参与社区治理，增强了居民社区参与的意识，调动了居民服务社区的积极性，提高了居民面对社区事务的话语权。

（三）人际层面的增能——社区参与平台的搭建

1. 目标

在前五次沙龙的基础上，对执行社区微公益项目的居民进行项目指导和项目管理，及时支持和跟进项目，调整项目方向，保证项目顺利完成。协助成立社区互助会自组织，搭建居民长效参与社区治理的体系和机制。

2. 服务过程

人际层面上的激发权能强调使个人可以有更多影响他人能力的具体技术的发展。前五次活动让社区居民意识到自己可以是社区部分需求的满足者和问题的解决者，踊跃的居民将发现的社区问题和需求转化成社区“微公益”项目，用自己的行动去感召身边的人，带动其他居民一起行动，解决共同关心的部分社区问题。

此阶段实现人际层面增能的主要途径是居民参与和执行微公益项目。在微公益项目的执行过程中，通过专家的赋能培训，参与居民不断影响着身边的其他居民，大家或基于业缘，或基于趣缘逐渐建立充分的社会支持来提升自己的能力，慢慢培养了对他人或其他群体的影响力。在这些微小项目执行中，社会工作者的角色从之前的主导者转变为协助者和指导者，主要负责定期开展监测与评估、能力建设及专业服务技巧等培训，形成在地化的团队，营造良好的社区参与氛围，将居民的“草根服务项目”发挥出实效。

项目运转进行到尾声，社会组织的另一重要任务就是为后期居民参与社区治理搭建可持续的平台和参与机制。居民、社区党组织、社区居委会、网格员、物业都是其中的重要一环，在推进社区治理服务的过程中，都发挥着牢固的作用。基于项目初期招募的互助会成员涵盖了社区居民、物业、商户、老年人、妇女、社区居委会等主体，在驻点社会组织的引导和鼓励下，居民牵头成立了社区互助会自组织。并采用头脑风暴的方法，讨论和修改自组织运行制度和规则，组员们分别发表意见，经过大家的协商和表决制定出了社区互助会运行相关规章制度。

至此，社区互助会成为辖区内第一个在街道备案的社区自组织，为居民后期持续参与社区治理搭建了平台和渠道，利于改变过去的被动局面，增强居民的社区归属感和认同感，增强居民参与社区治理的能力和信心。

3. 成效反思

通过居民亲自参与和执行社区微公益项目，在实践过程中将自身角色转换成社区需求的满足者和社区问题的解决者，实现了居民从观念转变到社区治理的参与，在社区事务中逐渐有了“话事权”。同时，通过社区互助会自组织的成立和相关规章制度的建立，社区居民今后可以继续以此为平台进行社区参与，逐步成长为社区治理的中坚力量。

五、评估

（一）评估方法

社区工作评估是对社区工作效果、助人目标的达成程度、工作方法的正确性、服务对象的满意度、社区工作者的反省等多方面进行评价和反思。

本案例主要以定性评估为主，通过访谈法、观察法，借助服务记录表、居民满意度反馈表等资料从目标达成度、服务对象满意度两个角度来呈现本案例的服务效果。

（二）评估结果

1. 目标达成度

通过项目目标达成情况对照表和服务反馈表收集的信息显示，项目设定的目标基本达到。

（1）居民之间彼此熟络。

刚刚开始参与互助小组活动时，成员彼此之间比较陌生，经过前两次小组沙龙，带领成员参与相互认识的游戏，大家逐渐熟悉起来，也学会了尊重每个人为独特的个体。三次沙龙活动结束以后，组员们已经建立了基本的情感联系，开始为自己所关心的社区问题出谋划策，彼此之间因为共同关心的社区问题建立了良好的联系和互动关系。

（2）居民社区参与意识和能力增强。

在驻点社会组织的引导下，居民围绕“社区治理”的主题，申报和开展了环境治理、文化体育服务、手工技能培训、社区志愿服务四个板块的微公益项目。这些微小项目在执行过程中，社会组织定期开展了监测与评估、能力建设及专业服务技巧等方面的赋能培训。通过实际参与、执行项目和赋能培训，居民们尤其是几位微小项目负责人的社区参与意识和参与能力得到增强，社区居民 Z 是一个典型的代表。

Z 是社区的热心居民，但本人比较腼腆，经常说自己“不会说话”。她关注小区内的环境，在大家讨论社区存在什么问题时，她曾强调社区卫生太差。微公益大赛项目发布时，Z 表明自己不适合做负责人，并且“不会说话”，参与项目评审大会时，是叫其他成员代为上台讲述自己的项目，自己非常害羞，不敢上台讲述。

她提出的卫生环保社区微公益项目立项以后，在社会工作者的鼓励下，Z 积极主动承担项目责任，奔走于小区物业、小区绿化工人之间，和物业主动沟通种植花卉的地点，表达自己的需求，并且按时按量完成项目指标。几个月下来，她不仅锻炼了自己的管理能力和表达能力，也拓宽了自己的交友渠道，加入社区腰鼓队，并且成为社区腰鼓队的负责人。现在 Z 已经成为一名管理能力突出、实干能力极强、表达能力强的社区骨干。

（3）成立社区自组织，搭建起社区参与平台。

本服务项目的最终目标是要挖掘社区骨干，整合社区原有资源，成立社区互助会自治组织，以搭建居民社区参与平台、完善居民社区参与机制、实现居民参与社区治理。在本次项目运作中，5 次主题沙龙活动逐步为各位居民骨干增能，最终完成了 6 个微小项目的申报和执行。在此过程中，各居民成员和社会工作者一起讨论如何成立社区自组织、成立自组织需要遵守哪些规章制度，自组织成立以后如何决策、如何解决冲突和问题，并将这些制度上墙，作为大家共同遵守的行为准则。

这些规章制度得到大家的认可以后，在社会组织的协同下，互助小组以社区互助会为名，在该社区所在街道备案，成为该社区第一家在街道备案的社区自组织。互助会吸纳了居民、物业、居委会、楼栋长、商户等不同的力量，为大家共商社区事务搭建了沟通的桥梁，为居民协商议事、自我服务提供了平台。

2. 服务对象满意度

社会工作者通过和这些居民骨干座谈，交流参与沙龙和微公益项目的感受，了解他们对活动的满意程度。参加活动的人员都表示在活动过程中很开心，认识了很多新朋友，还可以和原来的朋友们经常见面，一起做事情比较开心，希望以后可以多举办此类活动，让大家可以为自己居住的社区做点事情。居民反映说：“感谢你们对我们这些中老年人生活的关心，使我们感到幸福快乐！在此谢谢社区给了我们这个平台，让我们有了健康快乐的晚年。”

六、反思

（一）理论反思

1. 理论适用性反思

增能理论自诞生之初，就带有一定的社会政治性，它强调个人权能的获得与提升，以及社会结构的变化。拉帕波特指出，增能是一个过程或一种机制，依赖这种机制，人群、组织和社区得以控制他们的生活。所以，增能又是和“权力”“无权”非常相关的，因此才有了古铁雷斯关于从个人、人际、政治三个层面对弱势群体进行增能的观点。

增能理论的出发点是持续受到政治权利不公平的压迫并进而产生“无力感”的社会弱势群体。而就目前增能理论的运用来看，其广泛运用于我国流动人口、外来务工人员、妇女群体等领域的研究。但从政治权利上来说，我国法律赋予每一位公民相同的政治权利，导致他们处于相对困难地位的原因是经济实力、社会文化、社会声望等因素，并非增能理论假设的政治权利的缺失导致人们处于“无权”状态。虽然过去我国的社会治理是一种自上而下的“管理”模式，长期以来处于这种模式之下，居民习惯了“被管理”，缺乏参与社区治理的意识和能力。但就基层社区来说，并未达到因“管理”而使居民“被去权”或进入“无权”的地步。

因此，本案例中采用增能理论更多的是强调增能理论对于项目设计和开展的指导性意义。依据增能理论个人、人际、政治三个层面的增能途径，项目通过赋能培训、搭建平台等方法，从个人和人际两个层面，唤醒居民参与社区治理的意识，增强居民社区参与的能力。

2. 理论不足反思

（1）增能效果难以评估。

增能理论在一定程度上带有理想主义的色彩，其成功与否也很难评估。其缺陷产生的根本原因是它所秉持的反实证主义的观点。它被看作既是一个目的，更是一个过程。尽管从表面上看，通过服务，社区居民短期内发生了一系列的改变，如自我效能感、自尊和自信得以提升，社区参与的能力得以提升，人际交往面扩大，社区互助会自助组织也建立起来了，但长期效果如何，这些变化能持续多久，则很难评估。

（2）政治层面的增能难以实现。

何雪松指出，政治层面的增能能够促成政策的改变。在本案例的实操过程中，因为是以 25 位居民组成的互助小组为主要介入对象，目的在于让这些居民意识到面对社区内一些暂时没有得到满足的需求和尚未解决的问题，自身是有能力去改变的，自己是可以行动的。通过改变居民的意识，促进他们和其他居民沟通交流，一起为解决社区问题行动，增能重点放在个人和人际层次。因为涉及的对象相对微观，加之目前我国社会治理状态下，居民并非处于政治上无权的状态，因此在操作过程中我们更关注个人和人际两个层面的增能，没有涉及政治层面的增能。

（二）服务反思——项目制运作的弊端

目前云南省社会工作基本上都是以项目制运作的方法开展，这导致在实践过程中社会工作者很可能偏离服务对象的真正需求，变成按计划书执行项目，而不是按服务对象的需求执行和开展项目。这便对项目申报书撰写和前期的服务设计提出了更高要求，既要满足居民的需求，又要满足出资方的要求，更要考虑项目的可行性和成效。

由于项目运作内容是之前计划书中拟定的，在实操过程中会遇到无法回应复杂情境的问题。如在本案例中，项目目标在于挖掘骨干居民，成立互助小组，通过对这些骨干居民进行赋能培训，让其将观察到的社区需求和社区问题转化为微小项目。以社区微公益创投的方式促进居民采取行动，改变社区现状。但写一份标准的社区微公益项目申报书略微超越了社区居民的能力。尽管前期活动进行得比较顺利，到后期开始写项目书和进行项目优化时，居民积极性明显减弱，活动开展也比较艰辛，在社会工作者和专家的帮助下，这些项目书才得以完成。因此，在今后的服务中，要设计更加契合居民能力和兴趣的服务。

（三）案例要点及难点

1. 案例的关键性因素

案例中项目要完成，关键性因素在于调动居民的社区参与意识。案例中项目的核心在于通过社会工作者的介入及链接相关理论专家的赋能培训，培养居民的社区参与意识，并以微公益作为一个实践平台，让居民从力所能及的事情去参与社区事务，逐渐实现居民社区参与能力的提升。最后根据微公益运作过程中培养起来的社区资本，建立社区自组织，搭建居民持续参与社区事务的沟通协商平台。

整个项目的运作总结下来，可以说是社区工作模式中的地区发展模式，注重过程和居民的参与，因此能否调动居民参与过程，是至关重要的一步，决定着项目的实际效果。

2. 面临的困境及解决办法

在开展社区工作过程中，常面临两个困境。

一是在服务开展初期，社区居民动员和活动宣传常面临参与人数不多，居民积极性不高，导致活动开展效果不佳，无法规模化形成居民主动参与社区治理的良好态势。针对此困境，需要社会工作者在服务开展初期多预留些时间，在项目周期允许的情况下进行广泛的活动宣传和居民动员，争取更多居民知晓开展服务的目的和过程；同时需要明确社会工作不是万能的，社会工作者也不是万能的，学会接受社会工作者自身能力的有限性，我们不能让所有人都对同一件事情感兴趣，只能在能力范围内最大限度做到让居民有所参与、有所收获。

二是由于我国一直以来的行政体制设置是一种自上而下的管理，导致社会工作在我国的发展尚没有取得社会大众认可的地位。可以说，社区居委会做的部分工作和社会工作者做的部分工作存在重合，导致二者之间的权责很难分明。尤其是在社区社会工作中，社会工作者的工作常常需要处理好两对关系，即社会工作者和服务对象居民之间的关系、社会工作者和居委会工作人员之间的关系。社会组织驻点在社区开展服务，时间一长，双方将产生利益和权利的博弈，社会工作者处理不好双方之间的这种博弈，将使工作难以推进。面对此困境，社会工作者和社会组织要定期和社区居委会工作人员沟通，明确双方权责义务，明确自身定位。社会工作者也要及时和居民澄清自己的身份和作用。

（四）服务过程中的社会工作者能力反思

社区工作中，由于采用项目化运作的方式，在不同的阶段对社会工作者的专业能力要求有所不同。

1. 通用过程中社会工作者需要的能力

（1）撰写项目计划书及项目路演的能力。

由于社区工作的资金来源大都采用项目申报的方式，因此，在项目申报阶段如何做好居民需求调查，撰写既要满足居民的需求，又要满足出资方的要求，还要具有可行性和实效性的项目申报书对社会工作者来说也是极为重要的，这是一切服务的前提。同时，项目评审过程中进行项目路演，清晰明确地表达本项目书要做什么、如何做、预计达到什么成效同样也是社区社会工作者应该具备的能力。

（2）接案需要的能力。

与个案、小组两种工作方式不同，社区工作的服务对象是整个社区居民，而在前期接案过程中社会工作者更多的是和社区居委会工作人员沟通协调，从工作人员口中了解居民大致需求和社区基本情况。从某种程度上来说，在服务开展初期，社会工作者接案的对象和服务的对象不是统一主体。因此，在后续服务过程中，与服务对象居民建立联系，进一步发掘个体化、差异化的居民需求，以及和部分特殊服务对象建立专业关系是社会工作者需要具备的能力。

（3）预估需要的能力。

社区层面的需求预估也需要社会工作者具备个别化、文化敏感性等能力。每一个社区都有其独特的人、文、地、产、景，基于每一个社区的独特性和文化背景，进行差异化的社区需求预估是不可或缺的。在一个社区探索出来的工作模式能否复制到另外一个社区，是需要基于当地社区的现实情况考量的，也需要社会工作者具备差异化和个别化预估的能力。

（4）计划和介入需要的能力。

由于社区工作大部分是根据此前设计好的项目计划书开展，因此通用过程模式中的计划阶段在项目申报书撰写阶段就已经完成，社会工作者更多的是按照项目书设计的活动开展，变更的空间较小。面对合理可行的计划书，在项目申报书范围内动员居民参与社区活动、开展社区服务的执行能力和策划能力是此阶段较为重要的。

（5）评估需要的能力。

评估阶段社区工作者需要掌握相关工作的评估方法，采用适合的评估手段和评估技术对举办的社区活动和服务效果进行评估。

（6）结案需要的能力。

结案阶段，需要社会工作者具备与服务对象结束专业关系、处理离别情绪的能力。在社区工作中也是，经过一段时间的服务，居民会对社会工作者产生一定的依赖心理，或者会产生离别情绪。处理好这些情绪，也是对社会工作者能力的考验。

2. 个案整体反思

回顾整个个案，社会工作者在开展服务的过程中需要具备的几个能力总结如下。

（1）和居民建立关系的能力。

在服务初期，进行社区居民动员、骨干挖掘并和居民建立初步关系的过程是极为艰难的，和居民沟通、取得居民信任并进一步建立服务与被服务的专业关系，对整个项目的执行至关重要。因此，在此阶段，社会工作者需要具备和居民沟通的能力，与居民建立信任关系的能力，统筹处理不同居民之间需求差异的能力。

（2）和社区工作人员沟通协调的能力。

在开展社区工作中，社会工作者常常需要和社区居委会、社区党组织、物业、网格员、其他社会组织打交道，和这些社区力量沟通协商、争取相互合作与支持、协调好彼此之间的利益对于社会工作者来说至关重要。

（3）资源分配的能力。

在本案例中，项目一共支持了环境治理、文化体育服务、手工技能培训、社区志愿服务四个板块共6个微公益项目。在提供资金支持的过程中如何将有限的资金分给不同类型的项目，让参与不同项目的居民都大致满意，也是本项目到后期顺利开展的主要条件。

（五）案例所覆盖的知识点

1. 理论知识

本案例以社区居民为服务对象，以增能理论为指导，分析社会工作者动员社区居民参与社区治理并组建社区自组织、搭建社区参与平台的过程。涉及的理论知识最主要的就是增能理论的相关内容。

增能理论提出的理论假设、理论蕴含及增能的途径方面的知识对本案例的呈现至关重要。针对社区居民缺乏社区参与意识和社区参与能力的现状，案例以何雪松教授提出的“增能可在三个层次上实施：一是个人层次，个人感觉到有能力去影响或解决问题；二是人际层次，个人与他人合作促成问题的解决并获得经验；三是政治层次，能够促成政策的改变”。其中以个人和人际两个层次的增能途径为指导，致力于从个人层面让居民感觉到有能力去发掘社区需求或解决问题；人际层面以社区微公益的开展为平台，让居民在与他人合作中促成问题的解决并获得经验。

2. 评估方法

社会工作的评估方法分为定性评估和定量评估两种。定性评估主要依据工作记录、居民满意度、工作总结报告等资料进行评估，评估结果具有一定的主观性。定量评估则采用量表、问卷等收集数据，通过数据的对比来体现服务成效，具有较强的客观性。但在社区工作中，定量评估的方法在操作过程中往往存在困难，如服务对象大都年纪较大，难以理解问卷部分内容，服务对象具有流动性和随机性，评估前后填写问卷的人不一致等都会导致评估结果缺乏可信度。故在本案例中，采用的评估方法是定性评估，社会工作者通过座谈、观察、了解居民对活动满意度等方法来进行评估。

七、案例写作思路

在接到撰写案例通知的那一刻，笔者就在脑海中迅速搜索曾经做过什么服务、哪些是可以拿来总结成服务案例的。思考自己为数不多的实践经历，大都与社区服务相关。而社区居民参与社区治理，算是一个比较具有学理性的案例，故打算拿来作为本次案例的写作材料。在项目运行过程中，笔者一直做的都是增强居民在社区事务中的话语权，因此考虑使用增能理论来指导本案例的写作。

基于以上选题的思考，笔者在案例呈现过程中首先梳理了本项目开展的社会背景；其次，对所运用的理论指引和服务社区基本情况进行分析，以说明理论对社区现实情况的指导意义；再次，说明项目服务的目标、策略、服务计划，将项目的运作思路和实践进度进行展示；接下来呈现了在增能理论指导下本案例的服务开展细节；最后，对案例的成效和服务评估结果进行了展示。

在写作过程中，笔者发现理论和实践之间并非绝对契合，理论对实践的指导意义是有限的，因此对理论在撰写案例过程中的指导性和不足进行了反思。同时因为在服务过程中涉及社会工作的服务方法、服务理念等，也对实践过程中社会工作者需要的能力进行了反思。

八、拓展思考及回应

（一）社区工作中应采取什么评估方法才能够更有效说明服务成效

社区工作面临的服务对象比较多，也比较复杂。尤其是针对社区全体居民开展的活动，在评估过程中，应根据服务对象的多样性采取不同的评估方法，而不是囿于某一种评估方式的科学性。

例如，针对老年人的社区服务，在评估过程中采取访谈等定性的评估方法或许比让他们填答服务满意度问卷的方式更加合适，效果也更加可信。针对儿童的服务，在评估过程中可以采取贴小红花的方式让其对服务的各个板块进行打分，以直观的方式表达其对服务的满意度。

另外，根据目前在昆明市官渡区的实践，社区工作的服务成效评估标准往往不一致，导致社会组织在接受项目终期评估的过程中陷入困境。因此，社区工作相关的项目出资方或理论专家应该尽快制定服务成效的评估细则，让各项目运行机构有一个可参考的标准，依据评估标准去设计适合服务对象现实情况的评估方法和评估技术，才能更好地体现服务的效果。

（二）社区工作者面临项目计划书内容和居民需求不匹配时该如何处理

项目计划书用于在实践过程中指导社会工作者开展相应的服务和内容，但由于初期项目计划书设计不合理，会导致在实际操作过程中项目计划书设计的服务与居民的实际需求不匹配。此时，社会工作者可以将情况反映给社区居委会工作人员和项目出资方，争取申请一次调整项目的机会。但项目计划书作为执行项目的参考，不能朝令夕改，所以在调整项目计划书过程中，社会工作者应该尽可能深入地向社区相关工作人员及社区居民了解其需求，争取在项目调整过程中将居民的真实需求调整进计划书内。

（三）项目制运作的社区服务在项目周期结束以后服务的可持续性如何保障

社区工作项目制运作的场景常常是在项目开展期因为有资金支持、有社会工作者的指导，加上社会工作者链接到的资源支持，服务开展轰轰烈烈，居民参与度也较高。但当项目结项以后，社会组织一撤出，社区又回到原来的状态，以居民为主体开展的服务停滞，凝聚起来的社区居民又散落，后续的社会组织进驻一切又得从头再来。社区工作中，如何才能让服务具有可持续性？如何在社会组织撤出后，居民还能继续在能力范围内开展相关活动呢？这对服务社区的社会组织提出了更高要求。社会组织在开展服务的过程中，要通过活动看见背后的人。进行日常服务的过程不是开展一场活动、进行特定的服务就结束了，更重要的是要通过活动和服务将社区内的居民聚集起来，增强人们社区参与的意识，给予必要的支持提升其社区参与的能力，并帮助居民搭建沟通协商和社区参与的平台，构建社区参与体系和规章制度，让居民有地方参与、有依据参与。同时，可试着采取引入部分慈善基金，建立社区基金库等为居民开展活动提供资金支持。这样社会组织撤出后，居民也可以依据留下来的体系、平台和资金自发开展服务。